섬 경관론

도서·연안의 경관과 생태계서비스

김
재
은 金在恩 Jae-Eun KIM

서울여자대학교 생물학과를 졸업
일본 히로시마대학 국제협력연구과에서 개발과학으로 이학석사와 이학박사학위 취득
현재 목포대학교 도서문화연구원 HK연구교수로 재직 중이고 국무총리 소속 독도지속가능이용위원회 위원이자 전라남도 경관위원회 위원
공저로는『생태복원공학』, 라이프사이언스;『기후변화교과서』, 도요새;『경제활동 공간으로서의 섬』, 민속원; *Landscape Ecology in Asian Cultures*, Springer 등 7여권 있으며 공동역서로『해양보전생태학 – 현명한 바다 이용』, 자연과생태 가 있음
섬 경관에 관련된 연구에 집중하고 있으며 최근 생태계서비스, 섬의 경관변화, 경관의 지속가능한 활용 등에 관해서 집중적으로 연구하고 있음. 특히 경관이 문화적 요인에 의해 영향을 받는 것에 관심을 두고 연구하고 있음.

도서해양학술총서 44

섬 경관론
도서·연안의 경관과 생태계서비스

김재은

민속원

서문

일본 히로시마대학 국제협력연구과에서 개발과학으로 이학석사와 이학박사학위(Ph.D., Doctor of Philosophy)를 받았다. 학위를 취득한 대학원은 다양한 학문들이 융합되어 만들어진 대학원으로 경제학, 공학, 교육학, 생태학 등 여러 학문 분야 간에 융합 연구를 할 수 있는 기반이 되었다. 박사학위 논문은 경관을 관리하는데 매우 중요한 요인인 사회·경제적 변화에 따라 변화하는 한국과 일본의 농촌경관을 비교 분석하였다. 또한, AHP(Analytic Hierarchy Process) 분석모델을 사용하여 정책결정자들이 정책관리에 용이한 결과를 찾는 연구도 진행하였다. 현대에는 대규모 자연재해 등을 제외하면 경관변화를 일으키는 주요 원인은 사회·경제적 영향을 받는 문화적 요인이 대부분이다.

2010년부터 한국연구재단의 인문한국(HK, Humanities Korea)사업에 참여하면서 섬의 경관에 대해 본격적으로 연구하게 되었다. 섬은 그동안 생물학분야 뿐만 아니라 생태학적으로 매우 중요한 연구 장소임에도 불구하고 관련 연구가 많지 않은 것이 현실이다. 섬이라는 공간은 물리적으로 활용할 수 있는 자원의 양이 본토보다 적기 때문에 그것을 활용하는 다양한 문화적 접근법이 발달하였다. 오랜 기간 동안 이루어진 자연환경에 적응하기 위한 인간 활동은 섬 경관에 영향을 미친다.

섬 경관에 대한 연구를 시작하면서 경관연구의 기초인 경관의 구조에 대한 연구를 기반으로 경관변화를 연구하였다. 또한, 다양한 경관자원을 어떻게 활용할 것인가에 대하여 제1부 주제 '섬 경관의 이해'는 제1장 섬 경관의 이해와 개념 확장, 2장 섬의 생태계서비스 가치, 3장 섬 마을과 생활문화경관으로 구성되어 있다.

제1부는 전체적인 경관에 대한 개념과 이를 확장시켜 섬 경관에 대한 이해를 도모하고

자 하였다. 제1장은 섬 경관의 이해와 개념 확장, 제2장은 섬의 생태계서비스 가치, 제3장은 섬 마을과 생물문화경관에 대하여 논의하였다.

제2부 주제 '섬과 연안지역 경관의 구조와 관리'에서는 주로 경관의 구조에 대해서 논의하였다. 제4장은 해안가 사구의 토지이용과 경관관리, 제5장은 무인도서의 지적과 경관관리, 제6장은 연안도시 녹지경관관리-인도네시아 자카르타의 사례에 대해 논의하였다.

제3부 주제 '섬 경관의 가치와 활용'에서 제7장은 생태계서비스 가치와 지속가능한 활용방안-전남 신안군 사례, 제8장은 섬의 전통생태지식과 생태계서비스 지속가능성, 9장 연륙교 건설과 경관변화, 10장 천일염과 생태문화자원 활용에 대한 논의-전남 신안군 증도와 신의도 사례로 구성되었다. 섬 경관이 가지는 가치와 경관변화 그리고 생태계서비스 지속가능성에 대하여 논의하였다.

제4부는 주제 '섬 경관과 정책적 접근'으로 11장 우리나라의 섬 정책과 국민인식, 12장 영토로서의 지속가능한 섬과 정책으로 구성되었다. 섬이 가지고 있는 국가적 의미와 이를 통해서 정책적으로 어떻게 풀어 나갈 것인가에 대해 생각하였다.

우리나라는 3,000여개 이상의 유인도와 무인도가 위치해 있다. 그러나 이들과 관련된 경관연구는 활발하지 않았다. 섬 경관의 개념에 대하여 이해하고 구조와 기능을 파악하여 변화가 어떻게 진행되고 또한 어떠한 방향으로 진행되어야 하는가에 대한 기초적인 정보와 지식을 제공해 줄 수 있는 책이다. 또한, 저자는 이 책을 통해서 문화가 섬에 어떠한 영향을 끼치는지에 대해서도 전달하기 위해 노력하였다. 이 책을 기초로 섬 경관에 대해 다양한 의견들이 논의되기를 희망한다.

섬 경관론
도서·연안의 경관과 생태계서비스

서문   4

제1부 | 섬 경관의 이해

1장 섬 경관의 이해와 개념 확장   12
   1. 서론   13
   2. 경관에 대한 다양한 개념과 현대적 이해   15
   3. 섬 경관의 이해와 개념 확장   20
   4. 맺음말   26

2장 섬의 생태계서비스 가치   28
   1. 서론   29
   2. 생태계와 생태계서비스   30
   3. 생태계서비스와 경관계획 및 관리   34
   4. 도서지역에서의 생태계서비스   37
   5. 맺음말   39

3장 섬 마을과 생물문화경관   42
   1. 서론   43
   2. 우리나라의 마을경관과 일본의 마을숲   44
   3. 사례연구-전남 신안군 다도해의 마을경관   48
   4. 생물문화다양성을 지키기 위한 국제적 노력   53
   5. 맺음말   54

제2부 | 섬과 연안지역 경관의 구조와 관리

4장 해안가 사구의 토지이용과 경관관리   58
  1. 서론   59
  2. 연구 내용 및 방법   64
  3. 결과 및 고찰   67
  4. 맺음말   74

5장 무인도서의 지적과 경관관리   76
  1. 서론   77
  2. 무인도서 실태조사 소개   79
  3. 전남 신안군 도초면의 무인도서 면적 현황   80
  4. 무인도서 기초 현황 관리와 효과적 활용   84
  5. 맺음말   87

6장 연안도시 녹지경관관리 - 인도네시아 자카르타의 사례   88
  1. 서론   89
  2. 조사 및 분석방법   91
  3. 결과   96
  4. 맺음말   98

제3부 | 섬 경관의 가치와 활용

7장 생태계서비스 가치와 지속가능한 활용방안 - 전남 신안군 사례   102
    1. 서론   103
    2. 재료 및 방법   105
    3. 결과   110
    4. 맺음말   116

8장 섬의 전통생태지식과 생태계서비스 지속가능성   124
    1. 서론   125
    2. 신안군지역 섬의 생태계서비스   127
    3. 전통생태지식(TEK, Traditional Ecological Knowledge)과 생태계서비스의 지속가능성   130
    4. 맺음말   132

9장 연륙교 건설과 경관변화   134
    1. 서론   135
    2. 조사지 개황   136
    3. 조사 및 분석 방법   138
    4. 결과   141
    5. 맺음말   143

10장 천일염과 생태문화자원 활용에 대한 논의 - 전남 신안군 증도와 신의도 사례   148
    1. 서론   149
    2. 신안군의 천일염전 조성배경과 현재   151
    3. 증도의 천일염전과 주변 경관활용   158
    4. 신의도의 천일염전과 경관활용   162
    5. 천일염전의 지속가능성과 생태문화자원활용   165
    6. 맺음말   170

제4부 | 섬경관과 정책적 접근

11장 우리나라의 섬 정책과 국민인식 ... 174
1. 서론 ... 175
2. 연구대상 및 방법 ... 176
3. 결과 ... 178
4. 논의 ... 188
5. 맺음말 ... 193

12장 영토로서의 지속가능한 섬과 정책 ... 198
1. 서론 ... 199
2. 해외의 섬과 해양관련 정책 ... 201
3. 우리나라의 섬과 해양관련 정책 ... 213
4. 맺음말 ... 218

참고문헌 ... 221
찾아보기 ... 241

섬 경관론
도서·연안의 경관과 생태계서비스

제1부

섬 경관의 이해

1. 섬 경관의 이해와 개념 확장
2. 섬의 생태계서비스 가치
3. 섬 마을과 생물문화경관

01

섬 경관의 이해와
개념 확장*

경관은 자연 환경과 인간과의 상호작용을 통해 형성되어 그 지역의 문화가 반영된다. 그러나 이러한 경관의 변화가 물리적으로 환원할 수 없고 문화가 사라지는 방향으로 거대하게 진행되는 경우가 많이 발생하고 있다. 따라서 이 논문에서는 경관에 대한 개념과 확장된 이해를 바탕으로 섬 경관에 대하여 관심을 환기시키고 연구의 방향성에 대하여 논의하고자 한다. 섬 경관(Island Landscape)은 해양경관(Seascape)과 특별히 구분되는 것은 아니고 서로 확장된 개념으로 이해하는 것이 바람직 할 것이다. 두 가지의 경관을 따로 생각할 것이 아니고 특히, 섬 경관의 경우에는 해양경관의 하나의 요소로 생각할 수 있을 것이다. 섬 경관은 대륙이나 대륙과 연결된 본토의 경관에 비해 문화적 영향이 더 큰 곳이기 때문에 문화에 영향을 미칠 수 있는 경제·사회적 변화에 매우 민감하다. 따라서 현재 섬에 대한 관심이 증가하고 다양한 형태의 사회·경제적 변화들로 인한 경관변화가 유발되고 있는 섬에 대한 경관 연구가 시급하다. 또한, 경관을 자원으로만 보는 한계에서 벗어나 외부자의 시각이 아닌 그 지역에 살고 있는 주민들의 문화를 고려한 경관관리와 계획을 통해서만이 섬의 경관 정체성을 지속가능하게 유지할 수 있는 수단이 될 것이다.

---

* 이 논문은 김재은, 「섬 경관에 대한 소고 - 개념과 미래 연구 방향에 대하여 -」, 『도서문화』 53, 도서문화연구원, 2019, 127~146쪽에 실린 논문을 재편집 한 것임

1. 서론

우리나라에서 경관이란 용어는 1980, 1990년대를 거치면서 요즘에 이르러 우리들의 일상생활에서 빈번하게 사용하는 용어가 되었다. 관련 연구가 활기를 띠고 실제생활에 필요한 정책적 요구가 증가하면서 경관에 대한 관심은 증가하게 되었다. 특히 다양한 개발로 상징되는 도시와 자연을 훼손하면서 진행된 대단위 개발이 진행되면서이다. 이러한 것은 실제적으로 우리들에게는 경제적 발전과 더불어 사회시스템의 변화를 가져왔고 대규모 개발을 하면서 인간과 주변 공간 간에 오랫동안의 상호작용으로 이루어진 주변 경관은 변화하게 되었다.[1]

요즘 우리 주변에서 진행되고 있는 경관의 변화는 그 규모가 매우 크고 지형적인 특성까지 변화시키고 있어 원래의 경관특성을 나타낼 수 없는 경우가 대부분이다. 대규모 경관변화를 유발하는 요인은 주로 인구밀집지역의 대규모 택지 개발을 위한 산림 훼손과 형질 변경 또는 새만금간척과 같이 원래의 물리적 환경변화를 유발하는 대규모 사업들이 있다.[2] 이러한 대규모의 변화들이 진행되면서 원래의 경관을 인식하는 사람들의 저항이 발생하고 이러한 상황이 경관계획을 세울 때 매우 중요한 요소로 작용되고 있다.

특히, 유럽의 경우에는 그러한 변화들이 경관변화 뿐만 아니고 그 지역에 살고 있는 주민들의 정서까지 영향을 미치면서 지역과

---

[1] Kim, J.-E., Hong, S.-K. and Nakagoshi N., "Changes in patch mosaics and vegetation structure of rural forested landscapes under shifting human impacts in South Korea", *Landscape and Ecological Engineering* 2-2, 2016, pp.177~195.

[2] Hong, S.-K., Koh, C.H., Harris, R.R., Kim, J.-E., Lee, J.S. and Ihm, B.S., "Land use in Korea tidal wetlands : impacts and management strategies", *Environment Management* 45-5, 2010, pp.1014~1026

주민의 정체성과 관련되어 있음을 여러 연구에서 밝히고 있다.[3] 유럽은 오랫동안 도시와 농촌이 발달하면서 그 과정도 기간이 비교적 장기간에 걸친 변화를 겪게 되었다. 유럽의 주요 도시들이 현재 유명한 관광지로 대표될 수 있었던 것도 이 같은 이유에서 문화가 경관에 반영된 결과이기도 하다. 따라서 경관변화를 가져오게 되는 정책결정에 대하여 다양한 문화적 고려가 필요함을 나타내고 있다.

그러나 우리나라의 경우에는 그 기간이 매우 짧았고 그 과정도 급격하여 빠른 산업화와 더불어 경관 자체에 대한 고려가 매우 부족한 상태에서 도시와 농촌 등 경관이 변화를 겪게 되었다.[4] 특히, 섬에서 일어나는 대규모의 경관변화는 최근 제주도의 사례를 통해 잘 알 수 있다. 원래 제주도가 가지고 있던 경관은 자연과 인간의 장기간에 걸친 상호작용을 통해 형성된 문화가 경관에 투영되어 나타나는 것이다.[5] 그러나 경제적 환경변화에 따른 경관변화가 갑자기 급격하게 발생하였고 이러한 변화가 부정적으로 받아들여지는 사례가 발생하고 있다.

그동안 섬은 제주도를 제외하고는 특별히 관심의 대상으로 떠오르지 않았고 아직도 그렇지 않은 섬이 더욱 많다. 섬 경관은 과거부터 현재까지 인간과 주변 환경이 제한된 공간에서 다양한 상호작용을 통해 경관을 형성하였고 쉽게 외부의 영향을 받지 않았다. 그러나 최근 제주도이외에도 섬에 대한 관심이 늘어나고 다리가 놓이게 되면서 섬 경관도 더 이상 대규모 경관변화에서 예외가 될 수 없음이 나타나고 있다. 제주도의 경우처럼 섬의 규모가 크고 자원이 풍부한 섬의 경우도 문제가 되지만 대부분의 섬이 크기가 작은 편이고 외부에 매우 쉽게 영향을 받는 경우가 대부분이기 때문에 섬의 경관에 대한 논의가 미루어질 수 없는 형편이다.

---

[3] Butler A, and Sarlöv-Herlin I., "Changing landscape identity – proactice, plurality, and power", *Landscape Research* 44-3, 2019, pp. 271-277. 등 이외에도 매우 많은 논문에서 유럽의 경관에 대하여 문화가 반영된 것이라고 하였다.
[4] Kim, J.-E. and Hong, S.-K., "Pattern and process in MAEUL, a traditional Korean rural landscape", *Journal of Ecology and Environment* 34-2, 2011, pp.237~24와 박경, 「국립공원 경관 가치의 증진방안」, 『환경영향평가』 12-5, 한국영향평가학회, 2003, 369~382쪽 등에서 논의 되고 있음.
[5] 박정재·진종헌, 「제주 중산간 지역의 과거 경관 변화와 인간 그리고 오름의 환경사적 의미」, 『대한지리학회지』 35-4, 대한지리학회, 2019, 153~163쪽.

그러나 이제까지의 섬에 대한 논의를 살펴보면 본격적인 경관에 대한 논의는 몇몇 논문이외에는 거의 전무한 실정이다. 아직까지 대부분의 섬에서 경관변화가 크지는 않지만 다리가 놓이고 사회·경제적 환경이 변화하면서 큰 변화가 발생할 가능성이 높으므로 섬 경관에 대한 연구가 필요하고 이를 위해 섬 경관의 개념과 이해가 필요하다.

이 연구는 기본적인 경관에 대한 개념과 현재시점에서 경관에 대한 폭넓은 관점의 이해를 포함해서 섬 경관의 개념과 이해를 통해 공간으로서의 섬 경관의 의미에 대하여 논의해보고자 한다.

2. 경관에 대한 다양한 개념과 현대적 이해

우리나라에는 일반적으로 우리들이 알고 있고 말하는 경관景觀(Landscape)에 대하여 『경관법』을 제정하여 경관과 관련된 사항을 법의 테두리 안에서 결정하고 있다. 2007년에 경관법[6]에서 정의된 경관은 "경관이란 자연, 인공요소 및 주민의 생활상으로 이루어진 일단의 지역환경적 특징을 나타내는 것"으로 정의하고 있다. 이 경관법은 다른 법과 비교하면 비교적 최근에 지정되었다고 할 수 있다. 우리들이 일상적으로 경관이라는 말을 하는 것은 그리 오래된 이야기는 아니다. 아주 오래전 과거부터 계속적으로 일상적으로 사용된 단어는 아니라는 것이다. 경관법에서도 정의 한 것처럼 우리주변의 일상생활에서 다양한 변화와 이런 변화들이 미치는 영향에 관심을 갖기 시작하면서 시각적 특징을 강조한 경관이라는 단어의 사용이 증가하기 시작한 것이다.

경관이라는 단어를 우리들이 일상적으로 사용하고 고려하게 된 것은 그동안 산업화 과정을 거치면서 성장과 개발에만 몰두하던 발전방향이 주변과의 조화와 균형 등을 고려하게 되면서 그 영향력이 커지게 되었다. 즉, 경관이란 단어가 구체적으로 우리들이 말하

---

[6] 국가법령정보센터(http://www.law.go.kr/)에 의하면 2007년에 국토경관을 체계적으로 보전·관리하고 아름답고 쾌적하며 지역특성이 나타나는 국토 및 지역환경을 조성하기 위하여 조성되었고 2013년 8월 다시 개정되어 현재는 2014년 2월부터 개정된 경관법에 의해 적용받고 있음

고 사용하고 관심을 가지게 된 것은 활발한 경제활동을 거치면서 원래의 환경에 다양한 인공미가 가미되면서 불균일한 경관이 주는 복잡함과 혼란스러움에서부터 벗어나고 싶은 마음에서 비롯되었다고 할 수 있다. 불균일하고 불규칙적인 것에서 주변과 서로의 조화에 대하여 관심을 가지면서 경관에 대한 관심이 시작되었다고 할 수 있다.

경관에 대한 정의는 우리나라에서 생각하는 건물 등의 인공미와 주변환경에 대한 조화를 생각하는 것 이외에 매우 다양한 시각과 관점에 논의되고 있다. 특히, 최근에 국제적으로도 다양한 정의와 개념으로 사용되고 있다(표 1). 또한, 학문분야에서는 각 연구 분야마다 경관을 바라보는 시각에 차이를 드러내고 있다.

표 1. 경관에 대한 다양한 정의와 개념

이름	연도	정의
Forman and Godron	1986	경관은 주로 경관요소 즉, 생태계사이의 공간적 상호 관계, 공간요소 사이의 에너지, 영양염류, 생물종이 흐름과 시간에 따라 바뀌는 경관 모자이크의 생태적 기능에 관한 것
Risser et al.	1984	경관은 공간 패턴을 명백하게 설명하는 것에 집중한다. 특히 공간적 불균일성 발달과 과정, 각 공간요소들의 시간적 공간적 상호작용과 교체, 불균질적인 공간 특성이 생물과 비생물적 과정에 미치는 영향 등 공간의 관리에 초점을 둠
Poore, D. & Poore, J.[7]	1987	경관은 단순히 미추의 문제일 뿐 아니라 한 지역의 전체 생태계와 그 지역을 차지하고 이용해 온 인간의 역사를 포함
Urban et al.	1987	생태현상에서 패턴의 발달과 동태, 생태계에서의 교란의 역할, 다양한 시·공간적 규모에서 바라본 생태적 결과의 특징을 이해
Naveh &Lieberman	1994	총체적인 인간생태계로서 출현하는 모든 구체적인 시·공간시스템
Forman	1995	경관은 구조적인 구성요소 또는 경관요소로 구성되어 있으며 경관에서 서로 다른 유래의 토지조각(patches)과 네 가지 유형의 통로, 그리고 바탕을 다룬다. 또한 경관은 수 킬로미터에 걸쳐 나타나는 생태계의 반복
Naveh	1995	경관은 자연적이고 자기 조직적인 시스템이며 또한 그 자체를 표현할 수 있도록 자기특성이 개방되어있는 것으로 이해되어야 한다고 제안
황기원	1987	환경으로부터 심리적으로 이탈한 관자(觀者)일정한 거리를 두면서 환경을 정관(靜觀)할 경우에 형성되는 이미지

---

[7] Poore, D. & Poore, J., 경관보호지역 관련 국제심포지어 발표(Protected Landscape : The UK Experience, 1987)와 Lucas, P.H.C.의 책(Protected Landscape - A guide for policy-makers and planners, Chapman $ Hall, Inc New York, 1992)에서 재인용하였음.

홍선기 · 이창석	1997	토지 또는 대지에서 인간활동과 함께 생태계와 주변 생태계를 포함하며 관념적이고 심미적인 것
박경	2003	경관은 여러 개의 자연과 물리적 환경을 종합적으로 고려하는 것이다

연구의 핵심으로서 경관은 그 정의를 내리기 위해 오랫동안 연구되어져 왔다. 아직도 그 본질과 속성에 대해서는 학자간 그리고 학문 분야 간에 논의가 진행되고 있는 매우 복잡한 상황이다. 그 본질과 속성을 이해하기 위한 과정에서 여러 가지 논란이 되고 있고 그것이 아직도 진행 중임을 여기서 밝힌다. 또한, 크게는 각 대륙별로 각 나라별로 지역단위로 보는 시각에 차이가 있을 수 있다. 그 만큼 경관이란 것을 생각하는 시각이 다양하고 복잡하다는 이야기 있다.

앞서 표 1에서 설명한 것은 최근에 경관을 정의하고 논의한 것이지만 이미 매우 오랜 시기로부터 연구되고 논의 되어졌다. 경관의 정의에 대하여 송인주[8]에 의하면 1849년부터 토지의 총제적인 특성으로서 경관이 언급되었고 이 후에도 오랜 동안 다양하게 논의 되어졌다.

경관은 앞서 설명 한 것처럼 오랜 동안 연구되어져 왔다. 경관을 다루는 학문은 대표적으로 물리적 환경위에 인간과의 관계와 관련된 연구를 진행하는 지리학과 경관생태학, 인간의 기준에서 주변 환경과의 연구를 중점으로 하는 조경학 등으로 크게 나눌 수 있다. 그러나 이것보다도 훨씬 다양한 범위에서 경관을 연구하는 학문이 많다. 그러나 앞에서 설명했던 경관에 대한 정의를 내린 학자들을 살펴보면 학문적 배경이 이 세 가지로 크게 구분 할 수 있고 너무 많고 광범위한 논의는 초점을 흐릴 수 있어 그 범위를 좀 좁혀서 보려고 한다.

박경[9]에 따르면 "지리학Geography에서는 경관이란 자연생태계 내의 비교적 대규모의

---

[8] 2002년 4월에 168호인 월간 『환경과 조경』에서 「고유한 학문으로 발전하고 있는 경관생태학」(https://www.lak.co.kr/m/greenn/view.php?cid=56036&id=344)이라는 제목으로 송인주 박사(서울시정개발연구원)가 정리한 내용을 발췌하여 적시한 것임.
[9] 박경, 「국립공원 경관 가치의 증진방안」, 『환경영향평가』 12(5), 한국영향평가학회, 2003.

부분 집합subset이며, 두 번째로 경관이란 자연과 물리적 자원을 모두 포함하여 이를 보는 사람들이 그 자원을 인식하게 하는 다양한 요인들도 포함한다. 마지막으로 경관이란 개별 자원이 환경 전체와 관련되게 하는 연결고리로서 경관은 여러 개의 자연과 물리적 환경을 종합적으로 고려하는 것"이라고 할 수 있다.

조경학Landscape Architecture은 시각적인 경관을 중요시하는 분야로 조망점 분석 등 다양한 분석을 통하여 시각적이고 보이는 경관에 대한 분석과 평가를 한다. 특히 아름다움(미 美)이라는 측면에서 자연적 아름다움과 인공적 아름다움을 조화시키고 사람들이 살고 있는 공간에 초점을 두고 연구한다. 특히 자연적 아름다움과 인공적 아름다움의 그런 조화를 계획하고 디자인하며 실현하고 관리하는 것을 중점으로 하고 있다. 작은 규모의 경관인 집안의 정원에서부터 시작하여 대규모 공원 등을 디자인하고 실현하는 것까지 다양한 규모에서의 미적 경관의 디자인과 실현을 주요 목적으로 한다. 근래의 조경학은 매우 다양한 방법론적 시도와 다양한 규모의 연구를 진행하고 있다.

경관생태학Landscape Ecology은 제목에서와 마찬가지로 경관이란 것을 생태학적 측면에 초점을 두고 접근하는 학문이다. 과거의 생태학이 주로 자연에만 집중했다면 경관생태학은 경관이라는 공간에서 일어나는 다양한 현상들을 파악하고 연구하는 학문이다. 즉 어떠한 공간에서 일어나는 바람과 비와 같은 물리적 현상과 더불어 그 안에서 일어나는 다양한 자연과 비자연의 상호작용들과 그에 따라 나타나는 현상들에 대해 연구한다. 과거의 생태학은 태풍이나 지진과 같은 자연재해 등과 같은 자연적 영향에 의한 생태계에 나타난 영향에 대한 연구를 주로 하였다. 그러나 시간이 지나면서 이러한 자연적 영향보다는 거대 규모로 되돌릴 수 없을 만큼의 큰 규모의 인간에 의한 영향들이 나타나면서 보다 구체적이고 다양한 시각에서의 연구가 요구되면서 경관생태학이 나타나게 되었다.[10]

경관생태학은 새가 하늘을 나는 것과 같이 하늘 위의 공간에서 아래를 내려다보는

---

[10] 홍선기・이창석, 「생태학의 새로운 분야로서 경관생태학의 발전과 역할」, 『The Korean Journal of Ecological Sciences』 20(3), 한국생태학회, 1997; Forman, R.T.T. and Godron, M., *Landscape Ecology*, John Wiley & Sons, New York, 1986; Wu, J., "Landscape of culture and culture of landscape : does landscape ecology need culture?", *Landscape Ecology* 25(8), 2010.

그림 1. 마치 새의 시선으로 보여지는 공간의 모든 것을 포함한 경관의 개념

것과 같이 그 안에서 일어나는 모든 현상들을 연구하는 것이라 하였다(그림 1). 경관은 토지와 지형이 자연 또는 인공적인 것들과 어떻게 통합되었고 또 그것들이 시각적으로 보여지는 것에 대해 연구한다.[11] 즉 토지와 지형의 모자이크에 나타나는 다양한 물리적 현상들과 더불어 발생되는 여러 가지 자연적, 인공적 현상들에 대한 연구를 통해 전체적인 통합적 계획 및 관리에 대해 연구하는 것이다 그러나 근래에 들어 경관에 대한 연구 분야의 특징이 큰 의미 없이 서로 학문과의 융합연구를 통해 경관의 의미를 더욱 확대시키고 있다.

앞서 이미 설명한 바와 같이 경관을 연구하는 대표적 학문도 결국에는 물리적 환경과

---

[11] Forman, R.T.T., *Land Mosaics : The Ecology of Landscapes and Regions*, New York : Cambridge University Press, 1995.

그 속에서 관계 맺어진 인간과의 관계가 이루어지는 과정에서의 여러 가지 현상과 기능들을 연구하는 것이다. 특히, 이러한 과정을 통해 경관이 유지되거나 형성되고 변화하며 어떠한 지역의 특유의 문화적 경관이 형성되는 것이다. 따라서 경관은 결국 그 지역과 지역민의 관계를 통해서 드러나는 경관관리 방법인 문화에 의해서 정체성을 형성하게 된다.[12]

3. 섬 경관의 이해와 개념 확장

1) 섬 경관의 이해와 확장

섬은 과거에부터 현재에 이르기까지 영토와 관련된 개념으로 중요하게 관리되었던 것이 일반적이었다. 특히 유럽의 경우에는 대항해시대를 거치면서 선박기술의 발달과 함께 식민지 개척지로 섬을 많이 이용하게 되었고 섬의 개념은 정치적으로 민감한 내용일 수 있다. 표 2에서는 UN해양법 등 국제사회에서 사용되는 섬의 개념을 간략히 정리하였다.

표 2. 섬에 대한 정치적 정의[13]

항목	정의
UN해양법 협약 제8조 121항	섬은 자연적으로 형성된 지역으로 주변이 물로 둘러싸여 있는 곳으로 만조시에도 사라지지 않는 곳이다.
유네스코 Man and the Biosphere(Unesco MAB)	작은 섬은 면적이 10,000㎢ 이하이고 500,000명 이하의 거주자가 거주하는 지역이다.

[12] Antrop M., "Why landscapes of the past are important for the future", *Landscape and Urban Planning* 70(1-2), 2005, pp.21~34; Butler A. and Sarlöv-Herlin I., "Changing landscape identity-proactice, plurality, and power", *Landscape Research* 44-3, 2019; Wu, J., op.cit, 2010.
[13] EURISLES, *European Islands System of Links and Exchanges*, 2002; MEA(Millennium Ecosystem Assessment), "Ecosystems and human well-being : current state and trends", *Millennium Ecosystem Assessment Series*, Island Press, 2005, 저자 번역

유럽연합(EU, European Union)	섬 지역은 전적으로 바다로 둘러싸여 있고 본토와 연결되어 있지 않고 유럽연합 국가의 한 국가이다.
규정 심의회(EC) 2019/93	작은 섬은 항시 거주민이 100,000명을 넘지 않아야 한다.

일반적으로 섬 연구에 대하여 Gloria Pungetti[14]에 따르면 섬 경관island landscape은 단지 해변가 등만을 말하지 않는다고 하였다. 물론 섬 경관이라는 것은 섬 등지의 해안가만을 말하지 않는다. 해안가를 포함함은 물론이고 섬 전체를 말하는 것으로 일반적으로 생각할 수 있다. 넓게 생각하면 섬 주변을 둘러싼 바다까지를 포함할 수 있다. 섬 주민들이 주로 이용하고 활용하는 가까운 바다를 포함하지만 바다를 어디까지 포함해야하는지에 대한 구체적인 논의가 되어 있지 않고 논란의 여지가 아직 많이 있다. 섬 경관은 문화가 드러나는 공간이다. 즉 바다를 통해 행해지는 다양한 활동들이 섬이라는 공간에서 다양한 형태의 종교의식, 생활양식 등의 문화현상으로 표현되는 것이다.

경관이란 것은 땅의 모양이나 그림 등의 이미지에서 토지에 대한 시각적인 면에 대해 말하는 것이 원래의 시작이라고 하는 것과 같이 해양경관Seascape도 바다를 시각적으로 보는 것을 해양경관이라고 부르게 되었다고 한다.[15] 영국의 옥스퍼스Oxford사전에서는 해양경관을 바다를 보는 것 또는 바다라는 공간을 그린 그림 등을 말한다고 정의 하였다. 즉 해양경관은 바다라는 공간적 매트릭스 위에 시각적으로 보이는 경관을 말하는 것이다. 그래서 이 해양경관은 바다를 가지고 있는 모든 해양 국가의 정체성과 문화에 매우 중요한 요소이고 이것은 문화적이고 역사적으로 매우 중요한 공간이라고 말하고 있다.[16]

최지연[17] 등 에 따르면 해양경관은 역사적이고 고고학적 특징을 함축하고 있으며, 해

---

[14] Gloria Pungetti, "Islands, culture, landscape and seascape", *Journal of Marine and Island Cultures* 1(2), Institution for Marine and Island Cultures, 2012, pp.51~54.
Pungetti, G., *Island Landscape : An Expression of European Culture*, Gloria Pungetti (ed), Taylor & Francis, Mediterranean Island Landscapes : Natural and Cultural Approaches, 2008; In Ioannis N. Vogiatzakis, Gloria Pungetti, A.M. Mannion Eds, Springer, 2017.
[15] Hill, M., Briggs, J., Minto, P., Gagnall, D., Foley, K., and Williams, A., *Guide to Best Practice in Seascape Assessment*, Brady Shipman Martin, Dublin, 2001.
[16] Ibid.
[17] 최지연·박수진·육근형·장정인·최희정·정지호, 『연안경관 유형분류와 관리제도 분석 연구』, 한국해양수산개발

양의 상징성도 포함하여 육지와 바다가 맞닿는 지리적 분절을 초월하여 해수면까지도 확장 될 수 있다고 하였다. 또한, 이명권[18]은 광의의 해양경관과 협의의 해양경관으로 나누어 설명하고 있다. 광의의 해양경관은 우리가 보는 해양환경이 있는 그대로의 모습으로 시각적인 현상으로 말할 수 있다. 협의의 해양경관은 주로 연약지역에서 인간에 의해 영향을 받는 경관이다. 따라서 해양경관은 협의의 해양경관을 둘러싸고 있고 기본 매트릭스의 역할을 하는 광의의 해양경관과 인간의 활동에 의해 큰 영향을 받는 협의의 해양경관의 총합체를 해양경관이라고 하였다.

그럼, 섬 경관과 해양경관이 다른 것이냐는 질문에 대해서는 아직 구체적으로 논의되지 않았다. 그러나 우리가 알고 있는 일반적인 상식과 같이 섬 경관은 일부 해양경관에 포함된다고 보는 것이 바람직하다고 생각된다. 섬 경관은 인간의 손이 전혀 닿지 않은 무인도를 제외하고는 대부분 인간에 의해 형성된 문화를 빼고 말 하기는 어렵다. 따라서 섬 경관은 인간에 의한 문화경관을 포함한 경관을 말한다. 이에 비해 해양경관은 해안과 섬을 포함할 뿐만 아니라 문화가 포함되지 않은 바다라는 공간에 대해서도 말 할 수 있다. 특히, 넓은 해양 공간에서 해양생물 또는 해양광물 등의 자연자원에 대하여 논할 때는 해양경관이 주로 논의 될 수 있다. 다만, 어디에 대하여 더 초점을 두느냐에 따라 섬 경관에 대하여 논의 할 것인지와 해양경관으로 나눌 수 있을 것으로 판단된다.

섬은 주변이 바다라는 다른 이질적인 매트릭스에 의해서 구성되었다고 가정한다면 물리적으로 섬으로 가정할 수 있는 곳은 매우 많다. 바다라는 매트릭스에 둘러 싸여 있는 섬은 우리들이 일반적으로 알고 있는 섬이다. 사실 섬 경관은 바다를 빼 놓고는 생각할 수 없다. 물이라는 거대한 규모의 매트릭스 위에 섬이라는 것이 존재하기 때문이다. 또한, 해양경관seascape이라고 불리면 일반적으로 섬에 대한 생각은 접어두게 되고 대체로 해양경관에만 집중하게 되는 경우도 있다. Grober-Dunsmore et al.[19]에 의하면 대부분의 해양

원, 2011, 3쪽에 수록.
[18] 유엔환경계획한국협회(Korea Association for UN Environment, http://www.unep.or.kr/sub/sub05_01.php?mNum=5&sNum=1&boardid=planet&mode=view&idx=233)에 수록된 내용으로 한국해양대학교 이명권 교수가 작성한 내용이다.
[19] Grober-Dunsmore R., Pittman S.J., Caldow C., Kendall M.S., Frazer T.K., "A Landscape Ecology Approach for

경관scascape 관련한 연구들은 주로 바다를 중심으로 연구되어지고 있다고 했다. 섬 경관 island landscape으로 불리면 바다에 대한 것보다는 섬 그 자체에 대한 것으로 한정 짓는 협소한 의미의 경관으로 고려될 가능성이 높다. 경관관리에 있어서는 특히 바다와 섬을 하나로 연계한 경관관리가 필요하다.[20] 바다와 섬을 동시에 경관으로서 바라봐야하고 이 둘 간의 상호관계에 의해 변화되고 서로 영향을 주고받는 것에 대한 고려가 필요하다.

2) 섬 경관의 정체성

전라남도 신안군에 위치한 많은 섬은 넓은 갯벌을 1800년대부터 간척을 통해 물리적 경관을 변화시킴과 동시에 영구적인 경관변화를 가져왔다.[21] 이러한 경우를 제외하면 우리나라 대부분의 섬들은 대규모의 경관변화를 일으킬 정도의 변화가 수반된 곳은 드문 편이다. 현대에 와서는 섬에 나타나는 경관변화가 태풍이나 지진, 해수면 상승과 같은 직접적으로 자연적 원인에 의한 것 이외에도 매우 큰 규모의 섬 경관이 변화하는 것은 인간이 직접적으로 관여된 경우가 매우 많은 것이 현실이다. 이렇게 대규모의 교란에 의한 경관변화는 원래의 상태로 다시 되돌리기가 어렵다.

경관은 인간과 그 주변 환경과의 상호작용을 통해서 표출되는 것이다. 따라서 경관은 단순한 눈에 보이는 것 의미 이상의 것을 포함하고 있다. 우리가 일반적으로 생각하는 지역의 특성들은 이러한 경관의 정체성을 나타내는 것이기도 하다. 전라남도하면 대표적으로 넓은 평야와 갯벌을 포함한 경관을 상상한다. 강원도하면 설악산으로 대표되는 높은 산악경관과 깊고 푸른 해양경관을 상상하게 되며 나무껍질로 집을 지은 너와집을 생각하게 된다. 제주도하면 푸른 바다와 바람, 한라산과 같은 경관을 생각하게 되고 동시에 주변에 많은 돌로 돌담을 만든 것을 상상하게 된다. 바로 이러한 것들이 경관의 정체성으로

---

the Study of Ecological Connectivity Across Tropical Marine Seascapes", In : Nagelkerken I. (eds), *Ecological Connectivity among Tropical Coastal Ecosystems*, Springer, Dordrecht, 2009.
[20] 최영국·박정은, 「섬 발전을 위한 경관관리 사례와 정책방향」, 『국토』 8, 국토연구원 2011.
[21] 김재은, 「전남 신안군 증도와 신의도의 천일염견과 생태문화자원 활용에 대한 연구」, 『한국도서연구』 29(1), 한국도서(섬)학회지, 2017.

각 지역을 대표하게 되는 것이다.

특히, 섬의 경우 경관에 미치는 문화의 영향이 일반 육지에 비해 훨씬 크다고 알려졌다.[22] Kim[23]에 따르면 주요 경관을 연결하는 가장 저렴하고 효율적인 네트워크는 이미 소로의 형태로 연결되어 있다. 그것은 자연적 경관을 잘 아는 지역주민이 이미 생활에 가장 적합하고 효과적인 이동 경로로서 경관을 파악하고 있는 것이다.

그간의 섬 경관은 일부지역을 제외하고는 외부의 영향으로 대규모로 경관이 불가역적으로 변화되는 비교적 큰 영향을 받지 않았다. 최영국·박정은[24]에 따르면 미국의 경우 최대한 자연 그대로의 섬 경관을 유지하려고 인위적 개발을 최소화하려는 방법으로 경관계획을 세운다고 하였다. 그러나 최근 다양한 방법으로 섬에 대한 관심과 관광의 욕구가 증가하면서 다양한 개발 압력이 증가하고 있다. 특히 과거 섬끼리 연도된 연도교 이외에 육지와 연결시키는 연륙교가 활발히 개설되고 있다. 실제로 이러한 연륙교 건설은 토지이용의 변화를 이끌면서 경관의 구조를 변경시킨 것으로 연구되었다.[25] 김재은에 따르면 경관지수[26]를 통해서 본 경관구조가 다리로 연륙된 지역과 연륙되지 않은 섬과 구별되는 것으로 연구되었다. 결국 그것은 다리의 건설을 통해 연륙된 이후로 경관의 구조가 변화한 것이다.

또한, 이외에도 일본의 경우에는 연륙과 상관없이 섬의 인구감소와 주요 산업인 농업구조의 변화를 겪으면서 전체 섬 경관의 변화를 유발하였고 이것은 토지이용의 변화로 촉발된 경관변화는 단순한 경관변화만을 말하는 것이 아니고 토지를 이용하고 활용하는 사람들의 변화이다.[27] 섬에 다리가 건설되면서 발생하는 교통수단의 변화는 유동인구의

---

[22] 김재은, 「도서지역 생태계서비스의 경관계획과 관리」, 『도서문화』 37, 목포대 도서문화연구원, 2011.
[23] Kim, J.-E., "Spatial Distribution and Connectivity of Eco-Cultural Resources on Cheongsando Island, Republic of Korea", *Journal of Marine and Island Cultures* 7, Institution for Marine and Island Cultures, 2018.
[24] 최영국·박정은, 앞의 글, 2011.
[25] Kim, J.-E., "Land use patterns and landscape structures on the islands in Jeonnam Province's Shinan County occasioned by the construction of mainland bridges", *Journal of Marine and Island Cultures* 5, Institution for Marine and Island Cultures, 2016
[26] 경관지수는 경관의 구조 패턴을 분석하여 경관구조를 이해하기 위한 정량적 방법이다. 경관구조는 경관에 영향을 미치는 여러 요소와 경관을 다시 재생시킬 수 있는 중요하고 다양한 요인을 이해하기 위해 매우 중요한 정량적 측정방법으로 널리 사용되고 있다. 경관의 변화 등을 연구하기 위해 매우 널리 쓰이는 정량적 방법이다.

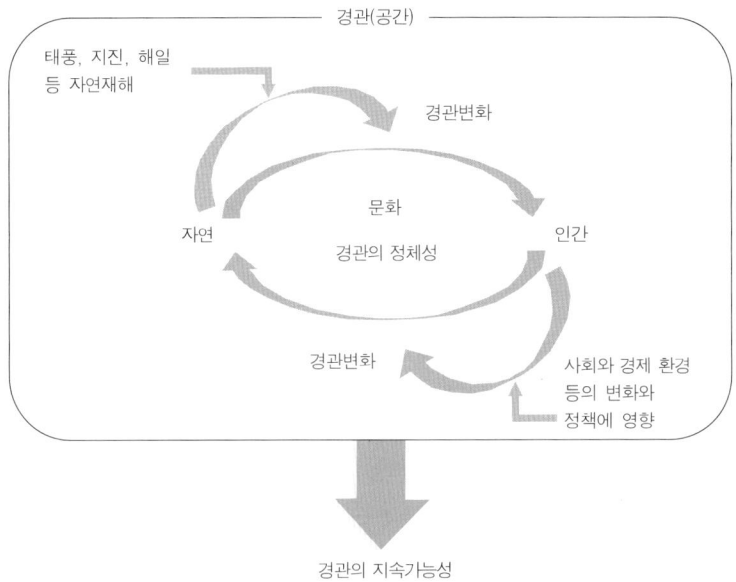

그림 2. 경관변화와 경관의 지속가능성의 관계를 나타낸 모식도

변화와 이를 바탕으로 하는 사회·경제적 변화를 유발하며 이것은 결국 토지를 이용하던 기존의 문화를 변화시키게 된다. 이러한 변화가 지속적으로 발생할 경우는 결국 경관의 지속적인 변화를 유발하고 이전에 비교하여 경관의 정체성과 지속가능성에 영향을 미칠 수밖에 없을 것이다.

그러나, 섬이라는 공간의 물리적 특성인 바다에 둘러싸여 있는 상태를 그대로 유지하는 것만이 섬의 고유성을 그대로 유지할 수 있다는 시각에서는 벗어나야 한다. 물론 그러한 섬이 가지고 있는 물리적 특성을 그대로 유지한다면 섬 경관의 정체성을 지키기에는 매우 유리할 것이다. 하지만 이미 다리로 연결되어 있고 연륙교를 교통편의의 최우선으로 생각하고 있는 주민의 설득 없이는 그것을 유지시키는 것은 불가능하다. 섬이라는 공간에

---

[27] Ohta, Y. and Nakagoshi, N., "Landscape changes in the Seto Inland Sea, Japan", *Ekologia* 25-1, 2006; Nakagoshi, N. and Ohta, Y., "Factors affecting the dynamics of vegetation in the landscape of Shimokamagiri Island, southwestern Japan", *Landscape Ecology* 7(2), International Associateion for Landscape Ecolgy, 1992.

살고 있는 지역 주민의 참여와 기존에 지역이 원래 지니고 있는 문화에 대한 제대로 된 인식이 섬 경관의 정체성을 유지하게 할 수 있는 매우 중요한 것이다.

4. 맺음말

경관변화는 자연재해를 제외하고는 인간이 경관을 활용하는 문화에 따라 변화한다.[28] 이러한 문화적 배경은 사회와 경제적 환경 등에 의해 영향 받고 정책적 방향의 변화를 유도하게 된다.[29] 섬 지역의 경관구조 변화 등에 관련된 사례연구는 국내에는 활발하지 않은 것이 현실이다. Ohta and Nakagoshi[30]에 따르면, 사회경제적 요인의 변화에 의해 섬의 주요 산업형태가 바뀌면서 섬 경관까지 바뀌게 된다고 하였다. 또한, 김재은에 따르면 연륙교가 경관구조에 영향을 미쳐 연륙된 섬과 연륙되지 않은 섬의 경관구조 패턴을 다르게 보이게 한다고 하였다. 섬의 경관은 신안군의 경우와 같이 대규모 간척사업 등의 경우와 제주도의 사례 정도를 제외하고는 물리적으로 크게 변화된 사례는 많지 않다. 그러나 최근 섬에 대한 새로운 관심이 증가하고 관광에 대한 수요가 증가하는 사회·경제적 요인에 따라 경관변화의 가능성은 매우 커지고 있는 실정이다. 따라서 앞으로 이러한 변화들이 어떻게 섬 경관에 영향을 미치고 지역사회에 영향을 미치는지 지속적인 연구가 필요하다.

섬 경관의 정체성을 유지시키고 지속가능한 경관연구와 관리를 위해 다음의 세 가지를 제안한다. 첫째는 섬에 사람이 살고 있는 공간으로 거주자의 시각에서 경관을 바라봐야 할 것이다. 섬이 관심을 받고 있는 지금 섬의 경관을 자원이라는 인식으로만 볼 것이 아니고 섬 주민의 삶의 터전이며 문화가 남아있는 공간으로서의 접근이 우선되어야 할

---

[28] Nassauer, J. I., "Culture and changing landscape structure", *Landscape Ecology* 10(4), 1995.
[29] Kim, J.-E., Hong, S.-K., and Nakagoshi, N., "Changes in patch mosaics and vegetation structure of rural forested landscapes under shifting human impacts in South Korea", *Landscape and Ecological Engineering* 2, International Consortium of Landscape and Ecological Engineering, 2006.
[30] Ohta, Y. and Nakagoshi, N., op.cit, 2006.

것이다. 단순히 섬 경관을 외부자의 시선으로 자원으로의 활용을 위한 시각을 갖는다면 실제로 삶의 터전으로의 섬 경관이 가지는 의미는 외부자의 시각에서 무시될 수 있음을 지각하여야 한다. 섬이 가진 물리적 경관특성을 고려하면서 문화적 시각을 생각하는 것이 섬 경관의 정체성을 유지하면서 섬 경관에 대한 전략과 계획을 세우는 것이 바람직 할 것이다. 둘째는 섬 경관의 정체성을 위해서 다리 건설 등 사회·경제적 발전을 억제하는 것으로 섬 경관의 변화 등을 억제할 수는 없다. 다리의 건설 등이 계획되거나 진행 중일 경우 섬 경관을 어떻게 유지 시키고 훼손하지 않을 것인가의 방향을 지역 주민과 함께 연구하고 실행하여야 할 것이다. 연륙교 건설 등 삶의 형식을 바꾸고 싶어 하는 대부분의 지역 주민의 생각을 바꾼다는 것은 현재의 시각에서는 매우 어려운 일이기 때문이다. 셋째는 섬이라는 공간은 바다와 떨어져서는 생각될 수 없기 때문에 섬 경관을 위해서는 바다와 같이 연계하여 경관계획과 관리가 이루어져야 할 것이다. 섬 경관의 물리적 형성 원인 자체가 바다를 빼 놓고는 생각할 수 없다. 그리고 섬 경관의 바탕이 되는 문화도 바다로부터 연계된 것이 매우 많기 때문에 바다와 섬을 서로 분리시켜 경관관리가 이루어진다면 섬 경관의 정체성에 대한 의문은 늘 있을 것이다.

02

섬의
생태계서비스 가치*

20세기 들어 환경문제들이 발생하면서 생태계의 과정과 기능들이 중요하게 인식하게 되었다. 최근 들어 전 세계적으로 수년간에 걸쳐 생태계서비스에 대한 전 지구적 규모의 연구가 수행되었고 이를 통해 생태계가 인간에 주는 경제적 이득을 서비스라는 측면으로 생각하게 되었다. 생태계서비스는 복잡하고 다양한 여러 가지 생태계의 기능들을 하나의 세트처럼 정리한 것으로 여러 분야의 학자들뿐이 아니고 정책결정자들과 같은 비 전문가들도 쉽게 이해하기 위한 것이다. 특히, 이것은 기존의 경관생태학적 연구를 통해 정책결정에 유용한 시각적 자료를 제공함으로써 정책결정에 유용하게 이용 될 수 있을 것이다. 섬생태계는 대륙에 비해 주변 환경에 민감하며 영향을 많이 받는다. 따라서 도서 지역의 생태계서비스는 환경 수용력에 대한 연구와 더불어 구체적이고 정확한 생태계연구가 이루어져야 한다. 이런 바탕에 경관계획이나 관리를 위한 환경정책이 세워진다면 생태계서비스의 양과 질적인 면의 증가가 이루어질 것이다. 이 논문은 생태계서비스의 개념과 도서지역에의 적용을 통해 경관계획과 관리에 대한 올바른 방향을 제시하고자 하였다.

---

* 이 논문은 김재은, 「도서지역 생태계서비스의 경관계획과 관리」, 『도서문화』 37, 2011, 267~281쪽에 실린 논문을 재편집 한 것임

1. 서론

20세기 들면서 생태계에 대한 연구가 활성화되었고 특히 중반을 지나면서 후반기에는 생태계에 대한 다양한 연구들이 쏟아져 나왔다. 생태계에 대한 연구는 한 생물에 대한 연구와 그 생물이 서식하는 서식처의 물리적 환경에 대한 소규모의 연구를 시작으로 현재는 지리정보시스템을 이용한 전 지구적 규모의 연구까지 가능하게 되었다. 특히, 지리정보시스템을 이용한 연구는 정책결정자들에게 복잡하고 다양한 생태계 문제들과 광범위한 지역의 정책결정에 용의한 시각적 자료를 제공함으로써 토지이용계획과 관리 등을 위한 정책결정에 중요하게 이용되고 있다.[1]

이렇게 여러 가지 복잡하고 다양한 환경문제들이 발생하고 이에 따른 방지대책 및 해결방안이 필요함에 따라 환경에 관련된 정책을 결정하는 일은 점점 더 중요하게 생각되어지고 있다. 어떤 한 지역의 전반적인 생태계를 제대로 파악하고 그 지역에 알맞은 경관계획이 세워지거나 관리가 이루어진다면 보다 효과적이고 체계적으로 정책결정을 하는데 도움을 줄 수 있을 것이다.

일정한 지역의 생태계조차도 독립적으로 존재하는 것이 아니고 주변 다른 지역의 생태계와 서로 연결되어 있고 끊임없이 주변과 상호작용을 통해 영향을 주고받으며 변화해간다. 이러한 관점에서 볼 때 섬은 육지의 각 종 생태계보다는 더욱 독립적 존재로 간주

---

[1] Fisher B., Turner R.K., Morling P., "Defining and classifying ecosystem services for decision making", *Ecological Economics* 68, 2009, pp.643~653; De Groot R.S., Alkemade R., Braat L., Hein L., Willemen L., "Challenges in integrating the concept of ecosystem services and values in landscape planning, management and decision making", *Ecological Complexcity* 7, 2010.

할 수 있으며 주변의 상호작용을 주고받는 생태계가 적기 때문에 안전하기도 하지만 또한 매우 위태로운 경우도 많다.[2] 이러한 이유 때문에 섬생태계는 더욱 중요시 여겨지고 있다. 따라서 생태계서비스의 올바른 이해와 이를 바탕으로 하는 정책결정의 중요성과 경관생태학적 관점에서 이를 살펴보고 특히 섬생태계서비스와 정책결정에 대해 논의하고자 한다.

2. 생태계와 생태계서비스

1) 생태계와 생태계서비스 개념

생태계Ecosystem란 가장 기본적인 개념으로 살아있는 생물만을 말하는 것이 아니고 그 생물들을 둘러싼 물리적 환경도 말한다. 즉 생물들이 살기 위해서는 둥지나 먹이 등이 필요하므로 서식할 수 있는 서식처의 개념을 포함하는 것이다. 이렇게 생물과 생물을 둘러싼 주변 환경과의 상호작용을 생태적과정ecological process이라 하고 이러한 과정을 통해서 복잡한 생태계기능ecosystem function들이 나타난다. 다양하고 복잡한 생태계기능은 인류의 삶에는 없어서는 안 될 물, 공기, 음식 등을 제공해 준다.

생태계서비스Ecosystem service는 이러한 다양하고 복잡한 생태계기능들의 세트이고 이것은 인류의 삶을 유지하는데 필수요소이다.[3] 생태계서비스의 개념의 사용은 적어도 1970년대로 되돌아가지만 과학적 연구는 1990년대부터 라고 할 수 있다.[4] 생태계서비스의 중요성이 점점 더 광범위하게 인식되었고 이를 바탕으로 한 연구가 인류의 삶과 관련되어 본격적으로 논의되게 되었다.

---

[2] 김재은·홍선기, 「도서의 경관생태학적 이해-섬생물지리학의 이론과 적용」, 『도서문화』 30, 2007; MacArthur R.H., Wilson E.S., *The theory of island biogeography*, Princeton, Princeton Univ. Press, 1967.
[3] Kremen C., "Manageing ecosytem services : what do we need to know about their ecology?", *Ecology Letters* 8, 2005.
[4] De Groot R.S., Alkemade R., Braat L., Hein L., Willemen L., op.cit, 2010.

21세기 들어 유엔은 2001년 6월부터 2005년 5월에 걸쳐 광범위한 범위의 연구자들을 통해 생태계서비스에 대해 국제적 규모의 연구를 하게 되었다. 이 연구 프로그램은 "The Millennium Assessment(MA)"라고 부르며 이것은 국제적인 연구프로그램으로 약 1,300여명의 다양한 분야의 과학자들이 포함되어 정책결정자와 일반적인 과학적 정보를 고려한 생태계 변화의 중요성과 이 변화에 대한 인간의 삶의 질 향상을 위해 연구되었다.[5] 여기서 연구된 결과들은 생물종다양성국제협약, 사막화방지협약, 람사협약 등 국제적 규모의 여러 협회들과 사적이거나 공적인 사회조직이 필요로 하는 평가에 도움을 줄 것으로 평가되었다.

　　생태계서비스는 이미 설명한 바와 같이 생태적과정을 통해 발생하는 생태적 기능들의 복합체로 이것이 인간의 삶에 직접적이고 간접적으로 얼마나 영향을 미치는지에 대해 연구하고 있으며 특히 경제적 관점에서 인간에게 얼마나 어떤 이익을 가져다주는지에 초점을 두고 생각하고 있다. 표 1에 이러한 과정들을 자세히 설명하였다.

표 1. 생태계서비스의 지속가능한 이용을 위한 잠재적 지표[6]

	생태계서비스의 예	생태적과정과 기능	생태계서비스의 양	지속가능한 생태계서비스 양
공급(Provisioning)				
1	음식	먹을수 있는 식물과 동물의 존재	kg/ha에서의 전체 또는 평균 저장량	일차생산력(kcal/ha/year)
2	물	저수지의 존재	물의 총량(㎥/ha)	최대저장량(㎥/ha/year)
3	섬유, 연료, 다른 기초 물질			
4	유전물질 : 병원체에 저항하는 유전자	생물종의 존재 또는 유전물질 존재	유전자 은행의 가치(종다양성)	
5	생화학적 생산물과 의약품자원	생물종의 존재 또는 무생물 구성요소들과 잠재적으로 유용한 화학물질로 의약품자원과 관상용 생물종	추출할 수 있는 유용한 물질의 총량(kg/ha)	최대한 지속가능한 이용
6	관상용 생물종과 자원		전체 바이오매스(kg/ha)	

[5] Fisher B., op.cit, 2009.
[6] 출처 : MA., "Millennium Ecosystem Assessment : ecosystems and human well-being : synthesis", Island Press, Washington D.C, 2005; De Groot R.S., Alkemade R., Braat L., Hein L., Willemen L., "Challenges in integrating the concept of ecosystem services and values in landscape planning, management and decision making", *Ecological Complexcity* 7, 2010 변형.

조절(Regulating)

7	공기 정화 조절	대기로부터 에어로졸과 화학물질을 추출하기 위한 생태계의 수용력	잎면적지수, 질소고정 등	에어로졸의 양 또는 추출된 화학물질-공기 질에 영향
8	기후조절	토지피복과 생물매개 과정을 통한 지역과 지구 기후에 대한 생태계의 영향	지구온실 가스 조정 : 토지피복 특징 등	온실가스양-기온변수 영향
9	자연재해완화	자연재해를 약화시키는 숲의 역할	물의 저장능력	홍수위험 감소, 사회기반시설 손상 방지
10	물 조절	물의 흡수와 배출에 숲의 역할	토양의 수분유지	수분유지 양과 수문학 영향
11	쓰레기 처리	분해에서 생물과 무생물과정의 역할 또는 유기물질 분해	질소분해(kg N/ha/y) : 식물과 토양에서 고정	지속가능성을 바탕으로 고정 또는 재사용하는 화학물질의 총량
12	침식 보호	토양 유지력에 식생과 생물의 역할	식생피복	보유한 토양의 양 또는 포획된 퇴적물
13	토양형성과 재생	토양형성과 재생에서의 자연적 과정의 역할	bio-turbation	표토층의 양(ha/year)
14	식물의 수분작용	꽃가루 매개자의 양과 효율성	수분 종의 수와 양	농작물의 자연수분 의존
15	생물학적 조절	영양관계를 통한 질병조절	질병조절 종의 수와 양	가축질병, 인간질병의 감소 등

지원 또는 서식처(Supporting)

16	서식처	번식, 먹이 등을 제공하는 생태계의 중요성	이용하는 종과 개체(상업적 가치)	다른 생태계의 의존성(경제성)
17	유전자풀 보호	생태적 균형과 진화과정의 유지	자연 종다양성(특히 고유생물종)	생태적 가치

문화(Culture)

18	미적 가치관 : 아름다운 자연경관	경관의 심미적 질	인지된 경관 형태의 수와 면적	미적 가치 표현
19	여가 : 관광 또는 여가활동이 기회	매력적인 야생 경관	경관과 야생 형태의 수와 면적	사람과 실질적으로 사용하는 물품의 최대한 지속가능한 수
20	문화, 예술, 디자인을 위한 영감	경관 형태 또는 인간예술을 위한 생물종이 주는 영감	경관 형태와 생물종이 주는 영감 가치의 수와 면적	생태계에서 영감을 얻음
21	문화유산과 고유성	경관 형태와 생물종의 문화적 중요성	경관 행태와 종의 문화적 주요성의 수와 면적	문화유산을 위해 숲을 이용하는 사람의 수

| 22 | 영적, 종교적 영감 | 경관형태 또는 생물종과 영적 종교적 가치 | 경관형태의 존재 또는 생물종과 영적가치 | 생태계를 영적, 종교적으로 중요시하는 사람의 수 |
| 23 | 공식적, 비공식적 교육과 훈련을 위한 교육과 과학 기회 | 특별한 교육 형태와 화학적 가치와 흥미 | 특별한 교육 형태와 화학적 가치와 흥미의 존재 | 수업 방문의 수, 과학연구의 수 등 |

2) 생태계서비스의 분류와 인간 삶의 질 향상과의 관계

MA에 따르면 생태계서비스는 크게 네 가지 종류로 분류될 수 있다(그림 1). 첫째는 지원Supporting으로 생태계의 가장 기본적인 생태기능으로 영양염류의 순환이나 토양의 생성 같은 것을 말한다. 둘째는 공급Provisioning으로 음식, 마실 수 있는 물, 목재, 섬유, 연료

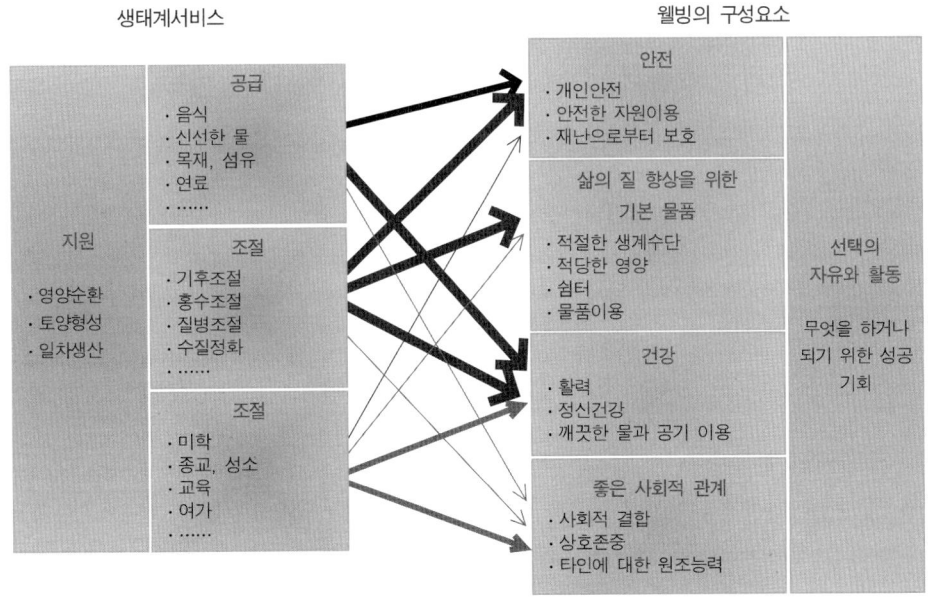

그림 1. 생태계서비스와 참살이 사이와의 관계[7]·
화살표 색 : 사회경제적 요소에 의한 중재를 위한 가능성, 화살표 굵기 : 생태계서비스와 인간의 참살이 사이에 연결강도

---

[7]· 자료 : MA., Ibid.

등을 공급하는 것을 말한다. 셋째는 조절Regulating로서 기후조절, 홍수조절, 질병조절 및 수질 정화 등의 조절기능을 말한다. 마지막으로 넷째는 문화Culture로서 아름다운 자연경관, 종교나 성소로서의 장소, 교육의 장소, 여가 등을 위한 장소로 서비스를 제공한다.

이런 네 가지 기본적인 생태계서비스는 안전, 삶의 질 향상을 위한 기본 물품, 건강, 좋은 사회적 관계 및 마지막으로 선택의 자유와 활동 같은 인간의 전반적인 삶의 질 향상에 중요한 영향을 미친다. 특히, 공급, 조절, 문화는 안전, 삶의 질 향상을 위한 기본물품, 건강 좋은 사회적 관계 등에 대해 영향력이 각각 차이가 있다.[8]

공급이나 조절같은 생태계서비스는 인간의 참살이[9]를 위한 구성요소 중 안전, 삶의 질 향상을 위한 기본물품, 건강 등에 특히 강하게 연결되어 있다. 다시 말하면, 공급이나 조절은 인간의 안전, 삶의 질 향상을 위한 기본물품, 건강 등에 큰 영향을 미친다고 할 수 있다.

3. 생태계서비스와 경관계획 및 관리

1) 생태계관리 방법과 생태계서비스

지구상의 대부분의 생태계는 경관관리나 토지이용 형태의 특성에 따라 어떤 한 형태의 토지피복에서 다른 형태의 토지피복으로 변화한다. 어떤 지역의 관리체계시스템은 그 지역의 사람들이 자연을 통해서 얻는 자원의 종류와 이용 방법에 따라 달라진다. 예를 들면, 바다에서 생선을 잡아서 훈제로 이용하는 문화집단과 생선을 그냥 회나 말린 상태를 선호

---

[8] Wallance K., "Classification of ecosystem services : Problems and solutions", *Biological Conservation* 139, 2007.
[9] 웰빙(well being)을 순화하여 부르는 순 한국말로 국립국어원이 2004년 신조어로 지정했다. 최근 건강의 중요성과 함께 삶의 방식과 지향점이 삶의 질에 미치는 영향을 중요하게 생각하는 것으로 특히 환경과 건강을 함께 생각하는 새로운 생활패턴을 의미하는 로하스(Lohas : Lifestyle of Health and Sustainability)로부터 시작되었다. 남정훈, 「자전거활동 참가자의 스포츠 애호도, 운동정서 및 심리적 웰빙의 구조적관계」, 『한국스포츠심리학회지』 21(4), 2010, 167~182쪽.

하는 집단 간에 관리시스템은 다를 것이다. 훈제 방법을 선호하는 집단은 생선을 훈제하기 위해서 더욱 맛을 잘 낼 수 있는 수종樹種을 택하여서 숲을 관리했을 것이고 이것은 토지이용 등에도 영향을 미쳤을 것이다. 이러한 일련의 과정들을 통해서 보면 결국 토지이용과 관리방법은 생태계서비스 중에 공급과 같은 기본적인 요소와 서비스의 질, 과정 등에 영향을 줄 수 있다.[10] 그렇기 때문에 토지이용과 관리체계 변화는 생태계서비스 변화의 원인이기도 하다.

토지피복과 토지이용 변화에 대해 더 나은 정책결정을 위해서는 생태계관리와 생태계서비스사이의 관계를 체계적으로 접근하여 생태계관리에 따른 생태계서비스의 질을 고려해야 한다. 실질적인 경험을 통해서 살펴보면 토지이용과 생태계서비스사이의 양적관계와 생태계서비스의 공급Provisioning은 그 지역적 규모의 크기에 따라 달라질 수 있다.[11] 하지만, 아직까지 경관규모에서의 변화된 관리체계 아래에서 생태계서비스의 완벽한 양적, 질적으로 접근된 사례는 없다.[12]

최근 연구된 몇 몇 사례를 살펴보면, 자연상태와 반자연 생태계를 다양하게 이용한 경관은 생태적으로 더 지속가능하고 사회문화적으로 더 적당할 뿐 아니라 변화된 경관생태시스템보다 더 경제적으로 이익을 가져다준다.[13] Balmford 등[14]에 의하면, 열대림, 습지, 망그로브, 산호 등의 생태계는 변형되지 않은 그대로의 생태계가 경제적 이익을 얻기

---

[10] De Groot R.S., Alkemade R., Braat L., Hein L., Willemen L., op.cit, 2010; Yapp G, Walker J, Thackway R., "Linking vegetation type and condition to ecosystem goods and services", *Ecological Complexity* 7, 2010.
[11] Troy A, Wilson MA., "Mapping ecosystem services : Practical channenges and opportunities in linking GIS and value transfer", *Ecological Economics* 60, 2006.
[12] ICSU, UNESCO, UNU, "Ecosystem Change and Human Wellbeing", *Research and Monitoring*, Report, ICSU, UNESCO and UNU, Paris, 2008.
ICSU(International Council for Science), UNESCO(United Nations Education, Scientific and Cultural Organization), UNU(United Nations University) 이 세 그룹이 주축이 되어 2005년 연구된 MA를 발전하여 보완하는 연구를 진행하여 보고서를 제출한 것임.
[13] Balmford, Andrew, Aaron Bruner, Philip Cooper, Robert Costanza, Stephen Farber, Rhys E. Green, and Martin Jenkins, "Economics reasons for conserving wild nature", *Science* 297(5583), 2002, pp.950~953; Naidoo and Adamowicz, "Economics benefits of biodiversity exceed costs of conservation at an African rainforest reserve", *PNAS* 102(46), 2005, pp.16712~16716.
[14] Balmford, Andrew, Aaron Bruner, Philip Cooper, Robert Costanza, Stephen Farber, Rhys E. Green, and Martin Jenkins, Ibid.

위해 집중적으로 이용되는 토지 이용 형태로 변형될 때보다 더 많은 이익을 낼 수 있다고 하였다.

현재까지도 이러한 대부분의 생태계서비스는 토지이용계획과 정책결정자들에게 여전히 고려의 대상에서 제외된다. 높은 생산력과 다양한 기능을 가진 경관은 아직도 농지, 쓰레기처리장, 벌채 후에 침식된 토지와 같은 단순한 토지이용 형태로 쉽게 바뀌고 있는 것이 현실이다. 이것은 오로지 가까운 미래의 몇 가지 경제적 이득만 고려되고 장기적 측면의 인간의 참살이에 대한 고려는 하지 않는다고 보인다.

2) 경관생태학적 연구방법을 통한 생태계서비스 연구

토지이용 목적에 따라 달라지는 토지피복 변화는 경관변화 연구로서 경관생태학적 연구의 대표적인 연구주제 중 하나이다. 생태계서비스에서 지도를 통한 시각적인 토지이용이나 관리 체계 변화나 생태계서비스 모델 변화와 융합된 비용 이익 분석과 같은 방법의 연구는 가능하다.

일반적으로 이용되고 있는 지도는 토지피복이나 토지이용과 관련된 토지이용 형태에 관련된 경관지도를 많이 사용하고 있다. 이러한 토지 관리 형태나 상황을 보여주는 지도는 대부분 2차원의 지도로 이용되고 있다. 경관의 기능을 나타내는 공간정보는 토지피복이나 토지 이용과 같은 한 가지 지도만으로는 해결되지 않는다. 경관의 기능을 제대로 나타내기 위해서는 공간의 여러 가지 정보를 표현할 수 있어야 한다. 따라서 시각적 표현인 지도를 만드는데 있어서 중요한 것은 경관의 기능과 특성을 나타내는 올바른 공간정보의 이용이 중요하고 이것이 생태계서비스와 어떻게 연결되는지에 대해 파악해야 할 것이다. 또한 공간의 규모에 따라서 생태계서비스의 내용과 질 양이 달라지므로 그 공간 규모에 알맞은 경관기능과 특성을 나타낼 수 있는 가를 고려해야 할 것이다.

특히, 생태계서비스를 공급하기 위해서 적당한 자료를 찾을 수 없을 때는 그 공간의 문자화된 자료나 경관기능을 나타내는 지도를 이용한 모델과 같은 자료를 이용할 수 있을 것이다.[15]

정책결정자들은 이러한 시각화된 공간의 정보를 생태계서비스를 위한 기본 자료로 이용할 수 있다. 이러한 자료를 통해서 그들이 세운 경관계획이나 경관관리에 대한 평가를 할 수 있음과 동시에 새로운 토지이용 전략을 세우며 이것은 생태계서비스에 질과 양에 새롭게 영향을 미칠 것이다. 이렇게 서로 피드백이 이루어지면 더 낳은 생태계서비스의 제공이 가능해지고 결국 이것은 더 낳은 경관계획과 관리가 이루어지도록 할 것이다.

4. 도서지역에서의 생태계서비스

도서지역의 생태계에 대해서는 MacArthur and Wilson[16]에 의해 씌여진 섬생물지리학에서 자세하게 서술되었다. 특히 섬의 생태학적 특성과 역할 기능에 대해서 섬의 크기와 본토와의 거리 등의 차이에 의해 어떻게 달라지는지에 대해서 연구되었다. 물론 현재에 이르러서는 이에 대해 여러 가지 이견이 있지만, 도서지역의 생태계 연구에 대해서는 중요한 연구임에 틀림없다.[17]

Diamond[18]의 총, 균, 쇠에서 보면 섬의 생태적과정과 기능이 인간의 문화에 의해서 어떻게 이용되며 또한, 어떠한 영향을 미치는지에 대해서 설명되어 있다. 생태계서비스 차원에서 바꾸어 말하면, 섬이 지니는 생태적과정과 그 기능들은 인간의 문화에 의해서 영향을 받았고 또한, 반대로 그 섬이 지니는 생태계서비스에 의해 인간문화에 영향을 미쳐 문명의 흥망성쇠에 까지 영향을 미치게 되었다고 할 수 있다.[19]

생태계서비스에 대한 본격적인 연구가 최근에야 이루어졌기 때문에 현재까지 도서지역의생태계서비스에 대한 연구는 거의 찾아 볼 수 없다. 일반적으로 도서지역이 주는

---

[15] De Groot R.S., Alkemade R., Braat L., Hein L., Willemen L., op.cit. 2010.
[16] MacArthur R.H., Wilson E.S., op.cit. 1967.
[17] 김재은·홍선기, 앞의 글, 2007.
[18] Diamond J., *Guns, Germs, and Steel : The fates of human societies*, W.W. Norton & Company, Inc. New York, 2005.
[19] 홍선기, 「島嶼文化硏究 어떻게 할 것인가?-生態學的 想像力과 多學制的 疏通」, 『도서문화』 32, 2008.

생태계서비스는 여가활동을 위한 측면이 강하게 부각되어 있다. 물론, 기본적인 생태계서비스인 기타 다른 지원, 공급, 조절서비스도 있지만, 특히 다양하고 많은 섬들이 있는 서남아시아지역, 지중해지역, 태평양 지역 등의 섬들은 현재 문화적 서비스가 가장 많이 제공되고 있다고 할 수 있다.

또한, 문화적 차이나 특성은 자연자원을 이용하고 생존을 유지하기 위한 수단으로 이용되었다. 따라서 오히려 생태계의 다른 서비스들을 유지하며 지속가능한 이용을 가능하게 만들 수 있다.[20] 도서지역에서는 문화가 가지는 특성이 다른 서비스들을 유지 지속시키거나 증대시키는 역할을 할 수 있다(그림 2). 예를 들면, 생물자원의 채취를 시기적으로 양적으로 제한하거나 서로 조절하는 지속한 삶을 위한 특유의 문화가 이러한 일을 가능하

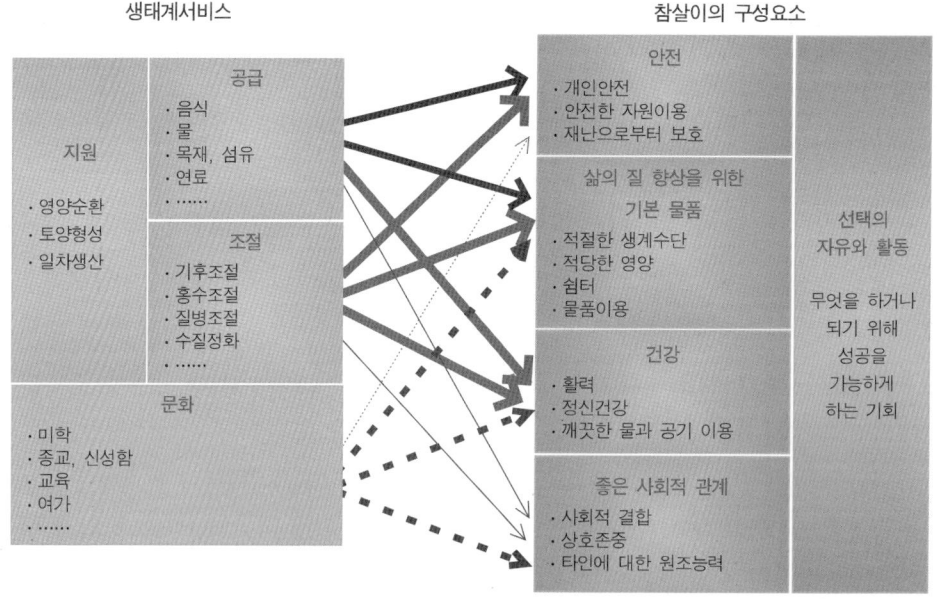

그림 2. 섬생태계에서의 생태계서비스와 참살이 : MA(2005)에서 발표한 생태계서비스와 참살이 사이와의 관계(자료 : Millennium Ecosystem Assessment)를 변형한 것으로 문화의 중요성을 강조함.
화살표 색 : 사회경제적 요소에 의한 중재를 위한 가능성, 화살표 굵기 : 생태계서비스와 인간의 참살이 사이에 연결강도

---

[20] 위의 글.

게 하고 이것은 오랜 시간을 거치면서 그 섬의 수용능력을 인지한 전통지식에서 근거한다고 할 수 있다. 특히 이러한 사회적 규약은 상호존중과 사회적 결합의 중요성을 강조함으로써 좋은 사회적 관계를 형성하는데 중요한 역할을 담당했을 것이다.

그러나 이러한 중요한 상호작용은 구체적이며 직접적으로 나타나지 않기 때문에 현대에서는 많이 무시되거나 알려지지 않은 경우가 많아 이러한 지속가능한 전통지식들이 사라져가고 있는 것이 또한 생태계서비스에 영향을 미치고 있기도 하다. 도서지역의 경우는 이러한 전통지식이 육지와 떨어져있고 영향이 적어 아직 유지되고 있는 곳이 많다.

생태계서비스는 기본적으로 그 생태계의 수용능력을 초과해서는 제공할 수 없다.[21] 도서지역의 생태계는 대체적으로 주변의 영향에 민감하며 따라서 대륙의 생태계에 비해 수용능력이 더 작다고 할 수 있다. 특히 작은 섬의 경우에는 더욱 민감하다고 할 수 있다. 이러한 관점에서 볼 때 도서 지역의 생태계서비스는 육지보다도 더욱 생태계에 대한 특성과 기능을 잘 파악하여야 그 섬의 수용능력에 알맞은 서비스를 제공 할 수 있으며 지속할 수 있을 것이다.

5. 맺음말

생태계서비스는 생태계가 인간의 삶의 질 향상에 미치는 다양한 서비스를 경제적 시각이라는 관점에서 살펴봄으로써 인간들에게 좀 더 생태계가 주는 장점을 쉽게 인식하게 할 수 있는 효과가 있다.[22] 경제적 시각으로 생태계를 보면서 현재까지 인식하지 못했던

---

[21] Carpenter ST, Mooney HA, Agard J, Capistrano D, DeFries RS, Diaz S, Dietz T, Duraiappah AK, Oteng-Yeboah A, Pereira HM, Perrings C, Reid WV, Sarukhan J, Scholes RJ, Whyte A., "Science for managing ecosystem services : Beyond the Millennium Ecosystem Assessment", *Pnas* 106(5), 2009; Kremen C., op.cit, 2005; Norberg J., "Linking Nature's services to ecosytems : some general ecological concepts", *Ecological Economics* 29, 1999; Worm B., Barbier, E.B. Beaumont N., Duffy E., Folke C., Halpern B.S., Jackson J.B.C., Lotze H.K., Micheli F., Palumbi S.R., Sala E., Selkoe K.A., Stachowicz J.J., Watson R., "Impacts of biodiversity loss on ocean ecosystem services", *Science* 314, 2006.

[22] Costanza R, d'Arge R., De Groot R, Farber S, Grasso M, Hannon B, Limburg K, Naeem S, O'Neill RV, Paruelo J, Raskin R, Sutton P, van den Belt M., "The value of the world's ecosystem services and natural capital", *Nature*

생태계의 복잡한 과정과 그 기능들을 더 이해하고 생태계보전이나 복원에 이용할 수 있다는 점에서는 일부 전문가 뿐 아니라 일반인들에게도 이해하기 쉬운 개념일 것이다.

그림 3에서 표현한 것과 같이 생태계는 생태적과정과 그 기능을 통한 생태계서비스가 제공 가능해진다. 생태계서비스의 양과 질의 향상을 위해서는 생태적 건강성 유지와 생태계를 복원하는 비용이 발생할 수 있다. 생태계서비스는 인간의 참살이에 영향을 미치며 이것은 경제적 이득을 인간에게 가져다준다. 이러한 과정을 통해 결국 정책결정자들은 경관계획과 관리에 관한 정책을 결정할 때 생태계를 위해 더 나은 환경정책을 내 놓거나 환경을 파괴하는 정책을 택할 수 있다.

하지만 생태계의 복잡하고 다양한 과정과 기능들을 모두 알고 이해하기란 쉽지 않고 또한 이러한 복잡하고 다양한 생태계를 경제적 가치로 모두 이해하려고 하는 것은 큰 오류와 더불어 한계가 있다고 생각되어진다.

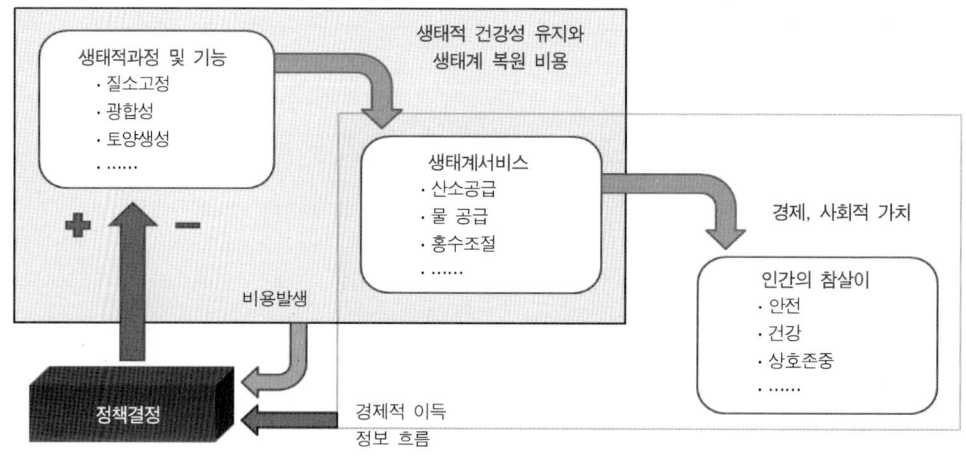

그림 3. 생태적과정과 기능을 통한 생태계서비스 제공과
인간의 참살이가 정책결정에 미치는 영향과 생태계시스템 피드백[23]

387, 1997; Fisher B., Turner R.K., Morling P., op.cit.
[23] 출처 : http://www.lotuslive.org/blog/?cat=20 응용.

특히, 섬생태계는 대륙 등과 같이 대규모의 생태계보다는 훨씬 예민하고 주변의 영향을 크게 받는다. 생태계서비스 측면에서 섬을 본다면 특히 작은 규모의 섬들은 문화적서비스제공이 가장 많은 부분을 차지하고 있다. 이런 문화적서비스는 인간의 참살이를 위해서 뿐만이 아니고 생태계시스템 자체를 지속가능하게 유지하게 하는 하나의 수단이 가능했다고 보여진다.

따라서 섬의 경관계획과 관리는 섬의 기본적인 생태계시스템에 대한 논의가 대륙보다도 더 심도 있게 연구되어져야 하며 문화가 어떻게 유지 지속되는지도 생태계서비스를 제공하는데 중요한 자료가 될 것이다.

03

섬 마을과
생물문화경관*

섬은 본토 및 서로 연결된 육지 지역과는 물리적 조건이 달라서 때때로 고유한 서식지로서의 역할을 한다. 섬의 또 다른 특징은 물리적으로 제한된 공간을 활용하는 섬 주민들의 전통생태지식이다. 전통생태지식은 제한된 공간에서 지속가능하게 자원을 지속적으로 활용하기 위한 방법을 오랫동안 제시하였다. 전통적인 마을경관은 생물종과 사람들의 자연과 인간의 상호작용을 보여주는 예로 특히 갯벌 지역에서도 분명하게 나타난다. 신안군은 한국의 서남해에 위치하고 있고 한국에서 가장 넓은 갯벌이 위치한다. 갯벌은 매우 높은 생물문화다양성을 보여준다. 마을경관은 인간이 자연환경에 오랫동안 적응하면서 형성된 것이다. 예를 들면, 신안군의 섬들은 주로 북서쪽에서 불고 있는 강한 바람으로부터 마을과 농경지를 보호하기 위해 방풍림을 만들었고 이것을 우실이라고 한다. 현재 전통생태지식은 섬이 인구가 급격히 감소되고 빠르게 성장하고 변화하는 사회·경제적 변화로 인해 다음세대로의 전달이 매우 어렵게 되고 있다. 섬은 종종 관광을 위한 매우 좋은 장소로 생각되지만 이런 경향은 섬의 환경적 특성을 고려할 때 지속가능한 발전이 이루어져야만 그 매력이 유지될 수 있다. 유네스코(UNESCO), 국제자연보전연맹(IUCN), 생물다양성 총회(CBD COP12)와 같은 국제기구들은 특히 매우 작은 섬들을 위해 지구온난화와 해수면 상승과 같은 지구 환경 문제의 위협을 막기 위해 노력하고 있다. 국제기구들의 주요 활동은 섬에서 자연자원의 지속가능한 이용을 확립하는데 있어서 생물문화다양성이 중심적인 역할을 강조함으로써 그 해결책을 모색하고 있다. 우실과 같은 요소를 지닌 마을경관은 이러한 목적에 가장 정확하고 알맞은 것이다. 마을경관을 보전하기 위해서는 지역주민과 정부 및 지자체의 노력이 절실한 실정이다.

---

* 이 논문은 Jae-Eun Kim, "Rural landscape and biocultural diversity in Shinan-gun, Jeollanam-do, Korea", *Journal of Ecology and Environment* 38(2), 2015, pp.249~256에 실린 논문을 재편집 한 것임

1. 서론

과거 섬 지역은 고립과 격절성이라는 이미지가 강하다. 섬이 가지고 있는 이러한 지리적 특성은 섬생물지리학적 측면에서는 섬이 섬으로서의 특성을 나타내게 해주는 매우 중요한 요소로 작용하고 있다.[1]

섬생물지리학에서는 섬이 본토인 육지와 얼마나 떨어져 있는지, 섬의 크기가 어느 정도인지에 따라서 섬에 사는 생물종의 규모나 종다양성 등에 관련이 있다고 말한다.[2] 섬이라는 특성을 나타나게 해주는 특성이 바로 육지와의 단절인 격절성이다. 이러한 격절성이 생물인 사람에게도 영향을 끼치는 것은 어쩌면 당연한 결과라는 생각이 든다.

현재 지구상의 인구 약 60억 중에 10%인 6억명이 섬에 거주하고 있는 것으로 알려졌다. 섬에 사는 사람들은 육지와의 단절된 생활을 과거부터 오랜 기간 해 오면서 그들만의 독특한 삶의 방식을 만들었다. 또한, 그것은 섬이라는 한정된 지역에서 살아남기 위해 제한된 자연자원을 어떻게 이용하는 것이 현명한지에 대해 누구보다도 더 잘 깨닫게 되었고 이러한 것을 현대에 와서는 전통생태지식Traditional Ecological Knowledge이라고 한다. 이렇게 자연에의 적응방식에 따라 문화가 탄생하게 되었고 다양한 섬의 자연환경에 따라 다양한 문화가 존재하게 되었다.[3]

---

[1] 김재은・홍선기, 「도서의 경관생태학적 이해-섬생물지리학의 이론과 적용」, 『도서문화』 30, 2007.
[2] MacArthur, R.H., and E.O. Wilson, *The theory of island biogeography*, Princeton University Press, Princeton, New Jersey, 1967; Robert H. MacArthur & Edward O. Wilson, *The Theory of Island Biogeography*, Princeton University Press, 2001.
[3] 김재은・홍선기, 「서남해 도서자연자원의 생태적 가치와 지속가능한 활용」, 『도서문

전남 신안군에 분포하고 있는 많은 섬에서도 이러한 다양한 특징들이 보이고 있다. 각 섬이 가지고 있는 자연 경관 특성에 따라 마을경관이 나타나고 그 안에는 논과 밭이 있고 또한 염전 등이 있으며 드넓은 갯벌에는 다양한 생물종이 서식하고 있다. 이러한 다양한 자연환경과 문화환경의 관계에 대해서 알아보고 섬에서의 생물과 문화의 다양성에 대해 논의해 보고자 한다.

2. 우리나라의 마을경관과 일본의 마을숲

우리나라에 마을숲이라는 개념이 도입되기 시작한지는 1980년대 말에서 1990년대 초이다. 일본에서 이산里山(Satoyama)으로 불리는 연구가 활성화되고 이것이 도입되기 시작하면서 우리나라에서도 본격적으로 알려지기 시작했다.

일본에서 Satoyama가 대두된 이유는 1960년대를 거쳐 1970년대에 일본의 빠른 경제성장과 더불어 연료혁명 등이 일어나면서 더 이상 마을주변의 숲을 이용하지 않게 되었다. 그동안 땔감으로 사용하던 산의 나뭇가지나 낙엽 등을 가스나 기름이 대신하게 되었고 농촌인구의 유출은 시골마을의 노동인구의 감소로 이어져 마을 주변 숲을 이용하지 않게 되었다.[4]

이러한 사회·경제적인 상황의 변화가 마을 주변 숲에 고스란히 영향을 미치게 된 것이다. 마을 주변의 숲은 오랜 기간 동안 숲을 이용하던 인간과의 상호작용을 통해 다양한 생물종이 생존하는 서식처를 제공하게 되었다. 실제로 Foley et al.[5]에 의하면 이렇게

화』 38, 2011; Hong S.-K., "Tidal-flat islands in Korea : Exploring biocultural diversity", *Journal of Marine and Island Cultures* 1, 2012, pp.11~20.

[4] Kim J.-E., Hong S.-K., Nakagoshi N., "Biocultural landscape dynamics in Japanese rural regions", In : S.-K. Hong, J. Bogaert, Q. Min(eds), *Biocultural Landscapes : diversity, functions and values*, Springer, Dordrecht, 2014; Takeuchi K., Brown R.D., Washitani I., Tsunekawa A., Yokohari M.(eds), *SATOYAMA : The traditional rural landscape of Japan*, Springer, Tokyo, 2003.

[5] Foley, J.A., DeFries, R., Asner G.P., Barford C., Bonan G., Carpenter S.R., Chapin F. S., Coe M.T., Daily G.C., Gibbs H.K. Helkowski J.H., Holloway T., Howard, E.A., Kucharik C.J., Monfreda C., Patz J.A., Prentice I.C., Ramankutty N., and Snyder P.K., "Global consequences of land use", *Sciences* 309, 2005.

인간과 상호작용을 하는 반자연상태의 생태계가 훨씬 더 다양한 생태계서비스를 제공할 수 있다고 하였다.

마을 주변의 숲은 오랜 세월에 걸쳐서 인간들과 끊임없는 상호작용을 해 왔다.[6] 인간이 연료를 얻기 위해 나뭇가지를 자르거나 산의 낙엽을 긁는 것은 초본식물의 서식처 환경에 매우 중요한 영향을 미치게 된다. 나뭇가지를 자르거나 낙엽을 긁는 행동은 하늘에서 땅까지 햇빛이 잘 들어 초본의 발아 및 성장에 매우 중요한 영향을 미치도록 한다.[7]

하지만, 사회적 환경변화와 경제발달은 전통적인 마을숲을 더 이상 관리하지 않게 되었다. 인간과 자연의 상호작용이 더 이상 존재하지 않는 마을숲은 나뭇가지들의 빼곡한 성장과 천이과정의 진행으로 점차 숲이 다른 종들로 대신 채워짐에 따라 초본류의 생물종다양성에도 영향을 미치게 되었다.

인간들의 의식하지 않은 이러한 서식처 관리행동이 마을주변 숲을 관리하고 특히 초본이나 관목류의 성장에 매우 큰 영향을 미치게 되면서 생물종다양성의 문제가 대두되기 시작하였다. 또한, 사회가 변화하고 경제가 발전하면서 인간들은 과거의 고향의 풍경을 그리워하게 되고 그러한 경관을 찾아가고 즐기고 싶어 하는 경향까지 나타나게 되었다. 이러한 다양한 변화들이 일본의 SATOYAMA가 탄생하는 배경이 되었다.

현재 우리나라에서는 마을숲에 대한 다양한 정의가 이루어지고 있다. 특히 2005년 문화재청에서는 다양한 형태의 마을숲을 구분하여 명칭을 제시하였다(표 1[8]).

---

[6] 이도원·Mitwirkende·고인수·박찬열, 『전통마을 숲의 생태계 서비스』, 서울대학교출판부, 2007; Kim J.-E., Hong S.-K., op.cit, 2014.

[7] Kim J.-E., Hong S.-K., Nakagoshi N., "Changes in patch mosaics and vegetation structure of rural forestsed landscape under shifting human impacts in South Korea", Landscape and Ecological Engineering 2, 2006; Hong S.-K., Kim J.-E., "Traditional forests in villages linking humans and natural landscapes", In; S.-K. Hong, J. Wu, J.-E. Kim, N. Nakagoshi(eds), Landscape ecology in Asian cultures, Springer, Tokyo, 2011; Takeuchi K, Brown R.D., Washitani I., Tsunekawa A., Yokohari M.(eds), SATOYAMA : The traditional rural landscape of Japan, Springer, Tokyo, 2003.

[8] 표 2는 일제강점기의 조선총독부임업시험장의 조사자료인 『朝鮮の林藪』와 산림청 임업연구원, 『한국의 전통 생활 환경보전림』, 1995; 문화재청, 『한국 마을숲 문화재 자원조사 연구보고서』 Ⅲ - 전라남도 도서지역, 전라남도, 2005에서 제안한 내용을 정리한 것(문화재청, 같은 책)을 참고하여 변형한 홍선기 등(홍선기·김재은·양효식, 「한국 어부림의 생태경관」, 『도서문화』 36, 2010) 논문에서 인용하였다.

그렇지만, 결국 대부분의 개념 정리한 것을 보면 인간과 자연이 오랜 기간에 걸쳐 상호작용을 통해 나타나는 어떠한 독특한 생태문화경관의 형태로 표출된 것으로 생각된다.[9]

표 1. 마을숲의 종별 명칭 정리[10]

구분	조선의 임수 (1938년, 10종류)		기능연구 (장, 1995년, 8종류)		산림청보고서 (1995년, 6종류)		천연기념물 (2002년, 6종류)		대안 (9종류)
	구분	내용	구분	내용	구분	내용	구분	내용	
1	종교적 (宗敎的)	陵墓, 지리풍수, 鬼神신앙	宗敎的	풍수 토착신앙	당산림	동제, 당산제, 서낭제 등 토속신앙 대상	성황림, 비보림	성황당, 풍수	비보림, 성황림
2	교육적 (敎育的)	기념, 모범, 보물, 사적, 명승, 천연기념물	利用的	도시공원, 사적지, 천연기념물, 천연보호림	학술림, 경관림	학술적 가치, 명승고적, 사적지 주변	역사림	고사나 전설	역사림
3	위생적 (衛生的)	공중위생, 공원, 울타리							조경림
4	풍치적 (風致的)	활터, 명소유적, 都邑鄕所	風致的	경관녹지	풍치림	산림감상, 천연림			경관림
5	교통적 (交通的)	도로가로수	交通的	가로수 및 녹지대	방풍림, 호안림				교통림
6	보안적 (保安的)	홍수로 인한 재해방지 바람에 의한 재해방지 조수에 의한 재해방지 바람에 날리는 모래에 의한 재해방지 흙과 모래에 의한 재해방지	防災的	완충녹지, 유원지 및 휴양지	바람막이, 수해방지		방풍림, 호안림, 어부림	바람막이, 수해방지, 해풍막이	보안림
7	농리적 (農利的)	제방, 밭두덕	농리적 (農利的)						제외
8	獵牧的	수렵, 목장	제외						제외

---

[9] Hong S.-K., Kim J.-E., op.cit, 2011.
[10] 문화재청, 앞의 책, 2005 참고하여 변형한 내용으로 홍선기·김재은·양효식, 앞의 글, 2010 인용.

| 9 | 군사적
(軍事的) | 성곽, 관방, 해방 | 軍事的 | 사적지 | | | | | 군사림 |
| 10 | 공용적
(供用的) | 배재료, 喪材,官用材, 官田, 果園, 牧用 | 生産的 | 목재용조림지 | | | | | 생산림 |

표 1과 같이 다양하게 마을숲에 대하여 정의하고 있지만, 숲이라는 단어가 주는 한계성이 있으므로 마을경관이란 단어가 더 적절할 것으로 생각된다. 마을숲이란 것은 협의의 의미로서 인간이 거주하는 마을과 숲생태계의 관계만을 한정지을 수 있는 오점이 있기 때문에 더 넓은 의미의 경관이 적절하리라 생각되기 때문이다. 또한, 이렇게 마을숲을 기능상이나 내용상으로 구분해 놓고 보면 어느 한쪽으로만 치우진 경우가 아니고 여러 가지가 겹쳐서 기능을 나타내는 경우도 있다. 또한, 이 중 어느 하나도 속하지 않는 일반적인 마을숲도 있다. 따라서 이러한 복잡한 내용을 포함하지 않고도 우리들이 일상적으로 마음에 가지고 있는 마을과 주변 환경을 모두 합쳐 마을경관이라고 부르는 것이 더 합당하리라 생각된다.

마을경관이란 마을을 포함한 전체적인 경관을 나타내는 말로 마을숲은 물론이고 농지와 하천, 연못 등 다양한 생태계를 포함하는 마을과 주변 환경인 경관전체를 나타낸다고 할 수 있다(그림 1).[11] 특히, 규모가 작은 섬의 경우에는 이러한 개념 사용이 더 적절하다고 판단된다.

---

[11] 원자료는 Kim J.-E., Hong S.-K., Nakagoshi N., "International trends of rural landscape researches for land management and policies", In : S.-K. Hong, N. Kakagoshi, B. Fu, Y. Morimoto(eds), *Landscape ecological applications in man-infleuenced areas : Linking Man and Nature systems*, Springer, Dordrecht, 2007, pp.489~504의 자료를 인용함.

 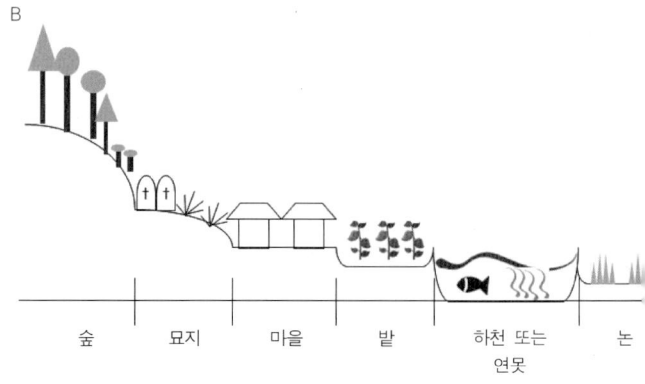

그림 1. 우리나라의 전통적인 마을경관
A : 충남 공주시 양화리의 전통마을경관, B : 전통마을경관의 고도에 따른 횡단모식도

우리나라는 제주도를 포함해서 몇 개의 섬을 제외하고는 특히 전남 서남해안의 신안군 대부분이 작은 규모의 섬들로 이루어져 있다. 이러한 지역은 섬 하나가 마을경관으로 보는 것이 적절할 것이다.

3. 사례연구 - 전남 신안군 다도해의 마을경관

전남 신안군은 섬으로만 이루어진 지자체로서 2개의 읍과 12개의 면으로 구성되어있다. 현재는 이들 중 지도읍, 압해읍, 증도면이 차례로 연륙되어 육지에서 자동차로 이동가능하게 되었다. 이 세 지역을 제외하면 다른 지역들은 배가 주요 교통수단이 되고 있다.

신안군에는 유네스코생물권보전지역과 국립공원, 가거도 주변해역의 해양보호구역 등으로 지정된 섬들이 있다. 신안군지역은 국내에서 발견되는 조류 452종 중에 337종인 74.6%가 관찰되는 곳으로 우리나라를 통과하는 철새들의 주요 이동 경로이다. 특히, 이 중에는 환경부지정 멸종위기종 뿐만 아니고 전 세계적으로도 멸종위기에 처해있는 다양한 철새들의 이동경로로서 중요한 역할을 담당하고 있다.

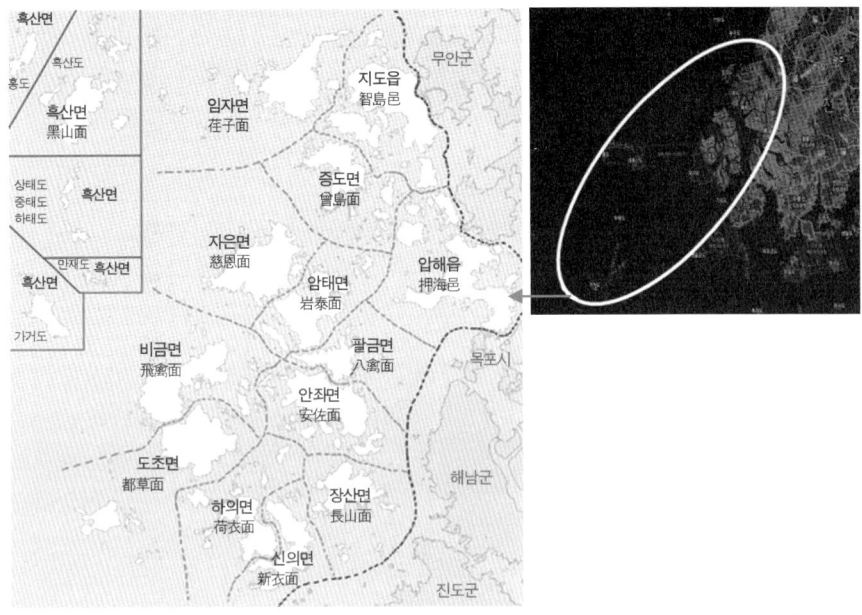

그림 2. 신안군의 위치 및 행정구역도
좌 : 행정구역도 - 신안군자료제공, 우 : 다음지도활용

이 지역에 위치한 수많은 무인도는 이러한 조류들의 휴식처 등으로 이용되고 있을 뿐만 아니라 해안선은 파랑의 침식작용에 의해서 다양한 경관을 보이고 이것은 또한 다양한 서식처로서의 역할을 하기도 한다.[12]

이 지역은 난대림이 잘 발달되어 있고 흑산면의 흑산도와 가거도 등에서는 한국 최대의 후박나무 군락이 있는 것으로 알려져 있다. 섬이라는 지리적 특성으로 인해 풍란, 흑산도비비추, 신안새우란 등 식물구계학적으로 이 지역에서만 볼 수 있는 특정식물 종들이 서식하고 있다.[13]

신안군은 갯벌이 매우 발달되어 있는 지역이다. 넓은 갯벌은 과거 조선후기부터 일제

---

[12] Hong S.-K. · Chul-Hwan Koh · Richard R. Harris, Jae-Eun Kim · Jeom-Sook Lee · Byung-Sun Ihm, "Land use in Korean tidal wetlands: Impacts and management strategies", *Environmental Management* 45, 2010, pp.1014~1026.
[13] 양선규·장창석·장현도·이로영·박민수·김기홍·오병운, 「가거도의 관속식물상」, 『한국자원식물학회지』 26-5, 2013.

강점기를 거치면서 1980년대까지 활발히 간척이 이루어졌다.[14] 한정된 자원으로 살아야 했던 섬에서는 주요 식량인 쌀을 얻기가 어려웠다. 그래서 갯벌을 간척하면서 드넓은 논을 갖게 되었고 여러 개의 작은 섬으로 흩어졌던 섬들이 모여 하나의 큰 섬을 이루게 되었다.[15] 흑산면을 제외하면 현재 신안군은 농촌이라고 불릴 만큼 어업보다는 농업이 발달되어 있다.[16] 따라서 흑산면을 제외한 대부분의 신안군의 섬 경관도 드넓은 농지가 자리 잡은 마을경관을 보인다(그림 3).

증도면의 증도에 위치한 면소재지 마을　　　자은면의 자은도에 위치한 면소재지 마을

비금면의 비금도에 위치한 면소재지 마을　　　안좌면이 안좌도 전경

그림 3. 전남 신안군 섬들의 마을경관

항공사진 제공 : 신안군

---

[14] 문병채·박현욱, 「GIS를 이용한 도서지역에서의 간척지 조성에 따른 경관변화와 그 영향에 관한 연구 – 신안 도서지역(비금도)를 중심으로」, 『국토지리학회지』 37, 2003.
[15] 위의 글.
[16] 김재은, 「전남 신안군의 토지이용에 따른 생태계서비스 가치와 지속가능한 활용방안」, 『생태와 환경』 47, 2014.

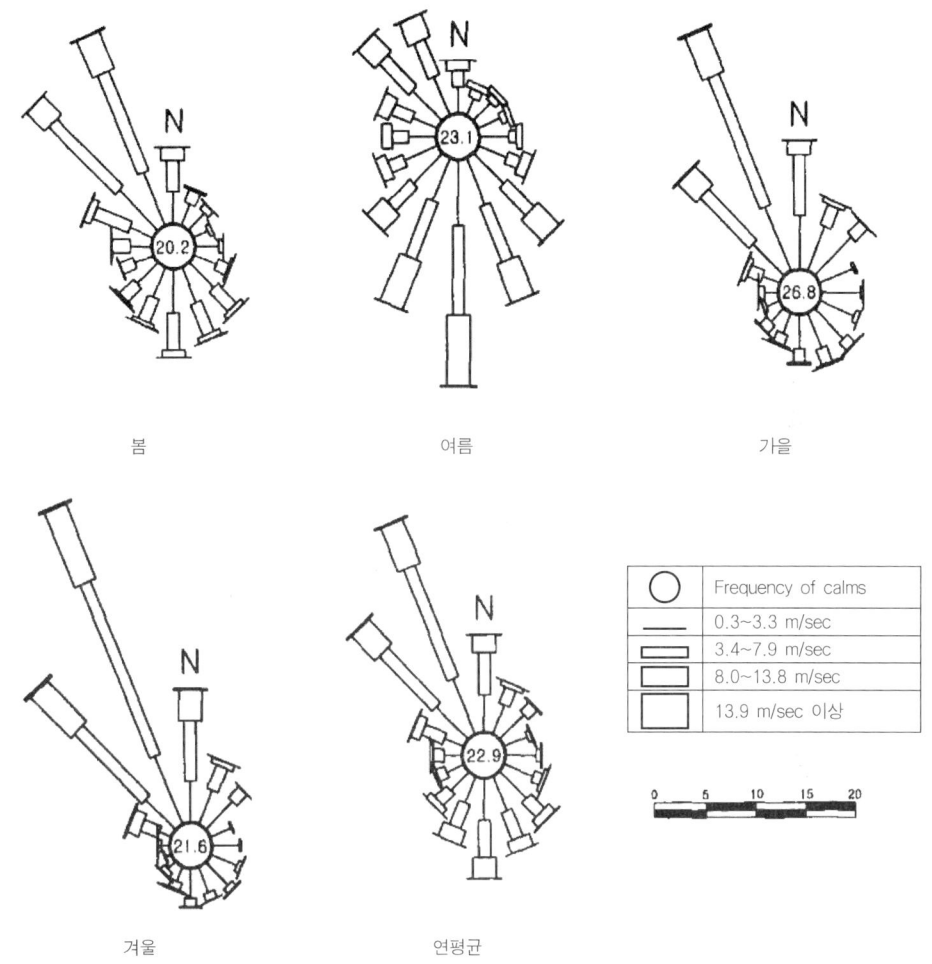

그림 4. 목포지역의 바람장미도(1982년~2001년)[17]

　신안군의 지형·지리적 특성을 살펴보면 여름을 제외한 계절에는 주로 북서풍이 불고 특히, 겨울에는 시베리아에서 불어오는 북서쪽 바람이 강하다(그림 4). 그렇기 때문에 섬마다 이런 바람을 막으려는 노력이 곳곳에서 보인다(그림 5). 이렇게 돌담을 쌓거나 긴 줄

---

[17] 전라남도, 「갯벌도립공원지정을 위한 타당성 조사」, 2012의 최종보고서 내용을 인용.

형태의 숲을 만들어 마을을 바람으로부터 보호하기 위한 다양한 방법들이 나타나게 되었다. 수종은 주로 팽나무, 느티나무 등이 사용되었고 이 나무들과 숲은 현재 신안군에서 우실이라 불리고 있으며 바람막이 돌담과 방풍림으로 지자체에서 보호수로 보호하고 있다. 이런 우실은 다양한 자연환경에 적응하면서 살아 온 인간들의 모습을 보여주는 좋은 사례라고 볼 수 있다.[18]

안좌면 대척리 우실

암태면 익금리 우실

암태면 송곡리 우실

비금면 내월리 우실

그림 5. 신안군에 위치한 우실

---

[18] 김재은·홍선기, 앞의 글, 2011.

4. 생물문화다양성을 지키기 위한 국제적 노력

신안군지역은 넓은 갯벌을 바탕으로 다양한 생물과 문화가 동시에 존재하는 곳이다. 갯벌에서 나는 낙지, 조개, 게, 해조류 등과 바다에서도 다양한 생선이 존재하는 생물다양성이 높고 풍요로운 곳이다. 이러한 풍요로운 자원을 바탕으로 이를 활용하기 위한 다양한 전통생태지식도 발달하였다.[19] 이를 바탕으로 하여 2009년 5월 신안다도해 유네스코 생물권보전지역[20]으로 지정되기도 하였다.

특히 섬 지역에서는 다른 지역에서 보기 드문 독특하고 희귀한 생물들이 사는 것으로 널리 알려져 있다. 알려진 바에 의하면 하와이 섬 생물종 중 90% 이상이, 인도양의 서쪽 끝자락으로 프랑스령의 작은 섬인 모리셔스제도의 포유류, 조류, 양서류, 파충류 및 고등식물의 50% 이상이 희귀종으로 알려져 있다.[21]

이렇게 섬에게는 고립되거나 격절된 상태의 지리적 특성 때문에 오랜 동안 그 섬의 환경에서만 적응해온 생물이 있고 그 생물을 활용하기 위한 전통생태지식이 다양하게 등장하게 된다.[22] 하지만, 현재 우리나라 도서지역 인구는 지속적으로 감소하고 있고 특히, 젊은 층의 인구는 급속도로 감소하고 있다.[23] 인구의 비정상적 구조와 세대간의 단절은 이러한 전통생태지식의 단절을 의미한다고 볼 수 있을 것이다.[24]

2014년은 UN이 지정한 "작은섬 개발국가(SIDS)의 해(A Year of Small Island Developing States)"이다. 또한, 글로벌 섬 파트너쉽(GLISPA, The Global Island Partnership)이 지정한 "섬 생물다양성의 해(International Day for Biological Diversity of Island 2014)"이기도 하다. 이것은 전 세계적으로도 급속하게 변화하는 지구환경에 따라 해수면 상승, 해수온도 상승 등 현재 도서지

---

[19] Hong S.-K., op.cit, 2012.
[20] 유네스코 생물권보전지역은 다양한 생물이 살고 있고 이를 지속가능하게 활용할 수 있는 문화적 자원이 풍부한 곳을 지정하고 있으며 앞으로도 자연과 인간이 서로 조화를 맞추어 살아갈 수 있는 지속가능한 발전이 가능한 곳을 지정하고 있다.
[21] 홍선기, 「생물다양성 협약과 섬 생물다양성, 그리고 한국의 전략」, 『한국도서연구』 26, 2014.
[22] 김재은·홍선기, 앞의 글, 2007, 39~54쪽.
[23] 박종호·최수명·조은정·김영택·박수영 b, 「읍면소재지 섬지역의 인구변화」, 『농촌계획학회지』 19(1), 2013, 11~21쪽.
[24] Kim J.-E., "Land use management and cultural value of ecosystem services in Southwestern Korean islands", *Journal of Marine and Island Cultures* 2, 2013; 김재은, 앞의 글, 2014.

역에 닥친 미래는 밝지 않다는 것을 인지하고 이러한 어려움에 지구적 차원의 관심과 대응이 필요하다는 의미로 해석될 수 있다.

이러한 다양한 전 세계적 관심과 더불어, IUCN에서는 환경경제사회정책위원회 (Commission on Environmental, Economic, and Social Policy, CEESP)에서는 우리들이 살고 있는 이 지구가 생물다양성과 문화다양성이 서로 상호작용하고 있다는 생각을 가지고 다양한 사업을 추진하고 있다. 특히, 2012년 제주도에서 열린 제5차 세계자연보전총회WCC에서는 기후변화와 개발과정에 매우 취약한 생태계인 섬과 연안 지역에서의 지속가능한 생물다양성과 보전과 문화자원의 활용에 대해 논의하였다. 이 때 "아시아-태평양 섬-연안 전통생태지식 보전을 통한 생물문화다양성의 확산"이라는 발의안이 제안되어 통과되었다. 이 발의안은 섬과 연안이 처한 다양한 문제를 극복하고 전통생태지식을 보전하고 전승하면서 생물다양성과 문화다양성이 서로 조화롭게 지속가능한 발전이 가능하도록 생물문화다양성을 확산시키고자 하는 내용이다. 이 결의안은 현재 IUCN에서 "IUCN Resolution 5.115"로 채택되어 전 세계적 관심과 호응을 얻게 되었다.

5. 맺음말

우리나라 서남해안에 위치한 전남 신안군은 섬으로만 이루어진 지자체로서 섬 개수와 갯벌 면적으로 우리나라에서 가장 많은 수와 넓은 면적을 차지하고 있다. 이러한 특성은 지역의 높은 생물종다양성의 더불어 다양한 자원 활용을 위한 전통생태지식이 동시에 존재하고 있다.[25] 생물의 다양성이 높고 이런 자연자원을 활용하는 문화다양성이 높은 지역으로 인정되어 2009년 유네스코 신안다도해 생물권보전지역으로 인정받기도 하였다.

하지만, 현재의 섬이 가진 문제로 인구감소와 더불어 노령인구의 증가는 전통문화가 단절되고 또한 한정된 자연자원을 지속가능하게 이용할 수 있는 전통생태지식의 단절이기도

---

[25] Hong S.-K., op.cit, 2012; Kim J.-E., op.cit, 2013.

하다. 신안군의 마을경관인 우실도 과거 주민들이 유지하고 보전하기 위해 노력했지만, 현재는 지자체들이 유지하고 보전하기 위해 노력하고 있다. 또한, 과거 노두는 갯벌생태계에 대한 교란이 매우 적었지만, 최근에 만들어진 노두는 갯벌생태계를 단절시키는 기능을 하는 곳이 늘어나기도 하였다.[26] 이러한 문화의 단절은 보다 효과적인 자연자원 활용에 대한 구체적인 방안이기도 한 전통생태지식의 중요성이 더욱 중요하게 대두되는 이유가 되고 한다. 또한, 현재 신안군에서는 다양한 규모로 연륙사업이 진행되고 있다. 하지만, 이러한 연륙사업은 섬으로서의 지리적 특성을 쇠퇴시켜 결국 섬이 가지고 있는 다양한 특성들을 상실할 위기에 놓여있다. 섬이 연륙이 되면 더 많은 육지의 생물종이 유입될 것이고 이것은 외래종으로서 섬의 생태계를 교란할 것이다. 또한, 생태계의 교란으로 나타난 다양한 현상들과 문제들은 고스란히 지역주민에게 피해로 다가 올 것이다. 결국, 섬의 지리적 정체성 상실은 생물종과 이를 활용하기 위한 다양한 전통생태지식에도 영향을 미칠 것이다. 따라서 연륙사업은 보다 근본적인 문제부터 고려하는 신중한 판단이 필요하다.

현대에 섬이 가지는 기후변화, 해수면 상승 등 근본적이면서도 다양한 환경문제들을 해결하기 위한 국제적 공조들이 활발하게 이루어지고 있다. 특히, 섬이 가지고 있는 독특하면서도 다양한 생물종의 보전과 활용에 대한 고민들과 노력들이 이어지고 있다. 신안군 섬지역의 마을경관도 다양한 의미에서 섬의 정체성을 드러내주고 생물문화다양성을 나타내는 중요한 기준이 될 수 있다. 따라서 마을경관을 유지하고 지속가능하게 활용하기 위한 다양한 노력들이 필요하다. 기존의 마을경관 훼손을 막기 위한 지역주민들의 협조를 이끌어 낼 필요가 있고, 섬이 갖는 기존의 부정적 시각들을 바꿔 지역이미지 제고를 통한 주민들의 섬 지역에 대한 자부심을 고취시킬 필요가 있다.

섬지역의 마을경관은 단시간에 이루어진 것이 아니다. 오랜 시간을 두고 자연과 인간의 상호작용을 통해 이루어진 작품이다. 여러 종류의 개발압력으로부터 마을경관을 효율적으로 잘 유지하고 보전할 수 있는 다양한 방안에 대한 논의가 필요하다.

---

[26] 홍선기·김재은·오강호·임현식, 「전남 섬갯벌의 생태적 가치와 도립공원 지정의 타당성」, 『생태와 환경』 46, 2013; 오강호·정철환·홍선기·강봉룡·김재은, 「신안군 섬갯벌의 지형, 지질, 경관평가 및 활용방안」, 『한국도서연구』 25, 2013.

섬 경관론
도서·연안의 경관과 생태계서비스

제2부

섬과 연안지역 경관의 구조와 관리

4. 해안가 사구의 토지이용과 경관관리
5. 무인도서의 지적과 경관관리
6. 연안도시 녹지경관관리 — 인도네시아 자카르타의 사례

04

해안가 사구의 토지이용과 경관관리[*]

---

[*] 이 논문은 김재은·홍선기, 「해안사구생태계의 경관생태분석」, 『한국환경복원기술학회지』 12(3), 2009, 21~32쪽에 실린 논문을 재편집한 것임

1. 서론

해안사구coastal sand dune는 전 세계 분포하고 있는 생태계로서 해안지역의 특성과 육상지역의 지리적, 생태적 특성이 공통적으로 나타나는 생태적 전이대ecotone이다. 이 곳은 생태계와 생태계가 중첩되거나 만나는 곳으로 두 지역에서 살지 않는 독특한 서식처를 필요로 하는 수 많은 종들이 서식하고 있다. 이에 따라 종다양성을 위주로 한 연구가 많이 진행되어 왔다.

사구는 형성 원인에 따라서 길이와 폭이 달라진다. 사구는 모래의 퇴적량이 침식량에 비하여 커질 때 형성된다.[1] 사구의 자원은 보통 육상생태계의 침식 작용에서부터 시작되며, 하천을 따라서 해안가에 전달된다. 따라서 사구를 형성하는 물질은 해양에서 온 물질뿐 아니라 육상에서 온 물질도 섞여있다. 이러한 사구는 복잡한 생태계를 구성하고 있으며, 지형적 특성에 따라서 식생 분포가 달라진다. 이처럼 사구는 육상과 해양생태계 사이의 전이적인 특성을 나타내고 있는 환경이기 때문에 생물생태학적인 관점 뿐 아니라 경관규모에서의 관점 등 다층적인 측면에서 연구 및 관심이 집중되고 있는 것이 국제적인 연구 경향이다.[2] 그러나 우리나라의 사구생태계의 연구는

---

[1] Greipsson, S., Coastal dunes(In Perrow, M.R. and Davy, A.J. eds., *Handbook of Ecological Restoration* Vol. 2), Cambridge : Cambridge University Press, 2002; 국립공원관리공단, 『국립공원 내 사구형성 메카니즘 분석과 생태적 복원·보전기술연구』 II, 국립공원관리공단 보고서, 2003.

[2] Roy, P.S. and Tomar, S., "Biodiversity characterization at landscape level using geospatial modelling technique", *Biological Conservation* 95, 2000; Walker, S., Bastow, W.J., Steel, J.B., Rapson, G.L., Smith, B., King, W.M., and Cottam, Y.H., "Properties of ecotones : Evidence from five ecotones objectively determined from a coastal vegetation gradient", *Journal of Vegetation Science* 14, 2003; Beever, E.A., Swihart, R.K. and Bestelmeyer, B.T., "Linking the concept of scale to studies of biological diversity : evolving approaches and tools", *Diversity Distrib* 12, 2006; Carboni, M.,

아직 생물상을 중심으로 한 종다양성 연구에 집중되고 있는 것이 현실이다. 또한 사구생태계는 생태계로서의 고유의 기능 이외에도 시각적 경관의 아름다움으로 그 가치를 평가받으며 날로 그 중요성이 더해지고 있다.[3]

사구는 육지와 바다 사이의 퇴적물의 양을 조절하여 해안생태계를 보호할 뿐 아니라 사구경관에 분포하고 있는 초본층, 관목층, 교목층의 식생군락은 갑작스런 폭풍과 해일로부터 해안선을 보호하고 사구 배후의 농경지를 보호하는 역할을 한다.[4] 사구는 지형, 지질적으로 독특한 물리적 구조를 가지고 있기 때문에 다양한 생태공간을 가지고 있다. 따라서 사구는 육상과 해양, 연안의 생물상이 동시에 나타날 수 있으며, 또한 사구 고유종이 서식할 수 있는 독특한 생물서식환경으로서 생물다양성 보전에 매우 중요한 장소이다.[5] 사구는 해양과 육상의 전이대로 주변 환경과의 물리적, 생물학적 상호작용을 통해 형성되거나 소멸된다. 따라서 사구에 대한 최근의 물리적인 교란은 자연현상보다도 연안개발 등 인간 활동에 의하여 많이 발생하고 있다.

한국의 서해, 남해, 동해의 사구생태계는 각 해안의 파도와 바람 등 물리적인 영향에 의해 각각 다른 원리에 의해 사구가 형성되었다. 이렇게 사구생태계는 복잡한 물리적 작용에 의해 형성되고 그 곳을 서식처로 하는 생물의 발달이 사구의 유지 및 보존에 영향을 준다(표 1). 그러나 현대에는 자연현상에 의한 사구생태계의 변화보다는 인간의 직접적인 활동으로 보다 대규모로 밀도 있게 사구경관이 변화하고 또한 생태계에 바뀌고 있다. 또한 사구 주변의 토지이용 변화도 사구생태계 유지에 큰 영향을 미치고 있다. 이런 인간 활동은 광범위한 범위에서 이루어지고 있고 이런 광범위한 영향은 경관생태학적 분석 등 다학제적 연구를 통해서 규명이 가능 할 것이다.[6]

[] Carranza, M.L., and Acosta, A., "Assessing conservation status on coastal dunes : A multiscale approach", *Land, Urban Plan*, (in press), 2008.
[3] 제종길, 「우리나라 사구 실태파악과 보전·관리 방안에 대한 연구」, 한국해양연구원 보고서, 2001.
[4] Kutiel, P., Zhevelev, H. and Harrison, R., "The effect of recreational impacts on soil and vegetation of stabilised coastal dunes in the Sharon Park, Israel", *Ocean & Coastal Manage* 42, 1999.
[5] 이우철·전상근, 「한국해안식물의 생태학적 연구 : 서해안의 사구식생에 관하여」, 『한국생태학회지』 7(2), 1984; 이점숙·이강세·임병선·김하송·이승호, 「고흥 연안의 사구 염생식물 분포와 현존량에 관한 연구」, 『군산대학교 기초과학연구소』 15, 2000.
[6] Williams, A.T., Alveirinho-Dias, J., Novo, F.G., Garcia-Mora, M.R., Curr, R. and Pereirae, A., "Integrated coastal

표 1. 해안사구생태계의 식생군집 분포에 영향을 주는 비생물 요인[7]

요인	해안사구생태계의 구역				
	해안 (shore)	전방사구 (fore dunes)	주요사구 (main dunes)	도랑사구 (dune slacks)	후방사구 (back dunes)
바람노출	++	++	++	−	+
모래증가	+	++	+	+−	−
모래침식	++	++	+−	−	−
모래염분농도	++	+	−	+−	−
염분 살포	++	++	+	+−	−
지하수	−	−	−	++	+
광도	++	++	+	+	−
증발	++	++	+−	−	−
건조	+−	++	++	+−	−
열스트레스	+−	++	++	−	−
토양수분	−	++	++	−	−
토양N	−	−	+−	+	++
토양S	−	−	+−	++	++
화재	−	+−	+	−	++

스트레스 수준: ++ = 강한스트레스, + = 중간스트레스, +− = 약한스트레스, − = 스트레스 없음

최근 20년에 걸쳐 생물다양성과 규모scale의 중요성에 대한 연구가 생태계 과정을 이해하기 위하여 급속히 발전하고 있으며, 그 중요성에 관하여 많은 연구가 진행되었다.[8] 이러

---

dune management : checklists", *Cont. Shelf. Res* 21, 2001.
[7] Greipsson, S., Coastal dunes(In Perrow, M.R. and Davy, A.J. eds., op.cit, 2002.
[8] Wiens, J.A. "Spatial Scaling in Ecology", *Functional Ecology* 3, 1989, pp.385~397; Levin, Simon A., "The problem of pattern and scale in Ecology", *Ecology* 73(6), 1992, pp.1943-1967; Jianguo Wu and Orie L. Loucks, "From balance of nature to hierarchical patch dynamics : Aparadigm shift in ecolgy", *Quarterly Review of Biology* 70(4), 1996, pp.439~466.

한 경관규모의 생물다양성 연구에 의하여 새로운 생물학적 정의가 이루어지고 있다. 경관규모에서의 사구의 생물다양성의 모니터링과 생태계 평가에 대한 연구는 이미 전세계적으로 많이 진행되고 있으며,[9] 이러한 연구의 토대위에 해안사구의 보존방법과 관리에 대해서 효율적인 연구가 진행되고 있다.[10]

경관규모의 생물다양성 평가기법에는 여러 가지 사례가 있지만, 대부분의 연구가 경관landscape의 구조와 기능, 그리고 시계열적 변화를 분석하고, 또한 경관의 구조적 배열(배치)과 생태계기능적인 부분 사이의 상호작용을 연구하는 경관생태학적 연구가 대표적이다.[11] 경관생태적인 생물다양성 평가기법은 생물이 서식하고 있는 서식처 공간patch의 크기size와 분포dispersion, 풍부도abundance, 형태shape, 단편화fragmentation, 배경matrix의 특성 등에 관한 공간적 특성을 파악하는 것이다. 즉, 생물상의 조사 뿐 아니라 그 생물이 서식하는 서식처, 즉 생태공간을 분석하고 그것의 특성을 밝히는 것이다.[12]

우리나라의 해안사구의 형성과 소멸은 주변 토지이용을 포함한 다양한 인간활동과의 관계가 중요하고 개발에 따른 토지이용압이 사구생태계에 직·간접적으로 영향을 준다. 따라서 사구생태계 혹은 사구의 생물다양성을 연구하기 위해서는 기존의 식생(생물상)연구 뿐 아니라 토지이용과 식생패치, 그리고 그것을 둘러싸고 있는 경관의 조성landscape composition을 함께 파악하여 상호작용을 분석하는 것이 필수적이다.[13]

이러한 경관규모의 연구가 한국처럼 서해안, 남해안, 동해안 등의 각자 물리적, 생물적

---

[9] Roy, P.S. and Tomar, S., op.cit, 2000; Nigel, G., Yoccoz, J.D.N., and Boulinier T., "Monitoring of biological diversity in space and time", *Trands in Ecology & Evolution* 16(8), 2001; Beever, E.A., Swihart, R.K. and Bestelmeyer, B.T., op.cit, 2006.

[10] Carboni, M., Carranza, M.L., and Acosta, A., op.cit, 2008.

[11] Forman, R.T.T., *Land Mosaics : The Ecology of Landscapes and Regions*, New York : Cambridge University Press, 1995; Roy, P.S. and Tomar, S., op.cit, 2000; Beever, E.A., Swihart, R.K. and Bestelmeyer, B.T., op.cit, 2006.

[12] Turner, M.G., Romme, W.H., Gardner, R.H., O'Neill R.V. and Kratz, T.K., "A revised concept of landscape equilibrium : disturbance and stability on scaled landscape", *Landscape Ecology* 8, 1993

[13] 홍선기·강신규·김재은·노백호·노태호·이상우, 『경관생태 : 환경영향평가를 위한 생태계 공간분석법』, 서울 : 라이프사이언스, 2007; 홍선기·김동엽, 『토지 모자이크 : 지역 및 경관생태학』, 서울 : 성균관대학교 출판부, 2002; Carranza, M.L., Feola, S., Acosta, A., Stanisci, A., "Using between patch boundaries for conservation status assessment on coastal dune ecosystems"(In Bunce, R.G.H., Jongman, R.H.G., Lojas, L., and S. Weel eds., "25 years Landscape Ecology : Scientific Principles in Practice"), Wageninge, *The Netherlands : IALE Publication Series* 4, 2007; Carboni, M., Carranza, M.L., and Acosta, A., op.cit, 2008.

조건이 다른 복잡한 서식처의 연구에 적합 할 것이라 생각된다. 경관생태학적 연구기법으로 GIS를 주요 연구기법으로 이용하는 선진 3개국의 예를 들면, 미국은 USGS(United States Geological Survey, 미국지질조사소)와 NASA(미우주항공연구소)를 중심으로 해안 뿐 아니라 해안사구의 지형적인 형성과정의 이해와 장기생태연구 조사를 통해 사구의 보호와 보존 그리고 구체적인 토지이용관리를 계획하고 있으며, 지구온난화에 따른 해안사구의 소멸과 그에 따른 생물종, 국토의 변화 등을 GIS Tool을 이용하여 국가 차원에서 연구하고 있다. 영국은 1993~1995년에 UK Biodiversity Action Plan인 The Sand Dune Survey of Great Britain에 의해 영국 전체에서 해안사구의 면적인 11,897ha이 점유하고 있음을 밝혔다. 이러한 연구에 의하여 인간에 의한 교란에 의해 파괴되고 사라지는 해안사구의 종합적 조사와 그에 따른 보호 및 보존 방책을 제시하고 있다. 일본은 사구가 주로 분포하고 있는 도토리현과 시마네현의 연구를 집중하고 있으며 도토리대학의 The National University Corporation Arid Land Research Center에서 일본 최대 해안사구의 보호와 보존에 관해 다양한 연구를 진행하고 있으며 특히 사구식생에 관한 연구는 내몽고지역의 건조지 생태계에 대한 복원사업, 지구온난화에 따른 건조지역의 증가예방 및 사막화에 대해 연구에 기여하고 있다.

이러한 선진국들의 해안사구 연구는 각 국가의 해안사구의 물리적 특성 뿐 아니라 생태계의 특성을 조사 연구함과 동시에 보다 광범위한 지구적 규모의 변화에 따른 물리적이며 생태적인 변화들을 예측할 수 있다. 또한, 지규적 규모의 변화에 따른 보다 빠른 대책과 대안을 제시함으로써 앞으로 국가의 미래를 위한 준비로 강조되고 있다. 따라서 한국도 삼면이 바다인 점을 고려할 때 이러한 국가적 해안사구 연구를 보다 광범위한 경관규모의 연구를 통해 미래지향적인 연구가 가능 할 것이라 생각된다.

이 논문은 한국의 사구생태계에 GIS를 이용한 경관생태학적 분석과 경관규모에서의 연구를 통해 사구경관을 형성하는 토지이용의 기본 요소와 각 해안 사구의 경관구조 특징을 밝히고자 한다.

2. 연구 내용 및 방법

1) 조사 대상지

본 연구를 위하여 서해, 남해, 동해 지역 중에서 생물상이 비교적 다양하게 분포하고 있는 지역과 다양하지 않은 지역의 특성에 따라서 7개 지역을 선정하여(그림 1) 사구생태계와 그 주변의 토지이용을 지리정보시스템Geographic Information System을 이용하여 도면화하였다.[14]

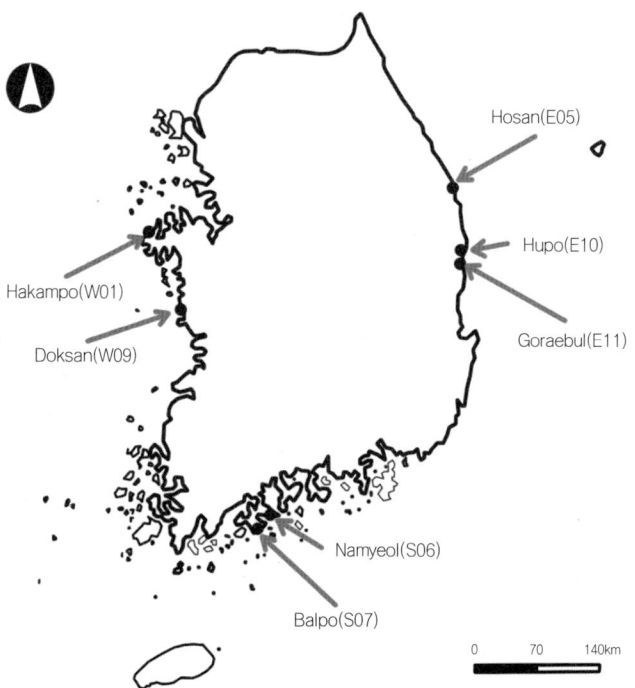

그림 1. 조사지의 위치

---

[14] Acosta, A., Carranza, M.L. and Izzi, C.F., "Combining land cover mapping of coastal dunes with vegetation analysis", *Applied Vegetation Science* 8, 2005.

서해안은 충남 태안군 원북면의 학암포사구(W01)과 보령시 웅천읍의 독산사구(W09)을 조사지로 선정하였다. W01은 비교적 해안사구 식생이 잘 보전되어 있고 사구침식 방지를 위한 울타리가 갖추어져 있다. 남해안은 전남 고흥군 영남면의 남열사구(S06), 고흥군 도화면의 발포사구(S07) 선정하였다. S06은 해안사구가 비교적 넓게 형성되어 있었으나 해수욕장을 위한 제반 시설이 사구 가까이 위치하고 있다. 동해안은 강원도 삼척시 원덕읍의 호산사구(E05), 경상북도 울진군 후포면의 후포사구(E10), 영덕군 병곡면의 고래불사구(E11)가 선정되었다. E11은 동해안에서도 사구의 규모가 넓고 사구 식생 발달이 잘 발달된 지역이다. W09, S07, E10, E11 지역은 해수욕장의 발달로 인한 사구의 훼손과 여러 가지 시설로 인해 사구가 잘 발달되지 못한 지역이다.

2) 토지이용도 제작

본 연구에서는 수치지형도(국립지리원발행 1:5000)를 기본으로 현장조사를 통하여 경계를 비교하였고, 주요 경관요소를 확인하여 토지이용도land-use map를 작성하였다. 경관의 구조를 조사하고 연구하기 위해서는 경관생태학적 방법으로서 경관지수가 가장 널리 이용되고 있다.[15] 따라서 대상 조사지에 마을을 포함하는 전체 경관의 구조를 파악하기 위하여 지리정보시스템GIS을 이용하여 벡타자료Vector data를 기반으로 경관지도(Minimum Mapping Unite : 45㎡)를 작성하고 공간분석용 프로그램인 FRAGSTATS[16]의 경관지수를 이용하여 분석하였다.

---

[15] 홍선기·김재은, 「지리정보시스템과 경관지수를 활용한 해안마을의 경관생태분석-충남 태안군 어촌체험마을을 대상으로-」, 『도서문화』 31, 2008; Forman, R.T.T. and Godron, M., Landscape Ecology, John Wiley & Sons, 1986; Haines-Young, R., Green, D.R. and Cousins, S.H., Landscape Ecology and GIS, Taylor & Francis, 1996; Kim, J.-E., Hong, S.-K., and Nakagoshi, N., "Changes in patch mosaics and vegetation structure of rural forested landscapes under shifting human impacts in South Korea", Landscape and Ecological Engineering 2, 2006; Hong, S.-K., Nakagoshi, N., Fu, B. and Morimoto, Y., Landscape Ecological Applications in Man-Influenced Areas : Linking Man and Nature Systems, Springer, Dordrecht, 2007.

[16] McGarigal, K. and Marks, B., "FRAGSTATS : Spatial pattern analysis program for quantifying landscape structure", Gen. Tech. Rep. PNW-GTR-351 : U.S. Department of Agriculture, Forest Service, Portland, Oregon : Pacific Northwest Research Station, 1995.

3) 경관분석

경관구조를 파악하기 위한 경관지수[17]는 분석 규모에 따라 경관요소와 경관전체로 나누어, 면적분석지수, 패치분석지수, 가장자리분석지수, 형태분석지수를 각각 분석하였다. 경관이질성 전체분석을 위해서 SHDI(Shannons Diversity Index), SHEI(Shannons Evenness Index)를 이용하였다. 면적분석지수는 GIS를 활용해서 얻는 가장 기본적인 자료로서 경관을 구성하는 개별 패치와 전체경관의 면적을 계산한다. 패치분석지수인 NP(Number of Patch), MPS(Mean Patch Size), PSSD(Patch Size Standard Deviation), PSCV(Patch Size Coefficient of Variation)는 각각의 패치가 갖는 면적을 나타내어 경관전체가 가지는 패치의 크기를 간략하게 나타낸다. 가장자리분석지수인 TE(Total Edge)와 ED(Edge Density)는 특히나 가장자리를 선호하는 종들에게는 중요한 지표로 사용되기도 한다.[18] 형태분석지수인 MSI(Mean Shape Index), AWMSI(Area-Weighted Mean Shape Index), MPFD(Mean Patch Fractal Dimension), AWMPFD (Area-Weighted Mean Patch Fractal Dimension)는 각 패치의 복잡성을 나타내는 지표 지수이며 MPS와 MSI는 서식지의 단편화와 이질적 공간유형을 상대적으로 나타내는 지수이다. 즉, 똑같은 면적에서 패치수가 더 많은 경관은 결국 패치가 잘게 나누어져 있음을 나타내고 경관생태학적으로는 서식처 단편화 같은 부분을 설명할 수 있다. SHDI(Shannon's Diversity Index)는 생물종다양성을 나타내는 Shannon Diversity Index를 응용하여 경관전체의 다양성을 설명해준다. SHEI(Shannon's Evenness Index)는 다양성을 보다 부가적으로 설명해주는 것이다. 이것은 종이 얼마나 골고루 분포하는지를 알 수 있는 Shannon Evenness Index를 응용하여 경관전체에 다양한 패치가 어떻게 분포하는지를 설명해주는 것이다.

---

[17] Ibid.
[18] Acosta, A., Blasi, C. and Stanisci, A., "Spatial connectivity and boundary patterns in coastal dune vegetation in the Circeo National Park, Central Italy", *Journal of Vegetation Science* 11, 2000.

3. 결과 및 고찰

1) 토지이용 분석

그림 2는 조사지역으로 선정된 서해 2곳(충남 보령시 웅천읍 독산리 독산사구, 충남 태안군 원북면 방갈리 학암포사구), 남해 2곳(전남 고흥군 영남면 남열리 남열사구, 전남 고흥군 도화면 발포리 발포사구), 동해 3곳(강원도 삼척시 원덕읍 호산리 호산사구, 경북 영덕군 벌곡면 벌곡리 고래불사구, 경북 울진군 후포면 삼률리 후포사구)의 총 7개의 사구생태계와 그 주변 환경에 대한 토지이용도이다.

경작지, 삼림, 주택지 및 개발지를 포함한 9가지의 토지이용으로 구분되었다.

2) Class level 규모의 경관구조 분석

표 2는 7개 사구지역의 토지이용도를 이용한 class level의 공간분석 결과이다. 경관을 구성하는 요소는 총 9가지로 분류되었다. 따라서 면적분석지수는 상대적인 값으로 변환 후에 비교하는 것이 적당할 것이다. 면적과 둘레의 값으로 도출되는 MSI의 값을 보면, 도로가 가장 높은 것으로 나타났다. 이것은 도로의 특성상 길이가 길고, 폭이 좁은 띠형의 패치이므로 값이 가장 높게 계산되기 때문에 다른 경관패치의 shape index결과에 크게 영향을 주고 있다. 따라서 본 공간분석 결과에서는 도로의 MSI값은 형태분석지수에서 비교하지 않았다.[19] 따라서 패치형태지수에서는 도로를 제외하면 사구가 비교적 높게 나타났다. 이것은 패치의 형태가 보다 복잡한 형태를 가짐을 나타내었다.

---

[19] Moser, D., Zechmeister, H., Plutzar, C., Sauberer, N., Wrbka, T., and Grabherr, G., "Landscape patch shape complexity as an effective measure for plant species richness in rural landscapes", *Landscape Ecology* 17(7), 2002.

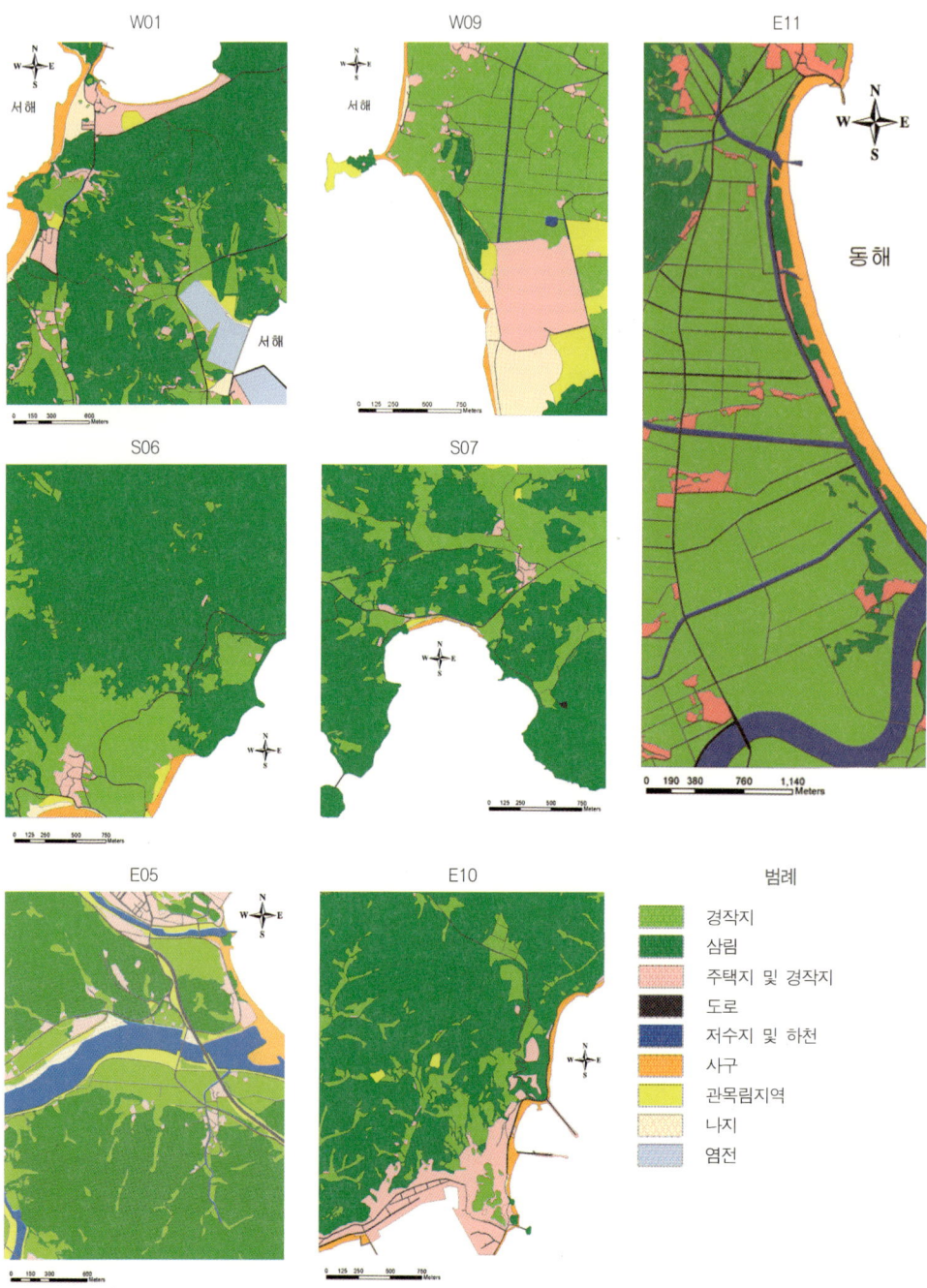

그림 2. 조사지역의 토지이용도

표 2. class level에서의 사구생태계 경관구조에 대한 경관지수분석

W01

CLASS	CA(ha)	NP	MPS	PSCV	PSSD	TE	ED	MSI	AWMSI	MPFD	AWMPFD
경작지	850	183	4643	219	10171	55308	0.011	1.460	1.904	1.450	1.397
삼림	3287	21	156531	181	283308	64286	0.012	2.384	3.634	1.400	1.383
주택지 및 개발지	329	103	3197	349	11149	25205	0.005	1.476	2.102	1.462	1.410
도로	103	4	25771	170	43713	39242	0.008	11.108	33.513	1.819	1.831
저수지 및 하천	3	1	2790	15	2349	730	0.000	3.896	3.896	1.662	1.662
사구	160	4	40048	73	29357	8018	0.002	3.235	2.932	1.476	1.428
관목식생지역	73	8	9160	99	9085	5565	0.001	2.495	2.178	1.495	1.404
나지	112	8	14040	143	20100	7641	0.001	2.727	3.044	1.525	1.448
염전	241	2	120575	32	38588	3326	0.001	1.337	1.400	1.265	1.270

W09

CLASS	CA(ha)	NP	MPS	PSCV	PSSD	TE	ED	MSI	AWMSI	MPFD	AWMPFD
경작지	1923966	41	46926	103	48397	41943	0.012	1.448	1.637	1.333	1.306
삼림	310315	8	38789	96	37428	8694	0.002	1.657	1.787	1.350	1.335
주택지 및 개발지	558248	56	9969	599	59717	13244	0.004	1.262	1.424	1.427	1.274
도로	86780	3	28927	139	40296	45976	0.013	17.199	43.290	1.876	1.888
저수지 및 하천	19475	8	2434	74	1813	3810	0.001	2.954	2.732	1.618	1.572
사구	80768	4	20192	69	13990	6740	0.002	3.187	3.900	1.493	1.510
관목식생지역	299712	6	49952	81	40370	7801	0.002	2.171	1.681	1.410	1.312
나지	327526	9	36392	194	70682	9356	0.003	2.797	2.002	1.619	1.335

S06

CLASS	CA(ha)	NP	MPS	PSCV	PSSD	TE	ED	MSI	AWMSI	MPFD	AWMPFD
경작지	1370	103	13301	406	54031	41813	0.007	1.415	2.310	1.443	1.353
삼림	4010	5	802084	176	1413173	43764	0.008	3.348	4.558	1.426	1.376
주택지 및 개발지	86	15	5722	109	6247	5083	0.001	1.384	1.566	1.403	1.369
도로	34	5	6888	129	8883	13650	0.002	8.382	13.778	1.830	1.803
사구	64	2	32168	4	1176	2713	0.000	2.128	2.139	1.387	1.388
관목식생지역	36	3	12043	61	7322	1845	0.000	1.594	1.761	1.380	1.379
나지	23	2	11638	65	7508	1523	0.000	2.266	2.009	1.461	1.411

S07

CLASS	CA(ha)	NP	MPS	PSCV	PSSD	TE	ED	MSI	AWMSI	MPFD	AWMPFD
경작지	1343	125	10741	282	30259	52531	0.012	1.440	2.088	1.432	1.365
삼림	2987	12	248905	76	188736	53109	0.012	2.516	2.873	1.355	1.360
주택지 및 개발지	51	19	2697	117	3152	4673	0.001	1.471	1.705	1.468	1.421
도로	52	5	10441	162	16952	22980	0.005	8.727	23.730	1.796	1.838
사구	13	1	13023	87	2654	1378	0.000	3.405	3.405	1.526	1.526
관목식생지역	25	6	4200	70	2955	2973	0.001	2.126	2.603	1.532	1.496
나지	9	2	4374	54	2375	2504	0.001	5.102	5.960	1.691	1.706

E05

CLASS	CA(ha)	NP	MPS	PSCV	PSSD	TE	ED	MSI	AWMSI	MPFD	AWMPFD
경작지	1042	155	6723	265	17846	51930	0.009	1.497	1.715	1.466	1.355
삼림	3287	18	182591	282	514990	46584	0.008	2.169	4.164	1.434	1.379
주택지 및 개발지	314	88	3569	131	4659	23777	0.004	1.413	1.613	1.437	1.391
도로	182	16	11358	287	32650	46837	0.008	6.914	17.883	1.776	1.744
저수지 및 하천	529	14	37756	204	76839	13514	0.002	2.077	1.897	1.441	1.325
사구	114	4	28467	168	47828	4811	0.001	2.241	3.561	1.528	1.441
관목식생지역	253	41	6170	166	10249	28218	0.005	2.842	3.301	1.590	1.506
나지	59	2	29744	76	22602	2773	0.000	2.107	2.750	1.385	1.421

E10

CLASS	CA(ha)	NP	MPS	PSCV	PSSD	TE	ED	MSI	AWMSI	MPFD	AWMPFD
경작지	730	143	5107	211	10762	50391	0.010	1.519	2.217	1.443	1.414
삼림	3365	8	420653	200	842179	59877	0.012	3.018	6.641	1.425	1.434
주택지 및 개발지	535	46	11625	342	39707	27843	0.006	1.728	3.798	1.443	1.443
도로	70	4	17536	160	28109	24020	0.005	8.221	24.089	1.748	1.799
사구	87	5	17471	73	12695	7247	0.002	3.216	3.491	1.521	1.500
관목식생지역	14	2	7215	3	219	681	0.000	1.130	1.130	1.313	1.312
나지	2	1	1645	13	276	297	0.000	2.069	2.069	1.538	1.538

E11

CLASS	CA(ha)	NP	MPS	PSCV	PSSD	TE	ED	MSI	AWMSI	MPFD	AWMPFD

경작지	6827	136	50202	176	88245	139875	0.014	1.602	1.925	1.380	1.314
심림	1029	24	42863	150	64471	37547	0.004	2.180	3.095	1.416	1.407
주택지 및 개발지	484	73	6630	154	10235	25961	0.003	1.417	1.641	1.415	1.363
도로	27	12	2230	122	2728	12284	0.001	5.671	8.172	1.794	1.796
저수지 및 하천	791	13	60859	119	72233	27625	0.003	3.057	2.511	1.450	1.366
사구	511	5	102208	98	100147	16745	0.002	2.997	3.584	1.423	1.422

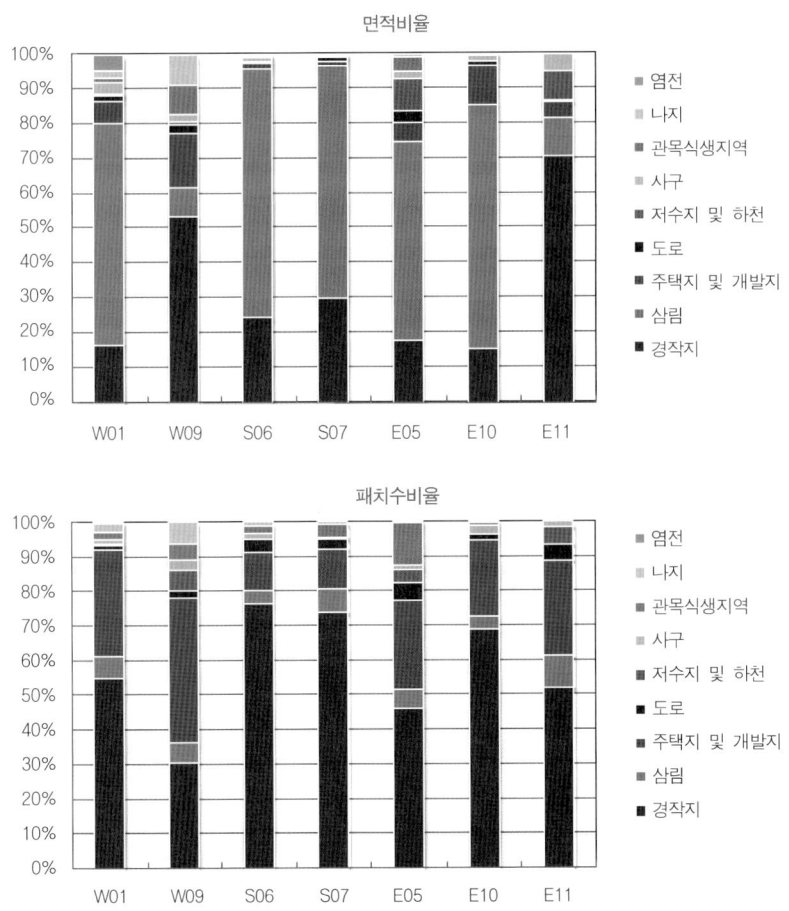

그림 3. 경관구조를 구성하는 패치의 면적비율과 패치수비율

그림 3은 표 2의 면적분석지수의 절대값을 상대적 비율로 계산한 값이며(패치의 면적비율, 패치수비율), 패치의 면적비율을 살펴보면 서해안의 독산사구, 동해의 고래부리사구의 배후 경관요소는 주로 서해안의 독산사구, 동해의 고래부리사구를 제외한 나머지 지역의 사구의 배후경관은 주로 산림이었으며, 그 다음의 경관은 경작지였다. 특히 서해안의 독산사구, 동해의 고래불사구는 경작지가 주요 배우 경관요소였다. 혹시 이러한 배경(landscape matrix)이 사구생태계의 성원에 어떤 영향을 주는지에 관하여 더 많은 조사지역을 선정하여 조사하여야 할 것이다.

3) 경관규모에서의 경관구조 분석

표 3은 경관규모에서의 사구생태계의 경관을 분석한 결과이다. 경관규모에서는 일차적인 값인 MPS(Mean Patch Size) 보다는 PSCV 또는 PSSD가 이차적인 분석 결과이므로 비교 분석에서는 유용하다고 할 것이다.[20] 면적분석지수중 PSCV와 PSSD를 보면 남해안의 남열사구(S06)가 가장 큰 것으로 나타났다. 이것은 다른 지역에 비해 남해안의 남열사구가 비교적 패치의 크기가 큰 경관을 이루고 있다고 하겠다.

네 가지의 형태분석지수 중 한 경관에서 한가지나 두 가지의 패치가 우점 할 때는 AWMSI와 AWMPFD를 이용하여 설명하는 것이 더 적절하다.[21] 따라서 후포사구(E10)가 가장 높고 서해안의 독산사구(W09)와 동해안의 고래불사구(E11)가 낮은 것으로 나타났다. 일반적으로 경관생태학적 관점에서 서식처의 개념으로 볼 때 형태분석지수가 높으면 자연성이 높은 것으로 판단하지만, 경관요소 중 도로를 포함하고 있고 이것이 높은 형태분석지수를 나타내므로 후포사구가 자연성이 좋다고 말하기에는 어려움이 있다.

---

[20] McGarigal, K. and Marks, B., op.cit, 1995.
[21] Ibid.

표 3. 경관규모에서의 사구생태계 경관구조에 대한 경관지수분석

조사지역	CA(ha)	NP	MPS	PSCV	PSSD	TE	ED	MSI	AWMSI	MPFD	AWMPFD
W01	5159	334	15446	527	81445	209319	0.041	1.722	3.689	1.458	1.394
W09	3606789	135	26717	206	55107	137563	0.038	1.996	2.712	1.429	1.327
S06	5624	135	41663	753	313774	110390	0.020	1.769	3.965	1.450	1.373
S07	4480	170	26352	317	83469	140147	0.031	1.813	2.873	1.448	1.370
E05	5779	338	17099	744	127300	218444	0.038	1.967	3.743	1.486	1.389
E10	4804	209	22985	801	184120	170356	0.035	1.790	5.831	1.449	1.438
E11	9669	263	36765	200	73468	260036	0.027	1.887	2.188	1.416	1.338

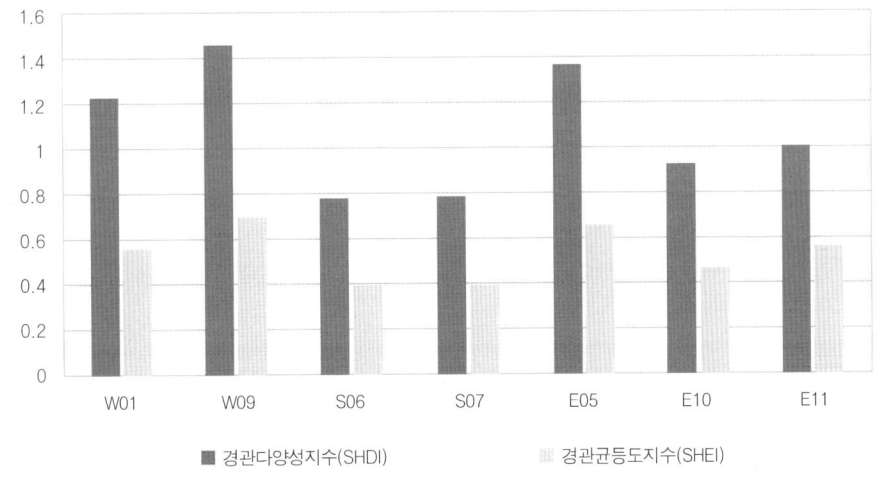

그림 4. 조사 지역의 경관다양성지수와 경관균등지수

그림 4는 사례 지역의 경관다양성지수와 경관균등지수를 나타내고 있다. 서해의 독산사구와 동해의 호산사구가 경관다양성지수가 높게 나타났는데 이것은 다양한 패치(heterogeneous)로 구성되어 있음을 알 수 있다. 반면에 남해안 두 곳은 가장 homogeneous 한 경관패턴을 보인다. 경관생태학 원리[22·]에 의하면, 이질적인 경관heterogeneous landscape 과 등질적인 경관homogeneous landscape의 형태적 차이는 교란의 정도(disturbance intensity, size, frequency, severity, interval, rotation period 등)를 나타내고 있으며, 최대의 교란의 영향을 받을 경우, 등질적 경관의 특성을 나타낸다. 그러나 시간이 경과하면서 식생천이 등 자연현상과 인간 활동이 겹쳐지는 중층적 요인에 의하여 점차 경관은 이질적인 경관으로 변화하게 된다. 이러한 이론적 배경은 주로 산림생태계(예: 미국 옐로스톤 국립공원의 사례)[23]에서 얻어진 결과로서 생태적 전이대ecotone인 해안사구에서의 원리적용에 대해서는 아직 명확하게 밝혀진 사례가 없다.

4. 맺음말

본 연구는 해안사구 7지역의 공간구조를 분석하였다. 해안사구 지역의 주요 배후가 되는 토지이용은 삼림과 농경지로 나타났다. 따라서 사구생태계의 보전과 복원을 위해서는 이런 주요 배후경관에 대한 관리 전략이 필요할 것이라 생각된다. 특히 서해안의 경우 많은 해안지역이 소규모로 또는 대규모로 간척을 통해 토지이용이 변하여져 왔고, 이것은 해안사구에 큰 영향을 미쳤으리라 생각된다.

패치형태지수(MSI)는 도로를 제외하면 대부분의 지역에서 사구가 가장 높게 나타났다. 따라서 사구패치의 형태가 보다 복잡한 형태를 나타내고 있다. 면적비율에서 삼림과 경작지 비율이 대부분의 지역에서 높게 나타난 것에 비하여 패치수 비율은 주택지 및 개발지가 비교적 높게 나타났다. 이것은 주택지 및 개발지가 경관전체의 단편화를 가중시키는 것으로 보인다. 해안사구는 특히 관광지로서의 특성이 강하기 때문에 주택지 및 개발지가 경관전체에 미치는 영향은 생태학적으로도 클 것이다.

---

[22] Forman, R.T.T., op.cit, 1995; 홍선기・강신규・강호정・노태호・이은주, 『경관생태학: 이론과 응용』, 서울: 라이프사이언스, 2005; 홍선기・강호정・김은식・김창회・이은주・이재천・이점숙・임병숙・정연숙・정홍락, 『생태복원공학: 서식지와 생태공간의 보전과 관리』, 서울: 라이프사이언스, 2005.

[23] Romme, W.H. and Knight, D.H., "Landscape diversity: the concept applied to Yellowstone Park", BioScience 32, 1982; Turner, M.G., Romme, W.H., Gardner, R.H., O'Neill R.V. and Kratz, T.K., "A revised concept of landscape equilibrium: disturbance and stability on scaled landscape", Landscape Ecology 8, 1993.

경관전체의 다양성지수는 남해안이 서해안이나 동해안의 사구지역보다 등질한 경관을 나타내었다. 이것은 삼림생태계의 경관생태학적 관점에서 볼 때, 교란이 최대로 진행되었을 경우 등질한 형태의 경관을 나타내는 것으로 알려져 있다.

경관생태학에서는 GIS를 이용하여 서식처 단위의 연구가 활발히 진행되고 있으며, 경관의 시·공간적 구조와 기능, 변화를 연구하여 서식처의 질을 향상시키기 위한 관리방안을 도출하고 미래까지 예측하고 있다.[24] 그러나 경관지수를 이용하고 분석함에 있어서 지수가 가지고 있는 오류를 이해하고 바르게 사용하는 것이 중요하다.[25]

세계적으로 GIS는 해안사구생태계를 비롯한 해안경관전체를 관리하고 보전계획을 수립하는데 널리 이용되고 있다. 이러한 관점에서 이번 연구는 한국의 대표적 해안사구경관을 경관생태학적 방법을 이용하여 가장 기초적 수준에서 연구하였다. 따라서, 좀 더 많은 사구지역의 경관분석을 통해서 사구생태계를 포함하는 주요 경관요소를 파악하고 그 경관요소간의 상호작용을 파악하고, 사구생태계의 변화를 유발하는 주요 요인을 경관규모별로 분석한다면 사구생태계를 보존하고 관리하는 장기적인 계획 수립에 이용가능하리라 생각된다. 또 사구생태계를 포함하는 해안경관 전체의 물리적 특성을 파악하고 GIS를 이용하여 경관생태학적 연구를 시행한다면 보다 효과적이고 계획적인 해안경관관리가 될 것으로 생각된다.

---

[24] Yoccoz, N.G., Nichols, J.D. and Boulinier, T., "Monitoring of biological diversity in space and time", *TRENDS in Ecol. Evol* 16(8), 2001.
[25] Li, H., and Wu, J., "Use and misuse of landscape indices", *Landscape Ecology* 19, 2004.

05

무인도서의 지적과 경관관리[*]

---

[*] 이 논문은 김재은·홍선기·정지호·이방희, 「무인도서 지적과 면적 실태조사 – 전라남도 신안군 도초면을 중심으로 – 」, 『한국지적정보학회지』 21(1), 2019, 129~139쪽에 실린 논문을 재편집한 것임

1. 서론

우리나라는 삼면이 바다로 둘러싸인 반도 국가로 실질적인 국경은 바다의 섬들을 기준으로 하고 있다. 특히, 우리나라의 경우 중국과 일본 사이에 위치하는 지리적 관계로 일본과 중국에서 배타적경제수역排他的經濟水域(Exclusive Economic Zone, EEZ)과 관련된 해양국경의 문제로 최근 섬이 관심의 대상이 되고 있다. 또한, 섬은 다양한 해저 광물자원을 포함한 해양자원 확보를 위하여 그 중요성은 더욱 높아지고 있다.[1]

일본은 최근인 2011년에 "배타적경제수역에 기초한 저조선을 가진 도서에 관한 조사"를 실시하였고 2015년에는 "해양관리를 위한 도서 보전 및 관리 기본 방침"을 통해 무인도서와 그 주변 해역관리를 위한 기본 조사를 실시하였다.[2] 중국은 "전국도서자원종합조사"를 통해 전체 3회에 걸쳐 섬의 자원조사를 진행하였다.[3]

우리나라 해양수산부는 2007년에 「무인도서의 보전 및 관리에 관한 법률」을 제정하여 국토로서 무인도서의 효과적인 정책마련과 관리를 위하여 무인도서 실태조사를 하고 있다. 이 조사는 우리나라 전체 무인도서를 대상으로 면적, 가장 가까운 항구와의 거리, 토지소유관계, "국토의 이용에 관한 법률"에 따른 용도지구 등 토지와 관련된 가장 기본적인 조사 내용을 포함하고 있다. 이를 기본으로 국가의 각 종 통계 등에 활용하고 국가나 지자체 등이 정책에 활용할

---

[1] 김재은·홍선기·이경아, 「대한민국 정부의 섬 정책과 관련한 국민인식 분석」, 『한국도서연구』 제25권, 2013, 41~59쪽.
[2] 목진용·장원근·최희정·김경신·한기원·이윤정·최석문, 「해양환경 관리체계 개선 연구」, 『한국해양수산개발원 연구보고서』, 2015, 113쪽.
[3] 위의 책에 의하면 중국은 제1차 전국도서자원종합조사는 1988년~1996년, 제2차 전국도서자원종합조사는 2013~2016년에 2회에 걸친 무인도서 조사를 진행하였다.

수 있도록 기본 자료를 제공하는 의미도 포함하고 있다.

최윤수 등[4]에 따르면 과거 기술적, 경제적 측면에서 수행하기 어려웠던 무인도서의 정확한 위치 조사를 통해 도서개발과 해상경계에 정책적 자료 확보를 위해 무인도서의 정밀한 위치 조사가 필요함을 강조하였다. 또한, 최규명 등[5]에서도 지적한 바와 같이 해안 주변에 대한 토지가 미등록 상태이고 이것도 제대로 파악되지 않은 경우가 많고 더군다나 지적학적 연구가 거의 없다고 알려져 있다. 해안가 지적 토지현황에 대한 문제 제기 뿐만이 아니고 무인도서의 경우는 더욱 심각하다고 보여진다.

실제적으로 1차 무인도서 실태조사 과정을 통해 국립지리원의 지형도와 위치가 없거나 전혀 다른 곳들이 많이 발견되었다.[6] 이러한 오류는 국가나 지자체의 무인도서 활용과 보전 등을 위한 관리 정책에 활용할 수 없을 뿐만 아니고 국가 측면에서의 국토와 해양관리에 부정적인 영향을 미칠 수 있다.

본 연구는 2007년 실시된 1차 무인도서 실태조사 이후 2018년에 새롭게 실시되는 무인도서 조사에서 전남 신안군 도초면의 무인도서를 대상으로 하여 지적면적과 실제로 해양조사원에서 조사된 해안선[7]을 기준으로 한 면적을 살펴보고 무인도서의 주변 해역 활용 상황 들을 살펴보고자 한다. 이를 바탕으로 무인도서의 효율적인 활용과 관리 방안을 모색하고자 한다.

---

[4] 최윤수·신상철·임영태·박병문·한두현, 「무인도서 정밀 위치조사 방안에 관한 연구」, 『한국지적학회지』 제12권, 2006.
[5] 최규명·최윤수·권재현, 「해안토지의 지적공부등록실태 연구」, 『한국지형공간정보학회지』 제14권, 4호, 2006.
[6] 김재은, 「전남 신안군의 토지이용에 따른 생태계서비스 가치와 지속가능한 활용방안」, 『생태와 환경』 제47권, 2014, 202~213쪽.
[7] 국립해양조사원, http://www.khoa.go.kr/ : 국립해양조사원에서 실시하는 해안선 조사는 해도와 지형도의 해안선에 대한 동일한 기준선 제공과 국가 관할해역 경계의 기준이 되는 해안선을 정이하여 국토의 길이, 면적 등 자료를 확보하고 각종 행정관련 민원에 대하여 명확한 기준과 바닷가 미등록 토지에 대한 근거자료를 마련하기 위함이다.

2. 무인도서 실태조사 소개

무인도서 실태조사는 2007년에 「무인도서의 보전 및 관리에 관한 법률」(이하 무인도법)을 제정하면서 우리나라 국토와 해양영토의 효율적 관리와 국가의 해양영토 기본계획을 마련하는데 정보를 제공하고자하는 것을 기본 목표로 하고 있다. 그리고 국가의 무인도서와 해역에 대해 실시되는 다양한 정책을 뒷받침하는 기본 자료를 마련하기 위해서 실시되고 있다. 2007년부터 시작된 제1차 무인도서 실태조사는 마무리되었고 2018년에 다시 제2차 무인도서 실태조가 시작되었다. 2차 무인도서 실태조사는 크게 육역부 조사와 해역부 조사 두 가지로 크게 나누어 실시되고 있다. 육역부는 일반현황과 역사·영토분야와 자연환경·생태계조사분야와 이용분야 등으로 대분야로 나뉘어 조사되고 있다(표 1). 이중에서도 일반현황의 항목은 무인도서의 기본 사항으로 도서명, 행정구역, 위치좌표, 면적 등과 관련된 현황과 무인도서법 이외에 적용되는 다양한 타법에 대하여 살펴본다.

표 1. 제2차 무인도서 실태조사 조사항목

대분야	소분야	조사 항목
일반현황	지리 현황	・지명, 위치, 면적, 거리
	관리 현황	・타법 관리 현황 ・주변해역 구역 지정 현황 ・개발사업 추진 현황
영토·역사	영토·안보	・면적 및 지형 변화 ・국가기반시설 ・불법 어업 단속 실적 ・해역 통항로
	역사·문화	・지명 및 행정구역 변화 ・생활 유적 및 민속 문화 ・역사적 이용 및 활용
자연환경·생태계	육상 생태계	・식물 및 식생 ・곤충류 ・조류 ・포유류·양서류·파충류 ・지형·지질·경관

	조간대 생태계	· 대형저서동물 · 염생식물 등 연안식생
	조하대(수중) 생태계	· 해양환경 · 유영동물 · 해양포유류 · 산호류 · 해조·해초류 · 대형저서동물
이용	시설물·사람	· 시설물 분포 및 상태 · 사람 거주 실태
	이용 자원	· 관광 자원 · 에너지·광물 자원
	해양 오염	· 해양쓰레기 분포 · 기타 오염 물질

영토·역사는 무인도서의 해양주권 확보 차원의 중요성을 인식하고 무인도서 주변의 해역이용 상황을 파악하기 위한 조사 항목이다. 이 조사 항목은 1차 무인도서 실태조사에서는 없었던 것으로 2차 무인도서 실태조사에서 무인도서의 해양영토로서의 중요성을 파악하기 위한 항목이다. 자연환경·생태계 조사 항목은 1차 조사 때와 비슷하게 무인도서의 자연환경과 생태계에 관한 조사이다. 이를 바탕으로 무인도서의 자연환경과 생태계 현황을 파악하여 무인도서의 관리를 위한 자료로 사용한다. 마지막 이용에 대한 항목은 무인도서의 효과적이고 지속가능한 활용을 도모하기 위한 항목으로 무인도서 내의 현재의 활용현황과 미래 활용가치에 대하여 조사하는 것이다.

3. 전남 신안군 도초면의 무인도서 면적 현황

우리나라의 무인도서는 전남에 1,746개로 전체의 60.67%를 차지하고 있고 그 중에서도 신안군은 722개로 전라남도 전체에서 약 41% 정도를 차지하고 있다. 2018년도에 실시된 무인도서 실태조사에서 전라남도 신안군 도초면의 사례를 중심으로 지적면적과 해양조사원에서 조사하여 작성된 해안선 기본도를 중심으로 면적을 조사하였다(그림 1 참조). 도초면의 경우 총 49개의 무인도서가 조사 되었고 그 중에서 지적이 있는 도서는 43개이다. 49개의 무인도서 중 지적이 없는 무인도서가 6개로 면적이 400㎡에서부터 30㎡로 비교적 작은 도서이다. 현재 무인도서는 무인도서법에 의해 크게 무인도서와 간조노출지로 구별할 수 있다.[8] 이 법에 의하면 간조노출지가 아니라면 무인도서로 간주될 수 있고 일정 면적을 가지고 있을 수 있다.

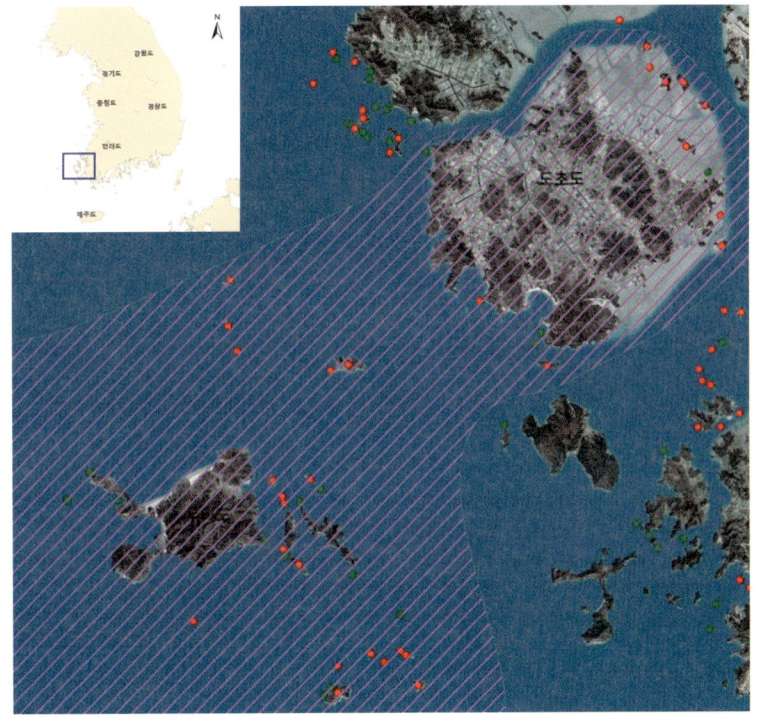

그림 1. 전남 신안군 도초면의 무인도서 조사지역
사선으로 표시된 지역

[8] 무인도서의 보전 및 관리에 관한 법률 제 2조 : "무인도서"란 바다로 둘러싸여 있고 만조 시에 해수면 위로 드러나는 자연적으로 형성된 땅으로서 사람이 거주(정착하여 지속적으로 경제활동을 하는 것을 말한다. 이하 같다)하지 아니하는 곳을 말한다. 다만, 등대관리 등 대통령령으로 정하는 사유로 인하여 제한적 지역에 한하여 사람이 거주하는 도서는 무인도서로 본다. "간조노출지(干潮露出地)"란 간조 시에는 해수면 위로 드러나고 만조 시에는 해수면 아래로 잠기는 자연적으로 형성된 땅을 말한다(국가 법령센터 http://www.law.go.kr/).

조사된 43개의 도서 중에 지적면적이 해안선 기준의 면적보다 큰 경우는 11개이고 이외의 경우는 모두 지적면적이 해안선 기준 면적보다 작은 경우였다(표 2 참조). 도초면의 무인도서에서 지적면적과 해안선 기준 면적이 일치하는 경우는 없었으며 가장 작은 차이는 지적면적이 해안선 기준 면적보다 162㎡가 큰 경우였다. 또한, 가장 큰 차이를 보인 것은 지적면적이 131,245㎡나 작게 측정되어 있는 도서였다. 즉, 해안선 기준 면적과 비교하여 지적면적이 매우 작게 측정되어진 것이다. 도초면 전체로 보면 지적면적이 해안선 기준 면적으로 할 경우 보다 459,224㎡가 감소되는 결과를 나타내었다.

표 2. 전남 신안군 도초면 무인도서의 면적

번호	지적면적(㎡)	해안선면적(㎡)	지적면적과 해안선 면적 차이(㎡)
1	21,818	59,034	− 37,216
2	6,949	7,709	− 760
3	96,199	123,735	− 27,536
4	100,927	110,683	− 9,756
5	531	109	422
6	23,504	53,139	− 29,635
7	20,826	51,666	− 30,840
8	6,248	15,290	− 9,042
9	7,619	9,814	− 2,195
10	11,918	14,055	− 2,137
11	212,842	344,087	− 131,245
12	15,570	23,428	− 7,858
13	950	1,389	− 439
14	101,851	92,076	9,775
15	1,257	−	1,257
16	50,380	56,454	− 6,074
17	1,692	4,249	− 2,557
18	4,139	2,510	1,629
19	11,207	9,868	1,339

20	8,628	22,551	- 13,923
21	947	1,412	- 465
22	2,083	-	2,083
23	18,744	35,743	- 16,999
24	2,872	3,200	- 328
25	27,570	29,127	- 1,557
26	56,132	121,609	- 65,477
27	7,835	15,670	- 7,835
28	568	707	- 139
29	400	1,018	- 618
30	322	634	- 312
31	5,291	6,333	- 1,042
32	247,832	288,525	- 40,693
33	797	1,317	- 520
34	259	97	162
35	1,686	7,745	- 6,059
36	9,170	6,086	3,084
37	51,091	60,571	- 9,480
38	3,961	4,507	- 546
39	41,851	39,790	2,061
40	94,958	111,947	- 16,989
41	3,967	3,691	276
42	4,463	4,111	352
43	85,091	86,485	- 1,394

　　최규명 등[9]이 지적한 바와 같이 미등록된 해안 토지가 존재할 뿐만 아니라 이미 지적이 있는 곳의 지적도 현실과 매우 다른 상황으로 토지 면적이 제대로 반영되어 있지 못해 실질적으로 국토의 면적이 줄어든 것이다. 또한, 면적의 차이는 해안선의 차이를 동반한

---

[9] 최규명·최윤수·권재현, 앞의 글, 2006.

다. 요즘 해안선은 해안가 개발과 해안 침식 방지 등 다양한 목적으로 국가의 중요한 기본 자료이다. 그러나 면적이 지적과 해안선 기준 면적이 달라짐은 자료의 매우 상이함과 동시에 해안선 자료도 틀리게 되면서 국가의 전반적인 자료를 신뢰 할 수 없는 지경에 이를 수 있다.

4. 무인도서 기초 현황 관리와 효과적 활용

1) 우리나라 국가의 도서관리 현황과 문제점

우리나라 섬과 관련된 통계를 작성하는 곳은 행정안전부와, 해양수산부, 국토교통부이다. 행정안전부는 주민등록을 바탕으로 유인도서관련 통계를 작성한다. 국토교통부는 지적공부를 기준으로 등록된 섬 관련 통계를 작성한다(표 3[10·] 참조). 현재 면적은 국토교통부에서 통계로 제시하는 지적면적을 사용하고 있다.

표 3. 우리나라 도서 관련 정부 통계

구분	무인도서		유인도서	
	해양수산부	국토교통부	행정안전부	국토교통부
도서수(개)	2,878개	3,191	470	486
면적(㎢)	79,59	68.7	3,7775	3,478

자료 : 해양수산부 무인도서 종합정보제공 http://uii.mof.go.kr/; 행정자치부, 『전국 유인도서 통계』, 2015; 국토교통부, 『지적통계연보』, 2016; 최재선·최지연, 앞의 글, 2018, 1~12쪽에 실린 내용을 재편집함

무인도서와 관련된 통계는 이렇게 해양수산부와 국토교통부에서 국가 통계를 작성하고 있지만, 해안선에서부터 면적에 이르기 까지 각각 사용하는 자료가 달라 그 현황이

10· 최재선·최지연, 「섬 정책수요 증가에 대응하기 위한 섬 전담 연구기관 설립 필요」, 『KMI동향분석』 87, 2018, 1~12쪽.

다르다. 이렇게 작성된 국가 통계는 각각의 목적에 따라 다양한 용도로 국가나 지자체의 정책 등에 활용되고 있다.

우리나라의 지적은 이미 알고 있는 바와 같이 토지의 실제 현황과 일치 하지 않는 문제가 있어 특히 사유지의 경우에는 다양한 문제들이 발생하고 있다. 대부분의 우리나라 지적은 일제강점기에 세금 징수를 목적으로 조사되었다. 그 이후 현지 확인을 거치지 않고 전산화되었고 또한 6.25전쟁으로 손실된 측량기준점의 부정확함, 일본 동경 원점 사용 등의 많은 문제점을 드러내고 있다. 따라서 이미 국토교통부에서 토지활용 가치의 극대화를 위하여 2012년부터 연차적으로 2030년까지 지적재조사 관련 사업을 하고 있다.[11]

행정안전부에서는 2019년부터 매년 8월 8일을 섬의 날로 지정해서 기념하기로 하였다. 또한 2019년 2월 19일에는 행정안전부, 해양수산부, 국토교통부, 문화관광부 등 4개 중앙 부처가 함께 섬 관광 활성화를 위한 협약을 체결하였다.[12] 이것은 국가의 새로운 경제발전의 동력으로 섬을 활용하고 국민들의 일과 삶의 균형을 찾는데 도움을 주기 위하여 시도되었다.[13] 유인도 뿐만 아니고 주변에 산재해 있는 무인도서와 해양경관 등을 같이 연결하여 관광 자원으로 활용하겠다는 의지이다.[14]

이런 협약이 가지고 있는 의미는 국가가 섬을 버려둔 땅으로 두지 않고 적극적으로 활용하겠다는 의지를 보인 것으로 판단된다. 그러나 이러한 적극적인 활용을 위한 기본 전제 조건이 되는 국가의 지적면적과 해안선 길이의 오류는 이러한 적극적인 활용에 방해의 요인으로 작용할 것이다. 전남 신안군 도초면 무인도서의 경우와 같이 거의 대부분이 잘못 측정된 상태로 오랜 기간 방치되어 있는 것이 현실이다.

전남의 경우에는 무인도서의 국·공유지 면적이 다른 지역에 비해 매우 낮은 비율을 차지하고 있고 약 60% 정도가 사유지로 개인이 섬을 사고팔거나 개발할 경우 등 다양한

---

[11] 국토교통부 바른땅 http://www.newjijuk.go.kr/
[12] 파이낸셜뉴스 2019.02.19.일자 사회면 http://www.fnnews.com/news/201902181431582304
[13] 김재은·홍선기, 「서남해 도서자연자원의 생태적 가치와 지속가능한 활용」, 『도서문화』 제38집, 2011, 331~358쪽.
[14] 김재은, 「도서지역 생태계서비스의 경관계획과 관리」, 『도서문화』 제37권, 2011, 267~281쪽.

문제가 발생할 가능성이 매우 높다. 그리고 지자체의 도서관리를 위한 다양한 통계에도 영향을 미치기 때문에 국가의 기본적인 도서 관리체계에 영향을 미칠 것으로 판단된다.

2) 우리나라 국가의 도서관리의 효과적 자료 활용

섬에 대한 관심이 높아지고 다양한 활용의 욕구가 높아지는 요즘 이러한 요구에 대해 정부는 다음 두 가지에 대해 고려해야 할 것이다. 첫째로 국가의 기초 통계자료 생산과 관리의 일원화이다. 앞에서도 설명한 바와 같이 국가의 통계는 생산목적과 활용의 용도에 따라 생산된다. 그러나 활용하는 정부부처에 따라 그 통계가 달라진다면 신뢰에 문제가 생긴다. 또한, 이러한 부처간의 자료의 차이는 민간부분에서의 오류를 초래할 수 있다는 것이다.

이러한 오류를 해결하기 위해서는 각 부처가 생산하는 기초 자료에 대한 생산과 확인을 통합하고 조절하는 섬을 전담하는 기관이 필요하다. 섬의 관광 활성화를 위해 협력체계를 추진하기로 한 행정안전부, 해양수산부, 국토교통부, 문화관광부처럼 정부의 4개 부처가 실제로 협력할 수 있도록 중재자의 역할을 할 수 있는 기관이 존재하는 것이 실질적인 4개 부처의 협력을 효율적으로 조절해 줄 것으로 판단된다.

둘째로 지적면적과 해안선 기준 면적 자료의 수정이다. 무인도서의 경우 직접측량 등의 방법으로 측량하는 것이 쉽지 않다. 또한, 서해안의 경우 조석간만의 차가 심해 해안선의 조사나 측정이 쉽지 않다. 따라서 이러한 어려움을 극복하기 위해서는 요즘 발달된 다양한 기술을 활용할 수 있다. 해양조사원에서 실시하고 있는 해안선 조사는 이미 항공사진, 위성영상, 라이더LIDAR, 드론 등 다양한 자료를 활용하고 있다.[15] 이를 활용하여 두 가지 면적 자료를 수정하고 일원화한다면 국가 차원뿐만이 아니고 지방지자체 및 민간에서도 보다 효율적인 자료 활용이 될 것이다. 특히 국가 차원에서 국토와 해양을 동시에 효율적으로 관리할 수 있고 특히 도서관리에 있어서 보다 체계적인 관리가 가능할 것이다.

---

[15] 최규명·최윤수·권재현, 앞의 글, 2006, 45~51쪽.

5. 맺음말

도서에 대한 관심이 일반국민 뿐만 아니라 국가적 차원에서도 매우 높아지고 있다. 국가적 차원에서 도서의 활용을 활성화하기 위한 다양한 시도들이 전개되고 있다. 특히 국가의 여러 부처간에 협력을 통한 도서 관광 활성화와 같은 정책적 제안과 활동들이 증가하고 있는 것이 현실이다. 그러나 이러한 정책적 제안을 뒷받침하고 실제적으로 활용해야할 도서의 기초현황 자료들은 여러 부처간에 다른 목적으로 생산하고 작성하면서 통계가 각각 다른 자료를 생산하고 있다. 특히, 지적 등은 유인도에 비교하면 무인도서는 관심 밖의 대상이 되고 있다.

2018년 조사된 무인도서 실태조사 결과 전남 신안군 도초면에는 총 49개의 무인도서가 조사되었다. 이 중에서 지적이 있는 것은 43개였고 6개는 지적이 없었고 비교적 면적이 작은 도서였다. 지적이 있는 43개 무인도서는 지적면적과 해안선 기준의 면적이 모두 달랐다. 전남 신안군 도초면 전체로 보면 지적면적이 해안선 기준의 면적에 비해 459,224㎡나 작게 측정되었다. 면적의 차이는 또한 해안선의 차이를 이러한 결과는 결국 국가의 효율적인 토지관리 및 해역관리에 영향을 미칠 것이다.

무인도서 뿐만 아니고 유인도의 면적 등과 해안선의 길이 등은 국가의 기본 통계 자료이고 어느 부처이든 일률적이고 통합된 자료가 필요하다. 이를 위해 첫째 유·무인도의 기본 자료를 생산하고 관리하는 기관이 필요하다. 또한 이러한 기관은 정부 여러 부처가 도서관련 정책을 실현할 때도 해당 부처간의 일을 조율하여 정책적으로 매우 효율적일 수 있을 것이다. 둘째 지적면적과 해안선 기준 면적의 수정을 통한 단일화를 통해서 국가 기초자료의 통일성을 기하는 것이다.

06

연안도시 녹지경관관리
- 인도네시아 자카르타의 사례*

---

* 이 논문은 Jae-Eun Kim, "Green network analysis in coastal cities using least-cost path analysis : a study of Jakarta, Indonesia", *Journal of Ecology and Field Biology* 35(2), 2012, pp.141~147에 실린 논문을 재편집한 것임

1. 서론

인구가 도시에 집중하면서 다양한 문제들이 발생한다. 예를들면, 공기나 수질 오염, 소음, 열섬현상, 주책문제 등 자연환경과 관련된 문제뿐이 아니고 사회적 문제까지 발생할 수 있다. 그리고 연안에 위치한 도시 중 해발고도가 낮은 도시들은 기후변화에 따른 홍수나 해수면 상승 등에 매우 취약하다. 과학자들은 도시지역 녹색공간이 환경에 미치는 중요하고 긍정적인 영향으로 온도, 습도, 오염물질 및 풍속, 생태계서비스 등 다양한 영향을 미친다고 생각한다.[1] 그러나 도시화과정에서 녹색공간은 적절한 정책을 수립하지 않은 상태에서 종종 단편화되고 고갈된다. 이러한 피해를 방지하거나 최소화하기 위해 정책결정자들은 도시 녹지공간 네트워크 같은 모델을 통해 많은 장점들을 얻을 수 있다.[2]

자카르타는 인도네시아의 수도이자 최대도시이다. 자카르타의 경우에 그들 국가의 정치 및 경제적 자본과 같은 것 때문에 도시화에 기인한 문제가 더 심각하다.[3] 자카르타의 급속한 인구 증가로 대규모 주거, 상업 및 산업 개발로 인해 많은 도시 녹지공간이 손실되었다.[4] 자카르타는 급속한 도시화에 기인한 환경문제를 완화하는데 녹

---

[1] Firman T., "The restructuring of Jakarta Metropolitan Area : A "global city" in Asia", *Cities* 14, 1998; Firman T., "The continuity and change in mega-urbanization in Indonesia : A survey of Jakarta-Bandung Region (JBR) development", *Habitat International* October 2009; Kong F, Yin H, Nakagoshi N., "Spatial-temporal gradient analysis of urban green spaces in Jinan, China", *Lands Urban Plann* 78, 2006; Ban YU, Jeong JH, Woo HM, Baek JI, "Strategies to build ecological networks in consideration of life-zones in Cheongju City using GIS", *J Korean Env Res Tech* 12, 2009.

[2] Firman T., Ibid, 2009.

[3] Firman T., op.cit, 1998; Firman T., op.cit, 2009.

[4] Kim JE, Watanabe S, Hakim L, Nakagoshi N., "Urban green spaces and soil microbial diversity in Jakarta, Indonesia", *Hikobia* 14, 2006; Firman T., op.cit, 2009.

지공간 네트워크를 유지하고 개발시키는 것은 도시전체에 매우 긍정적인 영향을 미칠 것으로 판단된다.[5]

또한, 자카르타의 경우에는 바다에 인접해 있다. 해안가에 있는 도시들은 기후변화로 인한 해수면 상승, 태풍의 증가 등 다른 내륙에 있는 도시들보다 환경 문제에 더욱 관심을 기울여야 한다. 실제로 태국의 방콕과 마찬가지로 해안 지역에 위치한 저지대 도시들은 해수면 상승에 훨씬 더 민감하고 이는 거주자의 삶의 질에 큰 영향을 미칠 수 있다.[6] 이러한 가설을 바탕으로 해안도시의 녹지네트워크는 도시화로 인한 문제를 해결할 뿐만 아니라 궁극적으로 거주자의 삶의 질을 향상시키는데 필수적이다.

2001년부터 인도네시아 정부는 신도시 개발을 통해 도시 개발을 분권화하려고 시도하였다. 그러나 환경적 시각으로 보면 이러한 정책은 녹지공간의 추가 분열과 천연 자원의 비효율적인 활용을 가져오게 되었다.[7] 자카르타의 경우에는 경관생태적 기능을 향상시키고 사회적 수용력을 개발시키기 위한 도시녹지 네트워크 조성이 매우 시급한 것으로 보인다.

최소비용경로분석Least-cost Path, LCP는 네트워크분석을 위한 가장 간단하고 간편한 분석방법이다.[8] 최소경로분석은 도로 개설이나 파이프라인 건설 등에 주로 사용되었다. 생태학적 연구에스는 서식지 파편화를 연결시키는 네트워크 분석에 매우 유용하게 사용된다.[9]

여기에서 최소경로분석은 도시 녹지공간을 서로 연결하여 서식지 파편화를 막고 거주민의 삶의 질 향상을 위한 방법으로 사용되었다.

---

[5] Kim JE, Watanabe S, Hakim L, Nakagoshi N., Ibid. 2006.
[6] Firman T., op.cit, 1998; Firman T., Ibid. 2009, Yokohari M, Takeuchi K, Watanabe T, Yokota S., "Beyond greenbelts and zoning : A new planning concept for the environment of Asian mega-cities", *Landsc & Urban Plann* 47, 2000.
[7] Firman T., Ibid. 2009.
[8] Bagli S, Geneletti D, Orsi F., "Routing of power lines through least-cost path analysis and multicriteria evaluation to minimize environmental impacts", *Environmental Impact Assessment Review* 31, 2011.
[9] Douglas 1994, Adriaensen et al. 22003, Beier et al. 2009

2. 조사 및 분석방법

1) 조사지

그림 1은 인도네시아 수도인 자카르타의 위치를 보여주는 것으로 면적 약 661km²로 자바섬 북서부 해안에 위치하고 리웅강 연안에 자리잡고 있다. 자카르타는 5개의 지자체로 이루어져 있다. 남쪽의 화산으로부터 여러개의 강이 가로지르는 부채꼴 형태의 넓은 충적층으로 이루어져 있다.[10] 서쪽 자바에 있는 실리웅강 근처에는 선사시대의 인간 정착지가 있다.

자카르타 지역은 상대적으로 평평하고 북부 및 중부에서는 0°에서 2°, 남부에서는 최대 5°의 지형 경사를 가지고 있다. 남쪽은 평균 해발고도가 약 50m이고 연강수량은

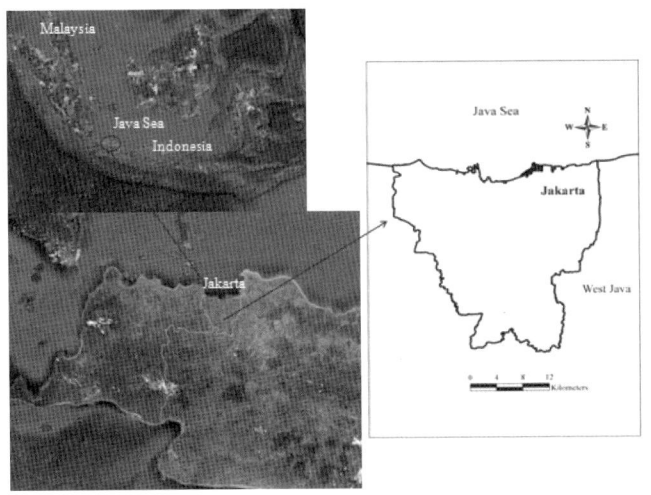

그림 1. 인도네시아 자카르타의 위치

---

[10] Goldblum C, Wong TC., "Growth, crisis and spatial change : a study of haphazard urbanization in Jakarta, Indonesia", *Land Use Policy* 17, 2000; Han SS, Basuki A., "The spatial pattern of land values in Jakarta", *Urban Studies* 38, 2001.

1,800mm이다. 강우량은 일년 내내 비가 오지만 11월부터 5월까지가 우기로 더 많이 비가 온다. 일평균 기온은 21℃에서 33℃로 계절 변화가 거의 없는 열대우림지역이다.

2) 분석방법

최소비용경로분석은 시간, 거리 등 비용이 가장 적게 드는 경로를 확인하여 연결비용이 가장 낮은 두 지점 사이에 네트워크 경로를 찾는데 사용된다. 이 분석은 두 가지 단계가 있다. 첫 번째는 모든 관련 비용에 대해 누적 비용 지표를 만든다. 두 번째는 축적된 비용에 지형 경사, 토지이용 등을 사용하여 최소경로를 분석하는 것이다(그림 2).

표고와 경사도를 활용하기 위해 Digital Elevation Model을 사용하였고(그림 3) 토지이용도는 Landsat TM 위성사진을 사용하였다(그림 4).

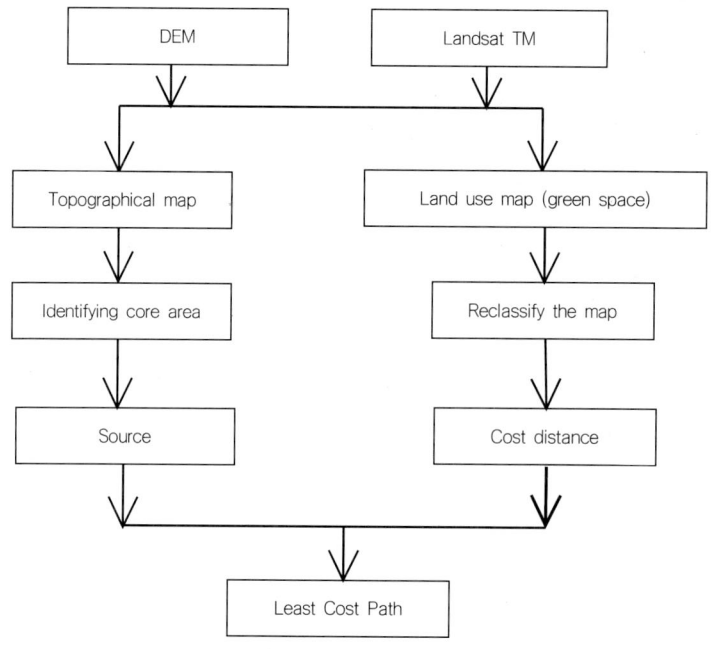

그림 2. 최소경로비용 분석 과정

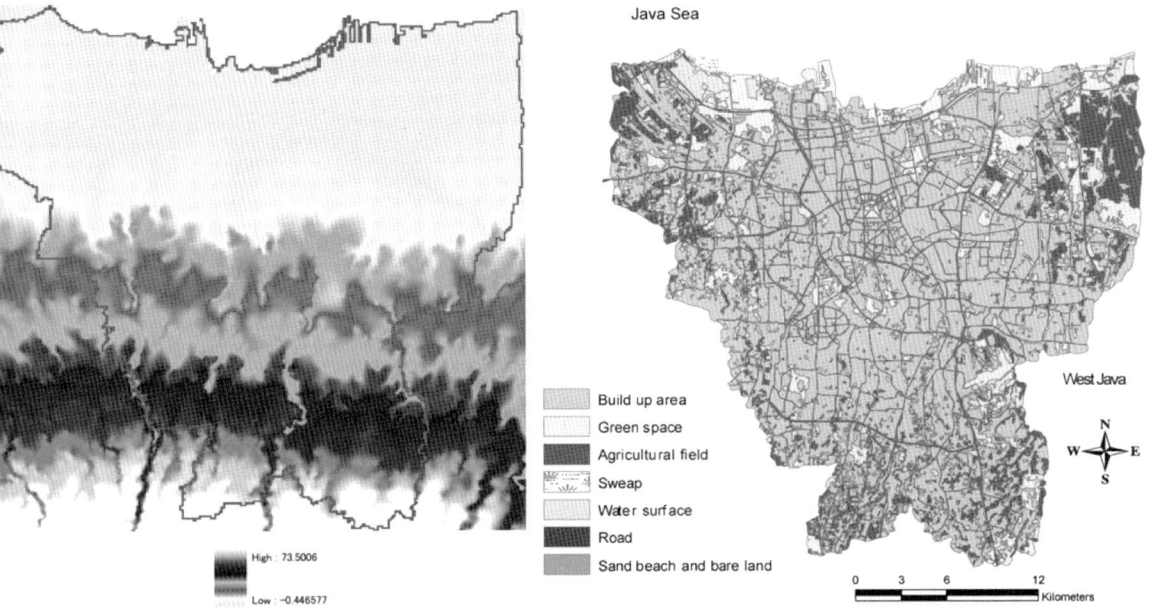

그림 3. 지카르타의 수치고도모델   그림 4. 자카르타의 토지이용도

    Rayfield et al.[11]에 따르면 경관구조는 패치가 얼마나 잘 연결되었는지에 대해 매우 민감하게 영향을 받는다. 이러한 패치는 토지이용유형에 달려있다. 이러한 예민성을 극복하기 위해 토지이용유형을 다중 기준 평가를 사용하여 서로 비교하였다.[12] 이 연구에서는 아래의 4가지 범위의 기준을 고려하였다.

1. 해발고도 : 15m이하, 15~30m사이, 30m이상
2. 방향 : 동쪽, 남쪽, 서쪽, 북쪽
3. 경사 : 2.5도 이하, 2.5~5도 사이, 5도 이상
4. 토지이용유형 : 시가화 건조지역, 녹지, 농경지, 습지, 수면, 도로, 기타.

---

[11] Rayfield B, Fortin MJ, Fall A., "The sensitivity of least-cost habitat graphs to relative cost surface values", Landsc Ecol 25, 2010.
[12] Bagli S, Geneletti D, Orsi F., op.cit, 2011.

Pair-wise 분석은 이런 범위를 비교하는데 사용된다. Pair-wise 분석 논리는 공간 분석 절차에서 원하는 패턴을 결정하기 위한 기준에 대한 불확실성이 있는 상황에서 기준의 장점에 대한 상대적 가치를 비교하는 것을 제안한다. Pair-wise비교 분석은 각 요소간 비교하는 분석방법이다. 요인의 상대적 중요성을 정량화하기 위해 T.L. Satty[13]가 이용되었다(표 1[14]).

표 1. 상대적 중요소의 크기[15]

상대적 중요도	정의	설명
1	동등한 중요도	두 가지 요소가 동등하게 기여한다.
3	어느 정도 한쪽이 더 중요함	경험과 판단으로 한 요소가 다른 요소보다 약간 더 중요하다.
5	매우 필수적으로 중요함	경험과 판단으로 한 요소가 다른 요소보다 훨씬 강하게 중요하다.
7	입증된 중요도	한 요소가 강력하게 선호되고 그 중요도가 실제로 입증된다.
9	절대적으로 중요함	다른 요소보다 한 요소를 선호하는 증거가 가장 높은 것이 절대적으로 중요함
2,4,6,8	인접한 두 판단사이에 중간 값	타협이 필요할 때
역수		요소 i가 요소 j와 비교될 때 위의 0이 아닌 번호 중 하나를 할당 받으면 j는 i와 비교할 때 역 값을 가진다.

　　각 기준에 대한 중요도가 전체 영역에 걸쳐 구현되어야 한다. 각 요인에 대한 비교 후 획득된 값은 pair-wise 비교 행렬에서 비율로 사용되었다. 그리고 그 다음에 각 입력요소에 대한 가중치의 고유값을 계산하는데 이용되었다. 가중치의 합은 1로 가중선형결합(weighted linear combination, WLC) 절차를 따른 것이다.[16] WLC모델에 따라 구성 요소의 조합은 아래의 식과 같다.

---

[13] Satty, T.L., *Multicriteria decision making-the analytical hierarchy process*, Pittsburgh, RWS Publications, 1992.
[14] Ibid에 실린 자료를 저자가 편집함.
[15] Ibid.
[16] Basnet BB, Apan AA, Raine SR., "Selecting suitable sites for animal waste application using a raster GIS", *Environ Management* 28, 2001.

$$S_j = \sum_{i=1}^{n} W_{ij} X_i$$

Sj는 6개의 기준 중 하나인 j에 대한 기준으로 정의된다. n은 범위의 수, Wi 는 표준 i의 가중치, Xi는 i범위에 따른 기준 i의 순위, 표 2는 기준별 가중치이다.

표 2. 기준과 하위기준에 할당된 가중치

기준	가중치	하위기준	하위기준 가중치
해발고도	0.17	≤ 15m	0.64
		16<해발고도≥30m	0.26
		30m<	0.10
방향	0.07	동쪽	0.20
		남쪽	0.52
		서쪽	0.20
		북쪽	0.08
경사면	0.13	0<경사도≤2.5°	0.64
		2.5<경사도≤5°	0.26
		5°<	0.10
토지이용유형	0.63	시가지 건조화지역	0.03
		녹지	0.46
		농경지	0.20
		습지	0.16
		수면	0.08
		도로	0.02
		기타	0.05

모델의 일관성 실험Consistency test은 Pair-wise 분석에서 필요하다.[17] 두 개 이상의 요소들을 Pair-wise 분석할 때 자연적으로 무의미한 결과가 잠재될 수 있다. 따라서 통상적인

일관성 실험을 통해 이러한 임의 오류를 제거 할 수 없다.

일관성 지수Consistency Index, CI는 평균 일관성 벡터로 정의 된 λ가 항상 양수 및 역행렬에 대한 행렬 (n)의 기준 수보다 크거나 같고, λ = n인 경우 페어 와이즈 비교 matix는 일관성이 있습니다. λ에서 n을 뺀 것은 일관성 편차의 수준을 나타낼 수 있습니다. 계산방법은 아래의 식으로 할 수 있다.

$$CI = \frac{\lambda - n}{n - 1}$$

다음으로 일관성 관계는 아래의 식을 이용해서 계산할 수 있다.

$$CR = \frac{CI}{RI}$$

여기서, RI는 Saaty[18]에 의해 개발 된 무작위 지수이며 매트릭스의 기준 수에 따라 달라지는 상수이다. CR이 0.1보다 작은 경우, pair-wise 결과를 수용 할 수 있다.

3. 결과

지형도는 DEM을 활용하여 만들었다. 이 지도에서 보면 남쪽이 해발고도가 70m로 높고 이외의 대다수 지역은 평평한 지형을 나타낸다. 그리고 경사도나 방향도 이러한 영향을 받는다.

---

[17] Bantayan NC, Biship ID,, "Linking objective and subjective modeling for landuse decision-making", *Landsc Urban Plann* 43, 1998; Mardle, S, Pascoe S, Herrero I,, "Management objective importance in fisheries : An evaluation using the analytic hierarchy process", *Environ Management* 33, 2004; Svoray, T, Bar (Kutiel) P, Bannet T,, "Urban land-use allocation in a Mediterranean ecotone : Habitat heterogeneity model incorporated in a GIS using a multi-criteria mechanism", *Landsc Urban Plann* 72, 2005.

[18] Satty, T.L., "A scaling method for priorities in hierarchical structure", *J Math Psychol* 15, 1977.

토지이용도를 통해서 보면 도시의 중앙부에 위치한 비교적 넓은 녹지를 제외하면 대다수 지역이 도시화건조지역임을 알 수 있다. 자카르타 도시의 북쪽 해안가가 상대적으로 더 넓은 녹지공간이 위치하고 있다. 대부분의 농업지역은 자카르타 시내의 가장자리에 위치하고 있다. 비교적 연안과 먼 북동부 지역의 농업 지역은 상대적으로 큰 패치 유형을 보여 주지만 남쪽 지역의 농업지역은 파편화되었다.

비용거리는 그림 5에 표시하였다. 이 지도는 최소비용경로분석에서 패치 연결성을 체크하는 검사의 기초가 된다. 이러한 관점으로 보면 자카르타 도심의 중심지역은 이미 패치가 파편화 되어 있다는 것을 알 수 있다. 자카르타의 녹지를 연결하는 최소비용경로분석(그림 6)을 보면 북쪽의 해안선을 따라 녹지가 비교적 쉽게 연결되어 있는 것을 볼 수 있다. 일관성 검사 결과는 표 3에서 볼 수 있다. 모든 값이 0.1보다 작기 때문에 Pair-wise 분석의 사용이 적절했음을 알 수 있다.

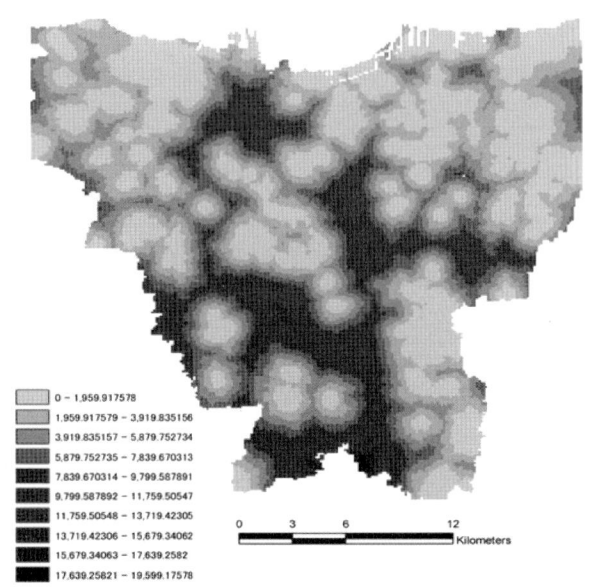

그림 5. 비용거리분석 결과

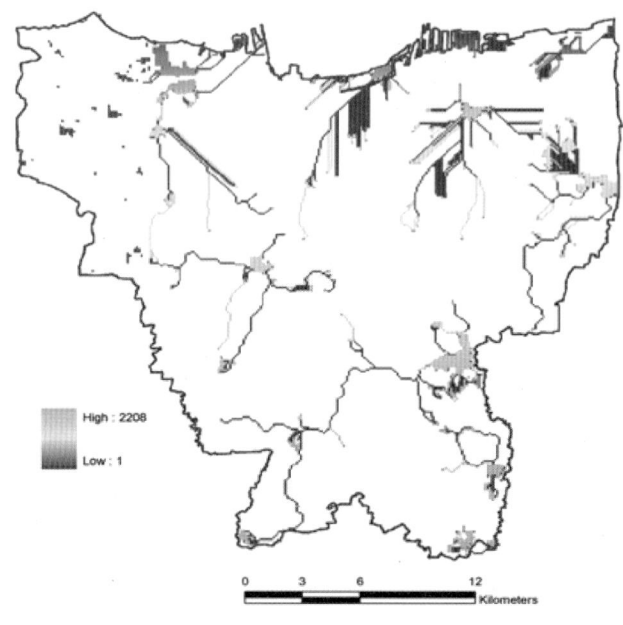

그림 6. 최소비용경로분석 결과

표 3. 일관성 검사 결과

	CI	RCI	CR
해발고도	0.019	1.12	0.017
방향	0.014	0.00	0.000
경사도	0.019	0.58	0.033
토지 이용 타입	0.137	1.41	0.097

4. 맺음말

네트워크 모델을 기반으로 한 경관생태학적 접근은 도시 녹지공간의 계획 및 관리에 이용될 수 있다. 이것은 도시 녹지공간의 경관패턴과 경관 생태기능의 평가와 확인에 매우 유리할 수 있다.[19] 지형학적 경관은 녹지네트워크의 중요한 요소로 여겨지지만 자카르타의 지형은 상대적으로 평평하고 고도는 비교적 낮으며 일반적으로 도시는 평평하다. 이와 같이 자카르타의 지형학적 경관은 녹지 네트워크의 구성에 크게 영향을 미치지 않는 것으로 보인다. 또한, Pair-wise 분석의 경우와 마찬가지로 가산점은 상대적으로 낮았다. 지형학적 요소가 큰 영향을 미치지 않는 도시의 경우 토지 이용은 녹지 네트워크 형성에 관여하는 주요 요인으로 간주되는 경향이 있다. 도시내에 도로 주변의 하천이나 녹지를 활용하는 것이 녹지 네트워크를 형성하는 좋은 방법으로 인식되고 있다.[20]

최소비용경로분석은 많은 변수를 포함한다. 그렇기 때문에 매우 넓은 범위의 불확실성을 보인다.[21] 또한 GIS를 기반으로 한 최소비용경로분석은 지도의 해상도에 매우 민감하다. 그럼에도 불구하고 최소비용경로분석은 네트워크를 구축하는데 가장 널리 사용되는 방법 중 하나이다.[22] 또한 GIS환경에서 다른 방법보다 더 쉽게 분석 가능한 것으로 알려져 있다. 본 연구는 GIS의 사용과 관련된 기본 공간 자료로서 DEM과 토지 이용 지도의 사용에 기반한 녹지 네트워크를 연결하는 더 간단한 방법을 제시한다. 이 방법은 자카르타 지역의 기본 녹지 축을 보는 것을 가능하게 하였다. GIS기반 최소비용경로 분석 모델의 적용은 도시 지역의 녹지 네트워크 구축에 경관계획 및 관리를 적용하는 보다 간단한 방법을 구성하기 때문에 의사 결정권자가 실제로 이용할 수 있을 것이다.

본 연구는 최소비용경로분석을 수행 할 때 경관구조의 영향을 인식하여 Pair-wise 분석을 사용하여 이러한 영향을 최소화하고자 하였다. 그리고 본 연구에서 사용된 기초 자료에 사회·경제적 요소를 추가하여 보다 효과적인 자료를 만들 수 있다. 더욱이 녹

---

[19] Kong F, Yin H, Nakagoshi N., op.cit, 2006.
[20] Ibid; Theobald DM., "Exploring the functional connectivity of landscapes using landscape networks", In : Connectivity Conservation(Kevin R, Crooks R, Snjayan M. eds), Cambridge University Press, Cambridge, 2006.
[21] Beier P, Majka DR, Newell SL., "Uncertainty analysis of least-cost modeling for designing wildlife linkages", Ecol Appl 19, 2009.
[22] Pinto N, Keitt TH, "Beyond the least-cost path : evaluating corridor redundancy using a graph-theoretic approach", Lands Ecol 24, 2009; Pullinger MG, Johnson CJ., "Maintaining or restoring connectivity of modified landscapes : evaluating the least-cost path model with multiple sources of ecological information", Landsc Ecol 25, 2010.

지공간의 질을 고려한 방식으로 네트워크를 구성한다면 더 나은 결과를 기대할 수 있을 것이다.

감사의 글

일본 히로시마대학의 Nobukazu Nakagoshi 교수님께서 귀중한 조언을 해 주신 것에 감사드립니다.

제3부

섬 경관의 가치와 활용

7. 생태계서비스 가치와 지속가능한 활용방안—전남 신안군 사례
8. 섬의 전통생태지식과 생태계서비스 지속가능성
9. 연륙교 건설과 경관변화
10. 천일염과 생태문화자원 활용에 대한 논의—전남 신안군 증도와 신의도 사례

07

생태계서비스 가치와 지속가능한 활용방안
- 전남 신안군 사례*

전라남도는 우리나라에서 50% 이상을 차지하는 섬과 갯벌을 가지고 있다. 특히 그중에서도 신안군은 가장 많은 섬 개수와 넓은 갯벌을 차지하고 있다. 신안군은 2개읍, 12면으로 구성되어 있고 약 1,000여개의 유무인도 섬들이 산재해 있다. 섬과 갯벌이라는 독특한 생태계 특성을 가진 신안군의 생태계서비스 가치를 Costanza et al. (1997)의 생물군계에 의해 계산하였다. 신안군은 갯벌이 가장 높은 생태계서비스 가치를 나타내었다. 이러한 결과는 대부분의 섬에서 같은 결과를 보였고 특히 압해읍과 지도읍이 가장 높은 값을 보였다. 증도면의 경우에는 실제적으로 군내에서는 면적이 11위에 해당하지만 생태계서비스가치는 전체에서 4위를 나타내었다. 현재까지의 연구 상황으로는 정확하게 생태계서비스 가치를 계산하는 것이 어렵지만 대략의 가치라도 측정해보는 것도 중요하다고 판단된다. 신안군 전체의 생태계서비스 가치를 살펴봄으로써 현재 가지고 있는 가치를 잘 보전하고 지속적으로 활용하기 위한 정책에 활용하는 것이 필요하다. 특히 갯벌이라는 독특한 생태계를 잘 보전하고 이를 올바르게 활용할 수 있는 시스템 구축이 절실하다. 이 결과를 바탕으로 앞으로서 신안군 발전계획 등의 정책결정에 좋은 자료를 제공하고자 한다.

---

* 이 논문은 김재은, 「전남 신안군의 토지이용에 따른 생태계서비스 가치와 지속가능한 활용방안」, 『생태와 환경』 47(3), 2014, 202~213쪽에 실린 논문을 재편집한 것임

1. 서론

섬은 육지와 단절된 상태이기 때문에 육지로부터의 종 유입이 쉽지 않다. 또한, 섬이라는 공간에 맞추어 진화되고 발달되었기 때문에 갈라파고스와 같이 오직 그 섬에만 살 수 있는 생물들이 존재하는 독특한 생태계를 형성하기도 한다. 하지만 전라남도 신안군의 경우는 이러한 갈라파고스의 경우와는 다르게 다도해의 특징을 가지고 있다. 수많은 섬들이 서로 연결되어 징검다리와 같은 역할을 할 수 있다. 이러한 면에서 생각할 때 신안군의 경우는 생태학적으로 완전히 육지와 단절되지도 않았고 또한 완전히 연결되지도 않은 다도해의 특성을 보이고 있다.[1]

신안군은 국내에서 가장 많은 섬을 보유하고 있고 또한 가장 넓은 갯벌을 차지하고 있다. 이러한 자연환경은 섬과 갯벌이 갖는 특징들이 잘 나타나고 있다.[2] 갯벌의 경우에도 한국의 서남해안처럼 드넓은 갯벌이 존재하는 곳은 전 세계적으로도 단 몇 곳에 불과하다. 그 중에서도 갯벌의 상태와 질에 따라 본다면 한국의 서남해 갯벌은 전 세계적으로도 흔하지 않고 생물종다양성도 매우 높은 갯벌생태계 중의 하나로 알려져 있다.[3]

한국 서남해 도서지역은 섬과 갯벌로 이루어진 독특한 생태계와

---

[1] 홍선기·김재은, 「서남해 도서자연자원의 생태적 가치와 지속가능한 활용」, 『도서문화』 38, 2011, 331~358쪽; Hong, S.K., J.E. Kim, K.H. Oh and H.S. Ihm., "Ecological value of tidal-flat island in Jeonnam Province and its validity for designating Provincial Park", *Korean Journal of Ecology and Environment* 46, 2013.

[2] 오강호·정철환·홍선기·강봉룡·김재은, 「전남 신안군 섬갯벌의 지형, 질, 경관평가 및 활용방안」, 『한국도서연구』 25(1), 2013, 187~203쪽; 해양수산부, 『해양생태계 기초조사 2006~2013』, 2013.

[3] 고철환, 『한국의 갯벌』, 서울대학교출판부, 2009; Hong, S.K. · C.-H. Koh, R. R. Harris, J.-E. Kim · J.-S. Lee · B.-S. Ihm, "Land use in Korean tidal wetlands: Impacts and management strategies", *Environmental Management* 45, 2010.

더불어 오랜 기간 대도시와 같은 급속한 개발을 피해 비교적 다른 곳보다 수준 높은 자연경관과 생태계를 유지해 왔다.[4] 하지만, 최근 관광수요의 형태와 패턴이 변하면서 과거 잘 보전된 자연환경을 많은 관광객이 찾게 되었다. 이러한 현상과 더불어 섬에서는 다양한 형태의 개발이 이루어지게 되었다.

최근 생태학계에서는 변화하는 환경에 따라 생태적과정을 통해 생성된 생태적 기능이 어떻게 인간의 삶의 질에 영향을 미치는지 대해 경제학적 개념을 활용하여 설명하려는 연구가 널리 진행되고 있다.[5] 즉, 생태계가 제공하는 생태적 기능을 서비스로 간주하여 인간의 삶의 질 향상에 미치는 가치를 생태계서비스라 하여 한 지역이 가지고 있는 생태학적 가치를 경제관점에서 평가하고 이를 정책에 반영하기 위한 다양한 연구가 활발하다.[6] 특히, 토지이용을 통하여 생태계서비스의 가치를 알아보기 위한 연구들이 이루어지고 있다.

일반적으로 사회·경제적 시스템의 변화는 토지이용에 영향을 미쳤고 이것은 토지이용 유형에 변화를 가져왔다.[7] 따라서 신안군의 사회·경제적 환경변화를 파악해 보고 현재의 토지이용을 통해 현재 생태계가 제공하고 있는 생태계서비스의 가치를 평가해보

---

[4] Hong, S.K. · C.-H. Koh, R. R. Harris, J.-E. Kim · J.-S. Lee · B.-S. Ihm, Ibid, 2010.

[5] MA., "Millennium Ecosystem Assessment : ecosystems and human well-being : synthesis", Island Press, Washington D.C, 2005.

[6] Kim, J.E., "Ecosystem services and environmental policies on islands", *Journal of the Island Culture* 37, 2011; Ahn, S.E., "Definition and classification of ecosystem services for decision making", *Journal of Environmental Policy* 12, 2013; Chung, M.G. and H. Kang., "A review of ecosystem service studies : concept, approach, and future work in Korea", *Journal of Ecology and Environment* 36, 2013; Daily, G.C., S. Polasky, J. Goldstein, P.M. Kareiva, H.A. Mooney, L. Pejchar, T.H. Ricketts, J. Salzman and R. Shallenberger, "Ecosystem services in decision making : time to delive", *Front Ecological Environment* 7, 2009; de Groot, R.S., R. Alkemade, L. Braat, L. Hein and L. Willemen, "Challenges in integrating the concept of ecosystem services and values in landscape planning, management and decision making", *Ecological complexity* 7, 2010; Kim, J.E., "The analysis of public perception associated with island policies in Korean Government", *The Journal of Korean Island* 25, 2013b; Troy, A. and M. A. Wilson, "Mapping ecosystem services : Practical challenges and opportunities in linking GIS and value transfer", *Ecological Economics* 60, 2006.

[7] Kim, J.E., op.cit, 2011; Moon, B.C. and H.W. Park., "A study on impact and landscape change by the land reclamation using GIS in the islands-Focusd on Sinan Gun (Bigum Island)", *The Geographical Journal of Korea* 37, 2003; Kim, J.E. and S.K. Hong and N. Nakagoshi, "Changes in patch mosaics and vegetation structure of rural forested landscapes under shifting human impacts in South Korea", *Landscape and Ecological Engineering* 2, 2006.

고자 한다. 또한 이것을 바탕으로 앞으로 신안군이 어떻게 보전하고 지속 가능하게 활용할 수 있는 지에 대해 논의하고자 한다.

2. 재료 및 방법

1) 조사지개황

신안군新安郡은 전남 서남해에 대표적인 지방자치단체로 압해읍과 지도읍, 증도면을 제외하면 모든 지역이 섬들로 이루어진 지자체이다(그림 1). 신안군은 2개읍, 12면으로 구성되어 있고 약 1,000여 개의 유·무인도 섬들이 여기저기에 흩어져 있다. 한반도와 비교적 멀리 떨어져 있는 흑산면을 제외하면 대부분이 넓은 펄과 모래갯벌이 섬 주변에 분포한다. 갯벌이 발달해 있는 이 지역에서는 낙지채취, 김 양식 등이 매우 유명한 곳이다. 연평균기온은 최근 6년간 13.5~14.5℃이고 연평균강수량은 960.5~1483.3mm이지만, 강수량 대부분이 여름철인 6~8월에 집중해 있다.[8]

신안군지역의 연륙현황을 보면 지도읍은 1975년 2월 25일에 전남 무안군 해제면과 연륙되었다. 압해읍은 2008년 목포시대양동과 신장리를 연결하는 압해대교에 의해 연륙되었고 이후 목포시에 있던 군청이 압해읍으로 이동하였다. 또한, 증도면은 2010년 3월 30일 지도읍 당촌리와 연륙되어 무안과 지도읍을 거쳐 증도면까지 자동차로 이동이 가능하게 되었다. 현재는 2018년 완공을 목표로 압해읍에서 암태면 암태도를 연결하는 연륙대교를 건설하고 있다. 이 연륙교가 완성되면 목포시를 거쳐 압해읍을 지나 암태면, 자은면, 팔금면, 안좌면까지 연륙될 예정이다.

---

[8] Shinangun, *A statistical Year Book*, 2013.

그림 1. 신안군 조사지

2) 사회·경제적 통계조사

신안군의 사회·경제적 상황과 생활환경을 알아보기 위해 『통계연보』[9]를 이용하여 신안군의 인구현황과 농가수와 어선수 등을 살펴보았다. 또한, 농업과 어업 등의 형태를 알아보기 위해 주요 생산품 등에 대하여 살펴보았다.

---

[9] 신안군, 『통계연보』, 1981, 1986, 1991, 1996, 2001, 2006, 2011, 2013.

3) 토지이용과 생태계서비스 분석 방법

생태계서비스는 2005년 MA(Millennium Ecosystem Assessment)에서 '인간이 생태계로부터 얻는 이익'으로 간단히 정의 내렸고 현재까지 일반화되어 가장 많이 쓰이고 있다. 이외에도 Daily[10]는 '인간이 생활을 영위하기 위해 요구되는 생물다양성과 재화의 생산을 유지하기 위한 자연 생태계의 조건과 과정'이라고 했고 Costanza et al.[11]은 '인간이 생태계기능으로부터 직접 또는 간접적으로 얻을 수 있는 이익'이라고 했으며 De Groot et al.[12]는 '인간이 필요한 물질을 충족시키기 위해 필요한 자연적 과정을 통해 나타나는 생태계기능 등을 총체적으로 말함'이라고 하였다.

생태계서비스는 생태계로부터 인간이 누릴 수 있는 이익을 표현하는 것으로 매우 복잡하게 얽혀있다. 이러한 생태계서비스의 가치를 직접적으로 평가한다는 것은 사실상 불가능할 정도로 어려운 일이다. 특히, 섬에서처럼 생태계자체뿐만 아니라 문화의 변수가 많은 곳은 더욱 힘든 일이다. 따라서, 많은 연구자들이 연구지역의 제한이나, 일정한 지역의 생태계를 표현하는 그 지역의 토지이용 형태 등을 활용하여 생태계서비스 가치를 개략적이고 간접적으로 평가하고 있는 실정이다.[13] 토지이용 범례를 두 가지로 표현하여 토지이용도는 좀 더 자세한 범주로 표현하였다.

Costanza et al.[14]는 어떤 지역의 자연환경이 가지고 있는 생태계서비스는 그 지역의 토지이용 형태를 생물군계에 따라 경제적 가치를 부여해서 측정하였다(표 1). Costanza et al.[15]는 그의 논문에서 지구 전체의 16개의 대표적 생물군에서 제공되고 있는 생태계서

---

[10] Daily, G.C. (Ed)., "Nature's services : societal dependence on natural ecosystems", Island Press, Washington D.C, 1997.
[11] Costanza, R., R. d'Arge., R. De Groot, S. Farber, M. Grasso, B. Hannon, K. Limburg, S. Naeem, R.V. O'Neill, J. Paruelo, R. Raskin, P. Sutton and M. van den Belt, "The value of the world's ecosystem services and natural capital", *Nature* 387, 1997.
[12] de Groot, R.S., M.A. Wilson, and R.M.J. Boumans, "A typology for the classification, description and valuatyion of ecosystem functions, goods and services", *Ecological Economics* 41, 2002.
[13] de Groot, R.S., R. Alkemade, L. Braat, L. Hein and L. Willemen, op.cit, 2010.
[14] Costanza, R., R. d'Arge., R. De Groot, S. Farber, M. Grasso, B. Hannon, K. Limburg, S. Naeem, R.V. O'Neill, J. Paruelo, R. Raskin, P. Sutton and M. van den Belt, op.cit, 1997.

비스를 17개로 나누고 그것이 제공하는 생태계서비스를 분류하여 전 지구의 생태계서비스 가치를 계산하였다. 물론 전 세계의 생물군계에 의한 생태계서비스이기 때문에 지나치게 일반화하였다고 판단할 수도 있다. 하지만, 아직 우리나라 갯벌을 포함한 전체 생태계에 대한 정확한 가치계산은 되어 있지 않은 실정이다. 이것은 지역에 따라 각 생태계의 가치가 여러 가지 요소에 의해 영향을 받을 수 있기 때문이다. 따라서 가장 일반화되고, 아직도 널리 사용되고 있는 Costanza et al.[16]의 서비스 계수를 사용하였다.[17]

표 1. 생물군계와 토지이용유형에 따른 생태계서비스 계수

토지이용유형	생물군계 생태계서비스	생태계서비스 계수($ha^{-1}/year)
거주지역	도시	0
공장지역		
비지니스지역		
여가활동 지역		
교통시설지역		
공공시설		
논	농업지역	92
밭		
시설하우스지역		
과수원		
기타 농업지역		
활엽수림	삼림	302
침엽수림		

[15] Ibid.
[16] Ibid.
[17] Kim, J.S. and S.Y. Park, "A prediction and analysis for functional change of ecosystem in south Korea", *Journal of the Korean Association of Geographic Information Studies* 16, 2013; Ministry of Oceans and Fisheries, op.cit, 2013; Zhao, B., U. Kreuter, B. Li, Z. Ma, J. Chen and N. Nakagoshi, "An ecosystem services value assessment of land-use change on Chongming Island", China, *Land Use Policy* 21, 2004.

혼효림		
자연초지	초지	232
골프장		
기타초지		
육수역습지	육수지역	19,580
해안습지	갯벌	9,990
광산지역	사막/황무지	0
기타 황무지		
육수 수면지역	육수 수면	8,498

 신안군의 주요 토지현황은 1980년도부터 2012년까지의 지적공부에 등록된 토지를 중심으로 지적도를 기준으로 하여 『통계연보』에 작성된 자료를 사용하였다. 이를 통하여 주요 토지현황과 소유자별 현황을 조사하였다. 1910년 일제강점기에 제작된 지적도는 현재의 지형상과 오차가 매우 큰 지역이 많다. 정부는 2010년부터 2020년까지 현재 수정 작업 중에 있다. 지적도로는 갯벌 등 공유수면으로 분류된 곳은 지적도에서 제외되기 때문에 실제 현황을 알 수 없기 때문이다. 따라서 토지이용도는 국립지리원에서 발행한 전자지도를 사용하였다.

 토지이용도는 2007년에 국립지리원에서 발간한 토지이용도를 사용하였다. 토지이용 유형에 따라 Costanza et al.[18]의 생태계서비스 계수를 이용하여 토지에 따른 경관가치를 환산하였다. 그리고 생태계서비스에 의한 가치에 따른 신안군의 생태계서비스 지도를 지도화하여 표현하였다.

---

[18] Costanza, R., R. d'Arge., R. De Groot, S. Farber, M. Grasso, B. Hannon, K. Limburg, S. Naeem, R.V. O'Neill, J. Paruelo, R. Raskin, P. Sutton and M. van den Belt, op.cit, 1997.

3. 결과

1) 신안군의 사회·경제적 환경

신안군 각 읍·면의 인구현황은 그림 2에 나타내었다. 1980년부터 1990년 사이에 급격한 인구감소를 대다수의 지역에서 볼 수 있었다. 2000년대 이후에는 그 감소세가 줄어들면서 완만한 감소를 보이고 있다.

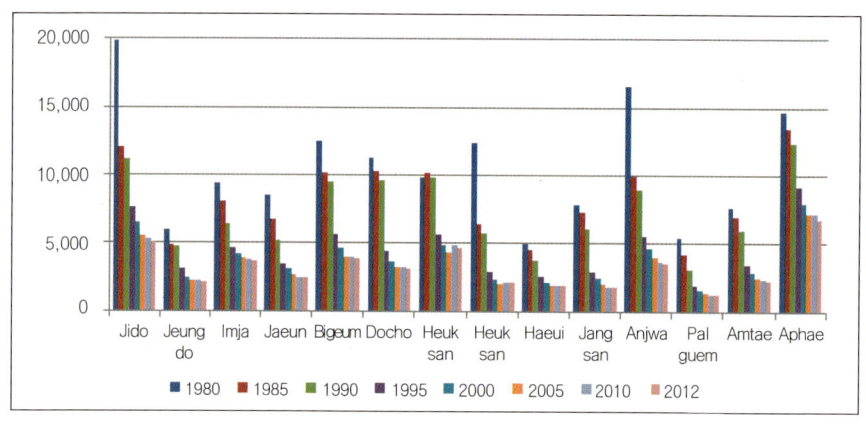

그림 2. 신안군 각 읍·면의 인구현황

신안군의 인구구조를 살펴보면 1980년대 이후 현재까지 노령인구의 증가와 더불어 인구밀도는 꾸준히 감소하고 있다. 65세 이상 노령인구는 2010년도를 기준으로 현재 13,451명에 이른다. 또한, 외국인의 비율이 1995년을 기점으로 증가하고 있고 특히 여성의 인구가 꾸준히 증가하고 있다. 2012년 최근 도서별 인구를 보면 압해읍이 가장 많은 7,121명이고 두 번째로는 지도읍으로 5,284명으로 많은 인구가 살고 있다.

신안군의 읍·면별 농가수는 1980년을 지나면서 대부분의 지역에서 급격하게 감소하는 것을 볼 수 있다(그림 3). 특히 하의면과 안좌면의 경우는 다른 지역보다 그 감소폭이 더욱 컸다. 그러나 2010년에 들어서면서 다시 대부분의 지역에서 다시 증가하는 현상을 보였다. 그림 4에서는 신안군의 어선보유 현황을 나타내었다. 신안군 내에서 가장 서쪽인 외해에 위치하는 흑산면이 가장 많은 어선을 보유하고 있다.

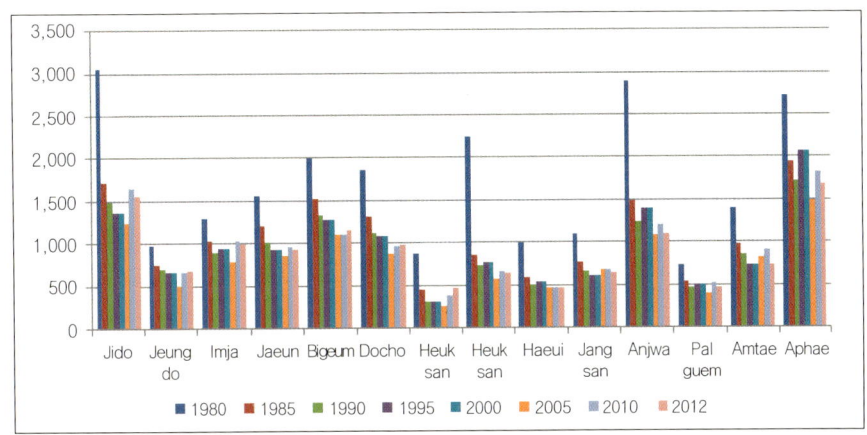

그림 3. 신안군의 읍·면별 농가수 현황

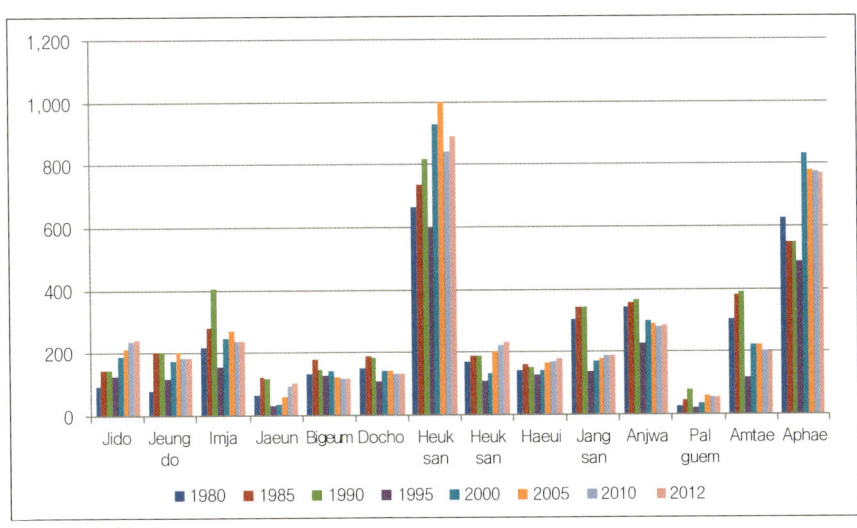

그림 4. 신안군의 어선보유 현황

신안군의 지적도를 통해 본 토지현황은 임야가 주요한 면적비율을 차지하고 있다. 시간이 흐르면서 임야의 비율은 감소하고 기타의 비율이 증가하고 있다(그림 5). 또한 임야의 소유자는 주로 사유지로서 1980년대부터 2012년까지 80%이상을 차지하고 있다. 신안군의 전체 각 지역의 면적별 순위는 지도읍(12.18%), 압해읍(10.31%), 안좌면(9.16%), 도초면(8.45%), 자은면(8.06%), 비금면(7.88%), 흑산면(7.39%), 임자면(7.21%), 암태면(6.60%), 하의면(5.29%), 증도면(5.14%), 신의면(5.08%), 장산면(4.46%), 팔금면(2.81%)순이다.

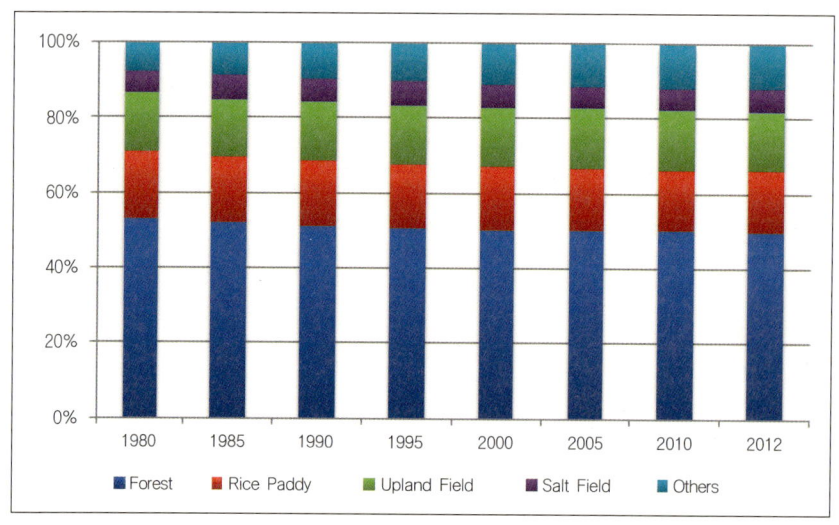

그림 5. 신안군 토지현황(지적도 참고)

신안군 주요 농산물 중 식량작물을 살펴보면 그림 6과 같다. 1990년 이후에 주요 식량작물의 생산은 증가와 감소하고를 반복하지만 전체적으로 줄어들고 있는 경향을 보이고 있다. 하지만, 1985년 이후 계속 미곡의 생산량은 증가와 감소를 반복하고 있지만, 다른 생산물에 비해 상대적으로 증가하고 있는 경향을 보이고 있다. 그리고 다른 서류, 두류, 맥류의 생산은 계속 감소 추세에 있다.

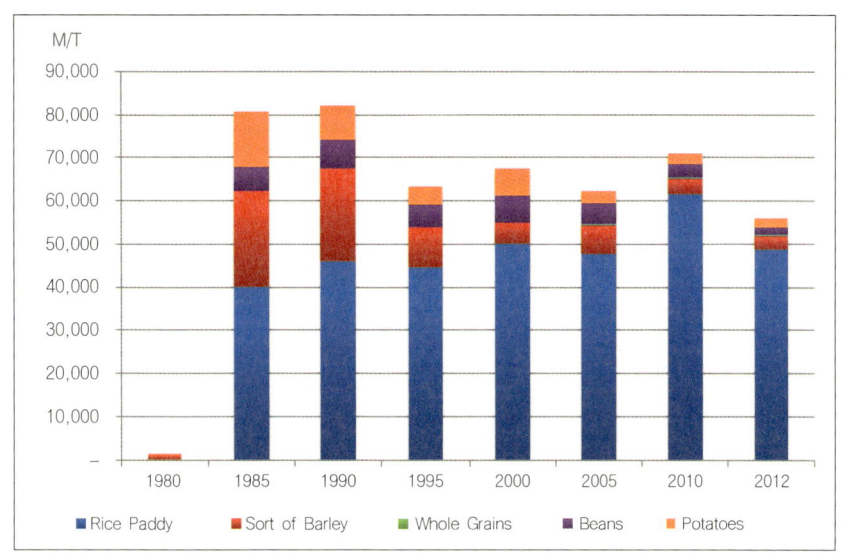

그림 6. 신안군 주요 식량작물 생산량 현황

또한 수산물 수확량을 그림 7에 나타내었다. 대부분의 수산물 생산은 해조류와 패류(갑각류)가 차지하고 있고 2000년을 기준으로 전체 수확량이 크게 증가하였다.

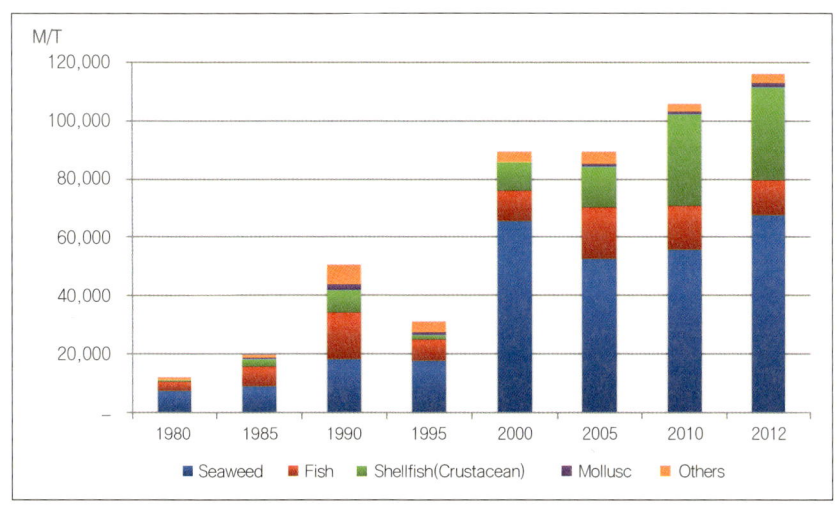

그림 7. 신안군 수산물 수확량 현황

2) 신안군의 토지이용과 생태계서비스 가치

신안군 각 섬의 토지이용도를 그림 8에 나타내었다. 토지이용도에 따른 각각의 면적은 표 2에 나타내었다. 거의 모든 섬의 주요 토지이용유형은 산림지역과 연안습지인 갯벌, 농업지역이 차지하고 있다(그림 9). 압해읍과 증도면이 상대적으로 다른 지역보다 높은 갯벌습지 면적을 차지하고 있다. 신의면과 하의면은 산림지역이 높은 비율을 차지하고 있다. 장산면은 상대적으로 가장 높은 비율로 농업지역이 차지하고 있고 그 다음으로는 하의면과 자은면이 뒤를 이었다.

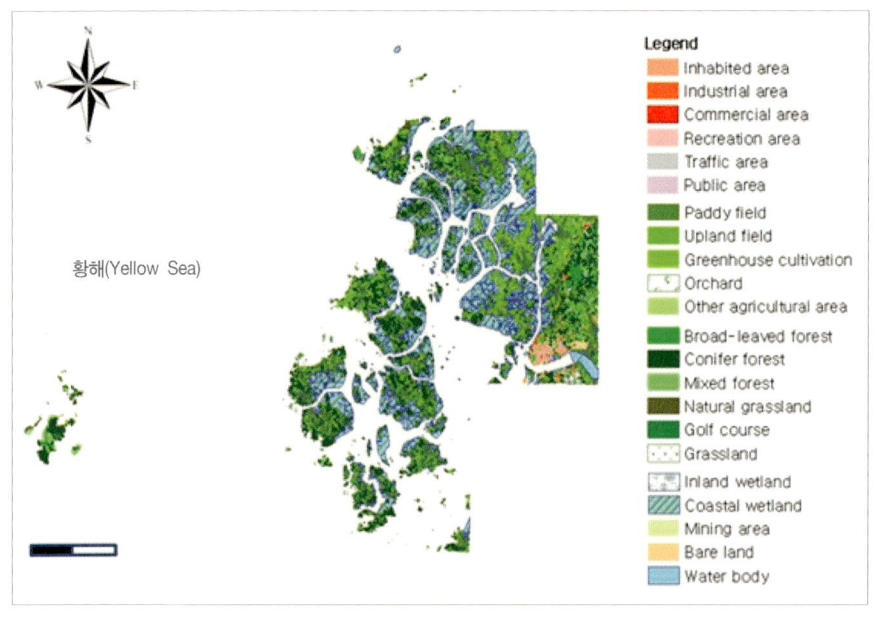

그림 8. 신안군 토지이용 현황(환경부제공 토지이용현황 참고)

표 2. 토지이용에 따른 신안군 면적(단위: ha)

행정구역	시가화지역	경작지	Temperate Forest	초지	내륙습지	갯벌습지	나지	강/하천
도초	1,050.1	16,956.9	19,907.0	140.7	88.5	15,659.6	327.5	1,779.6

비금	1,239.9	17,251.6	18,006.1	1,142.2	–	15,985.1	1,864.5	2,752.1
신의	629.6	6,820.3	16,792.3	424.1	216.5	6,766.8	219.0	482.9
안좌	1,154.4	17,635.4	17,020.3	215.5	2,291.5	24,467.9	231.3	4,550.5
암태	1,156.0	14,630.8	22,788.1	620.0	36.9	22,123.5	331.3	1,088.3
압해	2,437.1	30,856.6	13,254.3	700.5	581.9	57,401.0	713.1	1,490.5
임자	1,620.9	16,751.7	17,012.2	2,304.7	1,546.5	10,728.2	1,391.1	1,297.3
자은	1,316.8	24,396.6	24,071.5	813.3	31.1	8,035.0	2,205.0	733.3
장산	777.0	13,669.1	9,575.4	135.3	991.5	5,667.3	165.8	789.2
증도	799.6	10,433.6	10,762.9	260.0	305.0	21,772.7	726.6	4,090.3
지도	2,322.2	36,060.5	23,186.1	512.4	546.7	37,344.1	530.5	4,588.3
팔금	714.9	8,471.6	6,478.3	50.8	276.9	10,799.9	85.5	881.6
하의	655.1	8,486.8	9,570.1	68.3	448.3	2,056.5	114.0	630.1

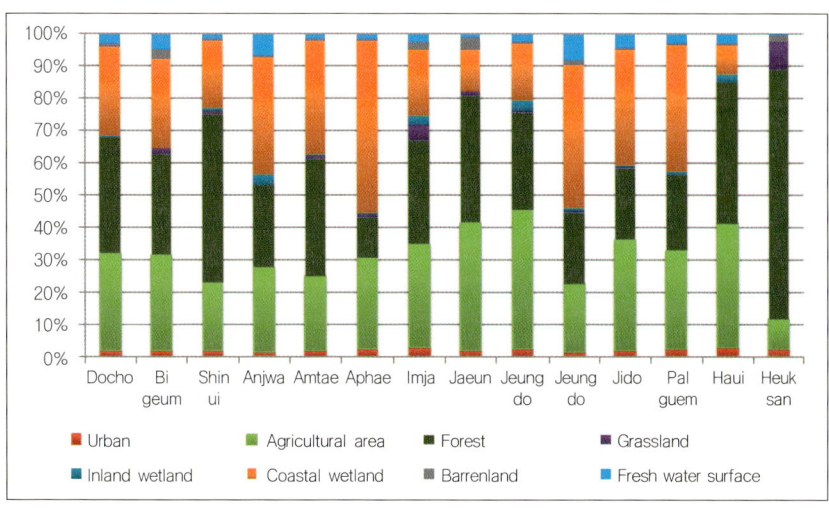

그림 9. 신안군 토지이용에 따른 비율 현황

토지이용 유형에 따른 생태계서비스 계수를 활용한 생태계서비스 가치는 표 3과 같다. 생태계 자체가 주는 서비스는 갯벌습지가 가장 높고, 갯벌습지 면적이 넓은 지역은 전체

표 3. 신안군 토지이용과 Costanza et al.(1997) 계수((Unit: $ha-1/year)에 의한 생태계서비스

행정구역	시가화지역	경작지	Temperate Forest	초지	내륙습지	갯벌습지	나지	강/하천	생태계서비스 전체
도초	0.0	1,560,033	6,011,921	32,654	1,732,137	156,439,573	0.0	15,122,976	180,899,284
비금	0.0	1,587,144	5,437,847	264,989	-	159,691,031	0.0	23,387,382	190,368,392
신의	0.0	627,466	5,071289	98,395	4,239,469	67,600,777	0.0	4,103,272	81,740,668
안좌	0.0	1,622,452	5,140,116	49,986	44,868,132	244,434,249	0.0	38,670,072	334,785,007
암태	0.0	1,346,035	6,881,994	143,836	732,418	221,013,994	0.0	9,248,650	239,357,927
압해	0.0	2,838,808	4,002,811	162,511	11,393,856	573,436,162	0.0	12,666,070	604,500,218
임자	0.0	1,541,153	5,137,688	534,699	30,279,652	107,174,338	0.0	11,024,602	155,692,132
자은	0.0	2,244,484	7,269,588	188,677	609,362	80,270,131	0.0	6,231,363	96,813,605
장산	0.0	1,257,553	2,891,757	31,383	19,413,795	56,615,978	0.0	6,706,812	86,917,279
증도	0.0	959,896	3,250,401	60,310	5,971,168	217,509,259	0.0	34,759,241	262,510,276
지도	0.0	3,317,569	7,002,213	118,886	10,703,517	373,069,925	0.0	38,991,000	433,201,109
팔금	0.0	779,385	1,956,456	11,794	5,422,386	107,890,968	0.0	7,491,672	123,552,661
하의	0.0	780,790	2,890,157	15,840	8,777,804	20,544,082	0.0	5,354,411	38,363,084

토지이용에서도 생태계서비스의 가치가 높게 평가되었다. 면적이 가장 넓은 지도읍과 압해읍을 보면 상대적으로 갯벌습지 비율이 높았던 압해읍이 생태계서비스 가치도 지도읍에 비해 매우 높은 것으로 나타났다. 또한, 증도면은 전체 면적이 적은 편이지만 갯벌습지의 절대 면적이 넓어 상대적으로 가치가 높게 평가되었다.

4. 맺음말

1) 신안군의 인구변화와 농업 및 어업의 변화에 따른 사회·경제적 환경

신안군 전체인구는 1980년에 130,342명, 1990년에 102,241명, 2000년에 53,164명,

2010년에 45,836명으로 지난 30년간 지속적으로 감소하고 있으나 대신 65세 이상 노령인구는 증가하는 추세이다.[19] 이러한 인구구조는 젊은 세대들의 도시로의 이동과 맞물렸고 또한 현재 인구가 감소하는 추세와 더불어 더욱 심각한 상황에 이르고 있다. 그러나 1995년 이후에는 급격하게 감소하는 경향을 보이지는 않고 있고 어느 정도 감소폭이 둔화되고 있다. 이것은 결혼하여 외국에서 이주하여 온 결혼 이주여성들이 증가하였고 근래 들어 농촌 및 어촌으로 귀농하는 인구의 증가가 감소폭을 둔화시키고 있는 것으로 판단된다.

65세 이상의 노령인구의 증가, 젊은 세대의 급격한 감소, 결혼이주 여성의 증가는 현재 섬 지역만이 가지고 있는 문제는 아니다. 하지만, 섬 지역에서는 그 지역의 한정된 공간에서 제한적으로 제공되는 자원을 전통생태지식을 통해 활용하던 환경을 더 이상 지속하기 어렵게 될 것이다.[20] 이러한 결과 생태계서비스 중에서도 특히 문화가 미치는 영향은 매우 클 것으로 판단된다. 신안군의 많은 섬들은 아직도 과거 섬의 자연자원을 보호하고 이를 지속가능하게 활용하기 위한 마을의 여러 규약들이 문서로 전달되고 있다. 이러한 전통문화단절은 그 지역의 사회와 경제적 활력감소에도 영향을 미칠 뿐만 아니라 장기적으로는 섬생태계에도 영향이 있을 것이다.[21]

신안군의 섬들은 한정된 공간에서 자원이 부족하고 그 부족한 자원을 얻기 위해 갯벌을 매립하여 농경지를 확보하는 경향으로 토지이용유형이 변화하였다.[22] 신안군은 섬이라는 특수한 상황임에도 불구하고 어촌이기 보다는 농촌에 가까운 삶을 살고 있는 섬 주민들이 많이 있다. 과거 신안군의 많은 섬들이 주로 식량생산을 목적으로 갯벌을 간척하여 농지로 활용하였다. 이러한 갯벌의 토지이용유형의 변화는 현재 결과에서도 보였듯

---

[19] 박용진·최수명·조은정, 「읍·면급 섬지역 서비스산업의 구조적 분화」, 『농촌계획』 19, 2013, 1~10쪽; 박종호·최수명·조은정·김영택·박수영, 「읍면소재지 섬지역 인구변화」, 『농촌계획』 19, 2013, 11~21쪽.

[20] Kim, J.E., op.cit, 2011; Kim, J.E., "Land use management and cultural value of ecosystem services in Southwestern Korean islands", *Journal of Marine and Island Cultures* 2, 2013a, pp.49~55.

[21] Hong, S.K. and J.E. Kim., op.cit, 2011; Hong, S.K., "Ecogeographical Island Homogeneity and Heterogeneity - Communication of Haui-myeon and Shinui-myeon in Shinan Dadohae", *South Korea Journal of the Island Culture* 40, 2012a; Kim, J.E., op.cit, 2011.

[22] Moon, B.C. and H.W. Park., op.cit, 2003; Moon, B.C., "A study on the formation and change of dwelling conditions in Jeung-Do(Islands) using GIS", *Journal of the Island Culture* 28, 2006; Hong, S.K. and J.E. Kim., Ibid, 2011.

이 농업지역이 주요한 토지이용 유형으로 자리 잡게 되는 주요한 이유가 되었다.

신안군의 주요 산업은 농업과 수산업이다. 신안군 전체 농가수는 1980년에 23,682, 1990년에 13,014, 2000년에 13,159, 2010년에 12,960로 지속적으로 감소하는 경향을 보이고 있다. 농가인구는 1980년 이후의 급격한 감소를 제외하면 증가와 감소를 반복하고 있다. 또한, 주요 농산물인 식량작물의 생산량은 1980년 이후 꾸준히 감소하는 경향을 보이고 있다. 그러나 미곡의 생산이 가장 많은 비율을 차지하고 있고 2010년이 지나면서는 전체 식량작물 생산량의 80%이상을 차지하고 있다. 다른 채소류나 과일류 등의 생산은 최근 들어 증가추세이지만 식량작물에 비해서는 많지 않다. 소비가 감소하고 경쟁력 약화가 지속되고 있는 미곡이 주요 식량작물 수확량에서 많은 부분을 차지하는 것은 앞으로 개선해 나가야 할 필요가 있을 것으로 판단된다.

신안군 어선보유현황은 농가인구에 비해 비교적 증가나 감소의 폭이 적은 편이다. 어선은 신안군 전체 중에 흑산면이 가장 많이 보유하고 있다. 흑산면은 신안군의 가장 외해에 위치하면서 다른 지역에 비해 갯벌이 매우 적고 산지가 많아 농업에 적합한 지역이 아니기 때문에 주요산업은 어업이다.

신안군의 주요 수산물 수확량을 살펴보면 수산물 중에서도 해조류가 제일 높은 비중을 차지하고 있다. 신안군은 갯벌에서 지주식 김 양식을 통한 해조류의 생산이 높은 비중을 차지하는 것으로 판단된다. 또한 패류(갑각류) 생산량은 점차로 증가하는 경향을 보이고 있다. 하지만, 어류는 생산비율이 점차 감소하고 있다. 어쨌든, 2000년 이후에는 수산물 생산량에 급격한 증가를 보였다.

신안군은 농수산업이 주요 산업이다. 1980년 이후 곡류의 생산은 줄고 있고, 2000년 이후 수산물의 생산은 급격히 증가하는 경향을 보이고 있다. 농산물 수입개방과 쌀의 소비 감소 등에 따른 가격경쟁력의 약화로 볼 수 있을 것 같다. 반면 수산물은 어구漁具나 어선漁船 등의 발달에 따른 생산성 증가와 가격 경쟁력 상승에 따른 경향으로 보인다.

하지만, 지구온난화 등의 영향으로 해양환경의 변화와 기후의 급격한 변화는 자연에 의존하는 기존의 농·수산업에 상당한 영향을 미칠 것으로 우려된다. 따라서, 장기적으로 이러한 현상에 대비할 수 있는 모니터링과 연구가 꾸준히 진행되어야 할 것으로 판단된다.

또한, 인구의 지속적인 감소와 더불어 주요산업의 변화는 생태계의 변화를 동반한 토지이용의 변화를 초래할 수 있다. 이것은 생태계자체를 더 건전하게 만들어 생태계서비스에 긍정적으로 영향을 미칠 수도 있지만, 지속가능한 활용을 위한 생태계관리를 포기하게 되면 섬은 각 종 쓰레기와 태풍 또는 외부 유입종 등으로 생태계서비스에 부정적으로도 영향을 미칠 가능성도 있다고 생각된다.

2) 토지이용에 따른 생태계서비스의 활용

지적공부에 등록된 지적도에 따른 신안군은 토지현황(신안군의 『통계연보』에서 제공)은 임야와 농경지가 주요 토지이용 형태이고 임야의 80%이상을 사유지가 점유하고 있다. 토지이용 중에 기타의 상대적 비율이 증가하는 것으로 보이는데 이것은 도로의 개설이나 건물의 신축에 의한 개발지 등의 증가와도 관련이 있는 것으로 판단된다. 실제로 신안군의 도로 포장률은 크게 증가 했으며 과거에 비해 증가된 관광객을 위한 각 종 편의시설 등도 증가하고 있다.[23]

또한, 임야 중 사유지가 차지하는 비율이 80%이상을 차지하고 있다. 이것은 지자체나 정부가 전체적인 경관계획과 관리를 할 때 고려해야 하는 사항이 많아지게 되며 토지소유자의 동의를 구해야 하기 때문에 절차나 과정 등이 매우 복잡해 질 수 있다. 특히 자연자원으로서 자연공원으로의 활용을 어렵게 하는 원인이 되기도 한다.

갯벌이 넓은 신안군은 과거부터 갯벌을 매립하여 농경지를 만들기 시작했고 일제강점기를 거치면서 그 면적은 더욱 확대되었다.[24] 섬의 한정된 면적에서 식량을 생산하기 위한 가장 효과적인 수단으로 갯벌이 이용되기도 하였다. 하지만, 최근에는 그 가치의 척도가 변화하고 있고 해양수산부 등 중앙정부에서도 실제로 가치를 측정하여 그 중요성을

---

[23] 박용진·최수명·조은정, 앞의 글, 2013; 박종호·최수명·조은정·김영택·박수영, 앞의 글, 2013.
[24] Moon, B.C. and H.W. Park,, op.cit, 2003; Moon, B.C., op.cit, 2006.

일반 대중들에게 널리 알리고자 하였다.[25]

갯벌은 특히 그 생태학적 기능이 매우 뛰어나며 높은것으로 알려져 있다. 어린 치어 등을 위한 산란장 및 영양물질 공급 등에 의한 수산물 생산기능, 서식처 제공기능, 육지로부터의 하천으로 흘러오는 오염원을 정화하는 수질 정화기능, 태풍과 홍수에 대한 완충작용을 통한 재해방지 기능, 새로운 생태관광지로서의 여가 제공기능 등 다양한 생태적 기능을 통한 생태계서비스를 제공하고 있다.[26]

Costanza et al.[27]에 따르면 전 세계의 생물군계 중에서도 습지의 생태계서비스 가치가 단위 면적당 가장 높게 평가하였고 실제로 생물학자들 사이에서 이것은 정설로 받아들여지고 있다. 해양수산부[28] 발표에 의하면 우리나라 갯벌의 연간 총 경제적 가치는 약 16조원으로 단위면적(1㎢) 당 연간 제공가치는 63억원으로 계산하였다. 이것은 갯벌 1㎢당 연간 제공가치로 산정된 것으로 수산물생산, 수질정화, 여가제공, 서식처제공, 재해방지, 보전가치 등의 6가지로 경제적 가치를 평가했다. 이중 서식처 제공기능(13억 5천만원), 수질정화 기능(6억 6천만원)순으로 계산되었다. 이것은 미국의 해양대기청과 환경청이 환경재화의 보존가치를 평가할 수 있는 방법으로 추천한 가치측정법을 적용하여 산정하였다.

표 3에서 보는 것과 같이 압해읍이 생태계서비스 가치에서 갯벌이 차지하는 비율이 가장 높다. 실질적인 면적은 지도읍이 더 넓지만, 생태계서비스의 가치를 보면 지도읍이 압해읍보다 더 적은 가치를 나타내고 있다. 그리고 증도면의 경우는 14읍면 중 면적이 11위에 해당하지만 갯벌이 넓은 생태계서비스에서 얻을 수 있는 가치는 신안군 전체에서 무려 4번째로 그 가치가 높다. 증도면은 주요 도서인 증도가 유네스코생물권보전지역과 갯벌도립공원으로 지정되었고 슬로시티로서 지정되어 관광객이 날로 증가하고 있다.[29]

전남 신안군은 섬으로만 이루어진 지자체로서 유네스코 신안다도해생물권보전지역,

---

[25] Korea Marine Environment Management Corporation, http://www.ecosea.go.kr/
[26] Oh, K.H., C.H. Chung, S.K. Hong, B.Y. Kang and J.E. Kim., op.cit, 2013; Hong, S.K., J.E. Kim, K.H. Oh and H.S. Ihm., op.cit, 2013; Hong, S.K. · C.-H. Koh, R. R. Harris, J.-E. Kim · J.-S. Lee · B.-S. Ihm, op.cit, 2010.
[27] Costanza, R., R. d'Arge., R. De Groot, S. Farber, M. Grasso, B. Hannon, K. Limburg, S. Naeem, R.V. O'Neill, J. Paruelo, R. Raskin, P. Sutton and M. van den Belt, op.cit, 1997.
[28] Korea Marine Environment Management Corporation http://www.ecosea.go.kr/
[29] 박용진 · 최수명 · 조은정, 앞의 글, 2013; 박종호 · 최수명 · 조은정 · 김영택 · 박수영, 앞의 글, 2013.

람사 습지, 도립공원, 국립공원 등 많은 자연자원을 가지고 있다.[30] 신안군의 생태계서비스 가치를 가장 잘 드러낼 수 있는 것이 갯벌이다. 갯벌이 생태계서비스에서 가장 높은 가치를 나타내고 이러한 풍부한 자원이 많은 신안군은 그런 갯벌을 지속가능하게 활용하고 보전하는 것이 중요한 무형과 유형적 이득을 얻을 수 있는 자원이기도 하다.

현재까지 갯벌의 토지이용은 섬이 가진 열악한 자연환경을 극복하고 식량생산의 주요 목적으로 갯벌을 간척하여 이용하여왔다. 하지만, 미래에는 쌀과 같은 농업생산물의 경쟁력 약화로 인하여 더 이상 논 등으로의 토지이용유형 변화는 경제적으로 이득이 감소할 것으로 판단된다. 현재 그 생산량도 감소하고 있기도 하다. 앞으로의 토지이용을 위한 경관계획이나 관리는 갯벌을 그대로 유지하는 것이 유·무형적인 가치가 높은 것으로 판단되어 매립 등으로 인한 갯벌의 파괴를 방지하여야 할 것이다.

토지이용 변화는 생태계에 직접적으로 영향을 미친다.[31] 그리고 변화된 생태계는 다시 복원하는 데 많은 비용과 시간이 필요하기도 하지만 무엇보다 이전과 똑같은 생태계로 복원되지 않는다. 따라서 토지이용 변경이나 경관계획과 관리 등을 할 때는 생태계서비스를 고려해야 한다.[32] 정책결정자들은 생태계서비스를 잘 유지하고 보전한다고 해서 바로 경제적 가치로 수익을 내는 것은 아니라는 것을 인식하고 장기적인 시각으로 바라보고 판단해야 한다.

전라남도는 갯벌의 경제적 가치를 인식하고 갯벌을 보다 체계적으로 보전하면서 지속가능한 활용을 위해 무안, 증도를 비롯해서 신안군 일부 지역도 도립갯벌공원을 지정하였다. 이처럼 국립공원이나 도립공원 같은 자연공원으로 갯벌을 지정하여 보전과 지속가능한 활용을 동시에 진행하려는 전략도 매우 필요하다. 또한, 신안군 수산물 생산량의 절반

---

[30] Oh, K.H., C.H. Chung, S.K. Hong, B.Y. Kang and J.E. Kim., op.cit, 2013; Lee, H.-J., K.-M. Cho, S.-K. Hong, J.-E. Kim, K.-W. Kim, K.-A. Lee and K.-O. Moon, "Management plan for UNESCO Shinan Dadohae Biosphere Reserve(SDBR), Republic of Korea : intergrative perspective on ecosystem and human resources", *Journal of Ecology and Field Biology* 32, 2010.

[31] Metzger, M.J., M.D.A. Rounsevell, L. Acosta-Michlik, R. Leemans and D. Schröter, "The vulnerability of ecosystem services to land use change", *Agriculture Ecosystem & Environment* 114, 2005, pp.69~85.

[32] de Groot, R.S., R. Alkemade, L. Braat, L. Hein and L. Willemen, op.cit, 2010; Fisher, B. and R.K. Turner, "Ecosystem services: Classification for valuation", *Biological Conservation* 141, 2008, pp.1167~1169; Metzger, M.J., M.D.A. Rounsevell, L. Acosta-Michlik, R. Leemans and D. Schröter, Ibid.

그림 10. 전남 신안군 지도읍 주변의 갯벌   항공사진 제공 : 신안군

이상을 차지하는 해조류는 갯벌을 활용한 지주식 김 양식에서 대부분 생산되는 것이다. 이렇게 현재 있는 갯벌을 최대한 지속가능하게 활용하는 것이 바람직하다고 판단된다.

또한, 시각적인 갯벌 관광은 수평적 시선으로 보아서는 그 경관을 제대로 알 수 없다. 제대로 된 갯벌경관의 감상을 위해서는 수직적 감상이 필요하다(그림 10). 수직적 경관 감상은 갯벌경관의 가치를 제대로 느낄 수 있는 기회를 제공한다. 전남 무안군의 비행장을 활용한 소형비행기를 통한 경관 감상 등도 현재의 갯벌을 보전하면서 지속적으로 활용할 수 있는 주요한 관광의 형태가 될 수 있을 것이다.

그리고, 지자체에서 갯벌을 지속가능하게 활용하기 위해서는 먼저 기초자료로 이용 가능한 편리한 지도를 만드는 것이 최우선적으로 해야 할 일로 판단된다. 현재 국립지리원에서 발행하는 토지이용도와 해양수산부에서 발행하는 갯벌지도와 다르게 되어 있어 지자체가 이를 제대로 활용하지 못하고 있다. 두 지도가 다르기 때문에 사실 지자체에서 사용하기도 쉽지 않기 때문인 것으로 파악된다.

생태계서비스의 개념이 아직 국내에 확실히 자리 잡지 못해서 구체적 개념과 활용 등에 대한 다양한 이견이 있는 것이 사실이다.[33] 따라서, 먼저 생태계서비스에 개념에 대한 구체적 정의가 되어야 일반대중이나 정책결정자들에게 보다 정확한 의미를 전달할 수 있을 것이다.

생태계서비스 가치를 완벽하게 계산하기는 현재까지는 매우 어렵다.[34] 그 변수들이 매우 많아 정확한 값을 계산하기란 쉽지 않다. 또한, 섬이라는 독특한 생태문화적 특성 때문에 그 가치를 평가하기가 더욱 어렵다. 앞으로 다양한 생태적 가치를 반영한 생태계의 가치 평가가 절실하게 필요하다. 그러나 현재까지의 과정을 통해 신안군이 가지고 있는 생태계서비스의 가치를 진단해 보는 것이 신안군이 진행하는 많은 발전 계획에 신중을 기하고 참고하는 중요한 자료가 되리라 생각한다.

---

[33] Ahn, S.E., op.cit, 2013; Fisher, B. and R.K. Turner, "Ecosystem services : Classification for valuation", *Biological Conservation* 141, 2008.
[34] Chung, M.G. and H. Kang., op.cit, 2013; Willemen, L., L. Hein and P.H. Verburg, "Evaluating the impact of regional development policies on future landscape services", *Ecological Economics* 69, 2010.

08

섬의 전통생태지식과
생태계서비스 지속가능성

섬에서의 생태계서비스(ESV, Ecosystem Service Value)는 다른 어떤 지역보다도 지속가능성이 매우 중요하다. 생태계서비스의 지속가능성은 전통생태지식(TEK, Traditional Ecological Knowledge)과 관련이 있다. 제한된 자원을 지속적으로 활용하기 위한 전통생태지식이 생태계서비스의 지속가능성에 영향을 미치기 때문이다. 그러나 그동안 진행된 많은 연구들 중에 전통생태지식에 대한 연구는 매우 부족하다. 전통생태지식은 인구의 구성이 매우 중요해서 전통생태지식을 전달할 수 있는 노인 인구와 전달 받을 수 있는 청년 인구가 중요하다. 최근에 서들은 생산 인구감소와 노인 연령 증가 등으로 어려움을 겪고 있는 실정이다. 이러한 현상은 전통생태지식의 전달에도 영향을 미치고 있다. 따라서 한국의 전남 신안군 지역의 섬을 대상으로 생태계서비스에 인구구성을 더하여 생태계서비스의 가치에 어떤 영향을 미치는지 알아보고자 한다. 신안군도 다른 섬들과 마찬가지로 인구감소와 노령인구증가 등의 문제를 겪고 있는 지역이다. 전통생태지식을 유지하기 위한 인구구성은 노인인구에서 생산가능인구를 나누어 계산하였다. 그리고 계산된 생태계서비스와 함께 계산하였다. 그 결과 지속가능성은 생태계서비스가 높았던 지역이었던 압해와 지도 등이 높게 나타났지만 생태계서비스가 상대적으로 낮았던 임자가 인구구성에서 비교적 높은 결과를 보여 지속가능성 측면에서는 세번째 결과를 보였다. 이번 연구는 전통생태지식과 생태계서비스의 관계를 알아보기 위해 매우 간단하게 접근을 시도해 보았다. 생태계서비스의 지속가능성은 전통생태지식의 전달과 습득에 영향을 받고 있다. 인구의 구성에 있어서도 결혼이민으로 인한 외국인 이주인구에 대한 고려 등은 제외되었다. 따라서 앞으로 생태계서비스와 전통생태지식에 대한 연구가 심도 깊게 논의될 필요성이 있다.

1. 서론

생태계서비스는 1970년대에 연구가 시작된 이래 1981년 용어의 정립과 함께 1990년대에 활발한 연구를 시작으로 2000년대에 접어든 현재는 다양한 측면에서의 연구가 이루어지고 있다. 그 중에서도 몇 가지 연구는 매우 주목 받았다. Daily et al.[1]의 저서인 *Nature's Services : Societal Dependence on Natural Ecosystems*에서는 인간의 삶이 자연에 얼마나 많은 영향을 받고 있고 밀접한 관련이 있는지에 대하여 서술하였다. 특히 1997년에 Nature에 발표된 Costanza et al.의 "The value of the world's ecosystem services and natural capital"에서는 전 세계 16개의 생물군계를 기존 문헌자료를 메타분석하여 17 종류의 생태계서비스로 분류하였고 연간 16~54조 달러로 평균 33조 달러에 이른다고 평가하였다. 이것은 대부분이 비시장가치이고 불확실한 자연의 특성을 고려하면 최소로 예측한 가치라고 하였다.

생태계서비스는 우리가 살고 있는 현재의 시스템이 자연의 혜택을 기반으로 하고 있다는 내용을 기본 개념으로 한다. 숨쉬는 공기, 마시는 물, 먹는 음식 재료 등 기본적인 모든 것은 생태계로부터 얻어지는 것이고 이것을 보다 효과적으로 관리하면서 정책적으로 활용하기 위해 지구적 규모에서의 가치를 논의하게 되었다. 생태계서비스는 생태계파괴에 따른 기후변화 등 인간의 삶에 미치는 영향이 점점 커지고 개발과 보존과 관련된 문제들이 지속적으로 대두되어 인간의 행복한 삶에 기반을 조성하는 정책에 효율적 제안을 하고자

---

[1] Daily, Gretchen & Postel, Sandra & Bawa, "Kamaljit & Kaufman, Les, Nature's Services : Societal Dependence on Natural Ecosystems", *Bibliovault OAI Repository*, the University of Chicago Press, 1997.

연구되고 있다.

섬생태계는 다양한 환경변화에 매우 취약하다. 특히 작은 섬들은 이러한 영향을 매우 쉽게 받는다.[2] 제한된 작은 공간에서 얻을 수 있는 한정된 양의 자원을 활용해야 지속가능한 삶을 유지할 수 있는 곳이 섬이다. 이렇게 오래전부터 섬에서의 생활은 섬의 생태계에 적응하고 지속가능하게 살아가기 위한 다양한 Traditional Ecological Knowledge(TEK)이 비교적 대륙에 있는 육상 지역보다도 더 풍부한 곳이라고 알려져 있다. 실제로 이스터섬의 몰락은 과도한 자연자원의 소비로 섬생태계가 파괴되면서 인류의 흔적이 사라졌다는 가설이 있다. 섬에서는 생태계서비스의 양과 질이 다른 대륙과 연결된 육지보다 상대적으로 매우 중요하다.

섬에서의 지속가능한 생태계서비스는 자원을 활용하는 사람들의 활용방법에 따라 좌우되었다고 해도 과언은 아닐 것이다. 한국의 경우 해안가 해조류 등의 채취에 있어서 마을 주민이 공동 작업하고 공동 분배하며 마을 전체가 채취 장소를 관리하면서 지속적으로 활용할 수 있도록 오랜 세월 전통적 채취 방법에 의존하고 있는 경우가 많다.[3] 결국 TEK가 섬의 생태계서비스가 지속될 수 있게 하는 지원자의 역할을 하게 되었을 것이다. 그러나 생태계서비스에 대한 연구에서 TEK에 대한 연구 비중은 매우 낮은 편이다.[4]

TEK는 생태계서비스를 지속적으로 유지할 수 있는 기반이고 이를 위해서는 TEK가 제대로 전달될 수 있는 여건인 인구의 구성이 매우 중요하다. 그러나 한국의 사정은 대부

---

[2] Mario V Balzan, Marion Potschin, Roy Haines-Young, "Place-based assessment of small islands' ecosystem services", In : Haines-Young, R., Potschin, M., Fish, R., Turner, R.K.(eds.), *Routledge Handbook of Ecosystem Services*, Routledge Handbook Series, Routledge, London and New York, 2016; Kim, J.-E., "Land use patterns and landscape structures on the islands in Jeonnam Province's Shinan County occasioned by the construction of mainland bridges", *Journal of Marine and Island Cultures* 5, 2016.

[3] Kim, Do Kyun, "The social capital of the fishing village and fishing village cooperativies(Eochongye)-a comparative study of three fishing villages", *The Journal of Rural Society* 20(1), 2010(in Korean with English abstract); Park, Jeung Seuk, "Common property and eochongye (Fishing Village Society) in a fishing village, Korea", *The Journal of Rural Society* 11(2), 2001(in Korean with English abstract); Song, Ki-Tae, *The expansion of village fisheries and the adaptation of fishing business communities*, 2018(in Korean with English abstract).

[4] Mario V. Balzan, Julio Caruana, Annrica Zammit, "Assessing the capacity and flow of ecosystem services in multifunctional landscapes : Evidence of a rural-urban gradient in a Mediteranean small island state", *Land Use Policy* 75, 2018, pp.711-725.

분의 작은 섬들이 겪는 어려움과 마찬가지로 급속한 인구감소와 고령화가 진행되고 있다. 이러한 사회적 현상은 TEK와 같은 문화의 전달을 매우 어렵게 할 뿐만 아니라 생태계서비스의 지속가능성에 부정적 영향을 끼친다.

이 논문은 섬으로만 이루어진 신안군과 같이 비교적 작은 섬을 사례로 이미 계산된 토지이용에 따른 생태계서비스에 TEK의 전달을 위해 인구구성 비율에 따라 생태계서비스가 어떻게 달라지는지 계산해 보고자 한다. 이를 통해 생태계서비스의 가치를 지속가능하게 활용 할 수 있는 방안에 대하여 논의해 보고자 한다.

2. 신안군지역 섬의 생태계서비스

한국의 서남해에 위치한 신안군은 원래 섬으로만 이루어진 행정구역으로 2개읍 12개면으로 구성되어 있다. 한국의 서남해쪽에 위치해 있다. 3개 주요 섬(지도, 압해도, 증도)은 다리로 연결되어 있어 현재는 육로로 통행이 가능하다. 신안군 지도는 1975년 2월 25일에 연륙되었다. 압해도는 2008년 압해대교에 의해 연륙되었고 마지막으로 증도는 2010년 이미 연결된 지도읍을 거쳐서 연륙되었다.

신안군은 섬으로만 이루어져 있어 다른 곳보다 전통문화가 많이 남아 있다고 알려져 있는 지역이기도 한다.[5] 그러나 현재 한국의 농어촌이 전체적으로 당면한 문제인 인구감소와 노령인구 증가 등의 문제를 가지고 있는 지역이다. 특히 신안군의 경우에는 "Prediction of the Korean Local Population on 2018"[6]에 의하면 전국적으로도 인구의 감소로 소멸위험이 매우 높은 것으로 나타났다. 다도해해상국립공원 등으로 유명한 흑산도와 홍도 등을 제외하면 섬 대부분이 농업과 어업을 기반으로 경제적 활동을 이어가고 있다.[7]

---

[5] National Institute of Biological Resources, *Organism story on South Western Islanders life*, 2018(남도인의 삶에 깃든 생물이야기. With Korean language).
[6] Lee, S. H., "Prediction of the Korean Local Population on 2018", *Employment Trend Brief* 2018. July, 2018.

Costanza et al.[8]의 "The value of the world's ecosystem services and natural capital" 에서는 전 세계 16개의 생물군계를 기존 문헌자료를 메타분석하여 17 종류의 생태계서비스로 분류하여 생태계서비스를 계산하였다(표 1[9]). Kubiszewski et al.[10]에 의하면 그동안 다양한 연구와 논문에서 생태계서비스를 계산하고자 노력하였고 Costanza et al.[11]의 논문은 Basic value transfer에 대하여 방법론을 제시하였다.

표 1. Costanza et al.(1997)에 따른 생물군계와 토지이용유형에 따른 생태계서비스 계수

토지이용유형	생물군계 생태계서비스	생태계서비스 계수($ha-1/year)
거주지역	도시	0
공장지역		
비지니스지역		
여가활동 지역		
교통시설지역		
공공시설		
논	농업지역	92
밭		
시설하우스지역		
과수원		
기타 농업지역		

---

[7] Kim, J.-E., op.cit, 2016.
[8] Costanza, R., d'Arge, R., de Groot, R., Farber, S., Grasso, M.,Hannon, B., Limburg, K., Naeem, S., O'Neill, R.V., Paruelo, J.,Raskin, R.G., Sutton, P., van dan Belt, M., "The Value of the World's Ecosystem Services and Natural Capital", *Nature* 387, 1997.
[9] 김재은, 「전남 신안군의 토지이용에 따른 생태계서비스 가치와 지속가능한 활용방안」, 『생태와 환경』 47(3), 한국하천호수학회지, 2014, 202~213쪽에도 제시된 표임.
[10] Kubiszewski, I., Costanza, R., Dorji, P., Thoennes, P., Tshering, K., "An initial estimate of the value of ecosystem services in Bhutan", *Ecosystem Services* 3, 2013.
[11] Costanza, R., d'Arge, R., de Groot, R., Farber, S., Grasso, M.,Hannon, B., Limburg, K., Naeem, S., O'Neill, R.V., Paruelo, J.,Raskin, R.G., Sutton, P., van dan Belt, M., op.cit, 1997.

활엽수림		
침엽수림	삼림	302
혼효림		
자연초지		
골프장	초지	232
기타초지		
육수역습지	육수지역	19,580
해안습지	연안습지(갯벌)	9,990
광산지역	사막/황무지	0
기타 황무지		
육수 수면지역	육수 수면	8,498

Kim[12]에 의하면 Costanza et al.[13]의 계수에 의한 신안군의 생태계서비스는 표 2와 같다. 신안군의 주요토지피복은 Tital flat, Cropland, and Temperate forest이다. 신안군은 대한민국 내에서도 갯벌이 가장 발달한 지역이다. Coastal wetland에 속하는 갯벌은 생태계서비스의 가치가 여러가지 토지피복 중에서도 두번째로 높다고 알려져 있다.[14] 숲에 비해서도 무려 약 6배나 높다고 알려져 있다. 신안군의 생태계서비스는 갯벌이 주는 생태계서비스 가치가 가장 높은 것으로 나온다. 따라서 압해면의 tidal flat 면적이 신안군 중 가장 넓고 따라서 생태계서비스가치도 가장 높은 것으로 보인다.

---

[12] Kim, J.-E., "The Value of Ecosystem Services based on Land Use in Shinangun, Jeonnam, Korea", *Korean Journal of Ecology and Environment* 47(3), 2014.

[13] Costanza, R., d'Arge, R., de Groot, R., Farber, S., Grasso, M.,Hannon, B., Limburg, K., Naeem, S., O'Neill, R.V., Paruelo, J.,Raskin, R.G., Sutton, P., van dan Belt, M., op.cit, 1997.

[14] Ibid.

표 2. ESV according to land cover types in Shinan County[15]·

행정구역	도시	농경지	삼림	초지	육수지역	연안습지(갯벌)	나지	육수수면	생태계서비스
도초	1,050.10	16,956.90	19,907.00	140.7	88.5	15,659.60	327.5	1,779.60	55,909.90
비금	1,239.90	17,251.60	18,006.10	1,142.20	-	15,985.10	1,864.50	2,752.10	58,241.50
신의	629.6	6,820.30	16,792.30	424.1	216.5	6,766.80	219	482.9	32,351.50
안좌	1,154.40	17,635.40	17,020.30	215.5	2,291.50	24,467.90	231.3	4,550.50	67,566.80
암태	1,156.00	14,630.80	22,788.10	620	36.9	22,123.50	331.3	1,088.30	62,774.90
압해	2,437.10	30,856.60	13,254.30	700.5	581.9	57,401.00	713.1	1,490.50	107,435.00
임자	1,620.90	16,751.70	17,012.20	2,304.70	1,546.50	10,728.20	1,391.10	1,297.30	52,652.60
자은	1,316.80	24,396.60	24,071.50	813.3	31.1	8,035.00	2,205.00	733.3	61,602.60
장산	777	13,669.10	9,575.40	135.3	991.5	5,667.30	165.8	789.2	31,770.60
증도	799.6	10,433.60	10,762.90	260	305	21,772.70	726.6	4,090.30	49,150.70
지도	2,322.20	36,060.50	23,186.10	512.4	546.7	37,344.10	530.5	4,588.30	105,090.80
팔금	714.9	8,471.60	6,478.30	50.8	276.9	10,799.90	85.5	881.6	27,759.50
하의	655.1	8,486.80	9,570.10	68.3	448.3	2,056.50	114	630.1	22,029.20

3. 전통생태지식(TEK, Traditional Ecological Knowledge)과 생태계서비스의 지속가능성

　TEK는 지속가능한 생태계서비스를 유지하기 위해 매우 중요한 역할을 담당한다. 특히 섬에서의 TEK의 역할은 생태계를 유지하고 지속가능하게 하는 매우 중요한 역할을 한다. TEK의 핵심은 바로 인간이다. TEK를 습득하고 세대를 거치면서 전달하고 변화 발전시키거나 소멸시킬 수 있는 핵심이 바로 인간이기 때문이다.

　TEK는 그 사회 구성원의 역할이 매우 중요하다. Ellen에 따르면 TEK는 인구의 구성과

---

[15]· 이 자료는 Kim, J.-E., op.cit, 2014, pp.202~213에 출판된 자료임.

사회·경제적 관계에 의해서 그 전달과 유지에 영향을 받는다. TEK는 사회 구성원의 사회적 인식과 교육 등 다양한 과정과 형태에 영향을 받는다. 현대 과학기술의 발전은 TEK의 전달과 유지에 매우 큰 영향을 미치고 있다. 또한, 경제여건과 상황에 따라 영향을 받는다. 농업이냐, 어업이냐 또는 삼림을 활용한 채취냐 등에 따라 근본적으로 달라질 수 있다. 자원의 양과 질에 따라서도 TEK의 유지와 전달에 영향을 받을 수 있다. TEK는 측정과 분석을 통한 정량적 분석이 쉽지 않기 때문에 생태계서비스에서도 다루기 어렵다고 생각된다.[16] 그러나 생태계서비스의 지속가능성 등을 판단하기에는 매우 중요한 요소이다.

요즘에 섬은 급격한 인구감소와 노령인구 증가로 인한 다양한 문제들이 발생하고 있다. 특히 크기가 작고 경제규모가 작은 섬일수록 더욱 심하다. 신안군의 경우도 예외는 아니다. Kim[17]에 의하면 신안군의 인구도 지속적으로 감소하고 있는 것으로 나타났다. 또한, 노령 인구의 변화는 빠르게 증가하는 것을 보이는 것으로 나타났다.

신안군의 인구의 구조적 변화는 TEK의 전달과 유지에 큰 영향을 미치고 생태계서비스에도 영향을 미칠 것이다. 신안군 각 섬의 2012년 토지피복도에 의한 생태계서비스 결과와 그 당시 인구구성비를 계산하였다. 특히 TEK를 이미 알고 습득한 노인인구와 노인인구를 제외한 인구의 비율(TEKP)을 생태계서비스가치에 지속가능성(ESVS)을 계산하기 위하여 아래의 식으로 계산하였다(표 3).

표 3. 생태계서비스 지속가능성 계산 결과

	ESV	TEKP	ESVS
도초도	55,909.90	2.1	117,411
비금도	58,241.50	2.3	133,955
신의도	32,351.50	3.1	100,290
안좌도	67,566.80	1.9	128,377

---

[16] Mario V. Balzan, Julio Caruana, Annrica Zammit, op.cit; Huntington, H.P., "Using traditional ecological knowledge in science : methods and applications", *Ecological Applications* 10(5), 2000.
[17] Kim, J.-E., op.cit, 2014.

암태도	62,774.90	1.9	119,272
압해도	107,435.00	2.7	290,075
임자도	52,652.60	3	157,958
자은도	61,602.60	1.8	110,885
장산도	31,770.60	1.8	57,187
증도	49,150.70	2	98,301
지도	105,090.80	2.2	231,200
팔금도	27,759.50	1.7	47,191
하의도	22,029.20	2.2	48,464

OP : 65세 이상, YP : 65세 미만

압해도는 ESV도 높고 인구비율도 높은 편으로 생태계서비스 가치의 지속가능성이 가장 높은 것으로 나타났다. 임자도의 경우는 ESV가 다른 지역에 비해 상대적으로 낮은편이지만 TEK을 전달 받을 수 있는 인구비율은 높다. 따라서 생태계서비스가치의 지속가능성은 다른 지역에 비해 상대적으로 높게 나타났다. 압해도와 지도는 생태계서비스가치의 계수가 높은 갯벌의 면적이 신안군내에서도 넓은 편이고 다리가 건설되어 연륙된 도서이다. 압해도와 지도를 제외하면 신안군에서도 젊은 인구비율이 높은 임자가 생태계서비스 가치의 지속가능성이 높아질 것이다.

4. 맺음말

TEK의 전달은 섬생태계에서 매우 중요한 이슈이다. TEK는 생태계서비스의 한 요소이기도 하고, TEK는 생태계서비스의 가치가 지속적으로 유지되거나 향상될 수 있기도 하고 또한, 감소시킬 수 있기도 하다. 신안군은 Costanza et al.[18·]에 의한 생태계서비스 계수ESV coefficient 중 가장 높은 가치 중 하나인 갯벌 면적이 한국내에서도 가장 높은 지역으로 알려져 있고 이에 따라 면적비율이 높은 압해도와 지도 등은 생태계서비스 가치도 높게 나타났다. 그리고 이러한 생태계서비스의 가치를 지속가능하게 유지시켜주는데 영향을 미치는 TEK는 인구구성을 분석하여 살펴보았다.

생태계서비스 가치는 압해와 지도가 높은 편이었고, TEK를 통한 지속가능성은 생태계서비스가 다른 곳에 비해 낮은 지역이었던 임자가 상대적으로 높게 나타났다. 압해와 지도는 생태계서비스 중에서도 가치가 높은 갯벌의 비율이 높고 다리가 연결되어 이동이 자유로운 것이 영향을 미쳤을 것으로 판단된다. 또한, 이번 연구에서는 인구의 구성에 있어서 외국에서 결혼이민으로 이주해온 인구에 대한 고려가 이루어지지 않았다. 그러나 TEK는 생태계서비스의 가치를 지속가능하게 해줄 수 있다는 중요한 의미에서 인구구성에 의해 생태계서비스의 지속성을 파악하기 위한 시도는 새롭고 중요하다고 할 수 있다.

---

[18] , R., d'Arge, R., de Groot, R., Farber, S., Grasso, M.,Hannon, B., Limburg, K., Naeem, S., O'Neill, R.V., Paruelo, J.,Raskin, R.G., Sutton, P., van dan Belt, M., op.cit, 1997.

09

연륙교 건설과
경관변화*

물리적이며 자연적 특징에 의해 구분되는 섬은 독특하고 다양한 문화가 존재하는 것으로 일반적으로 알려져 있다. 신안군은 한국에서는 유일하게 원래 섬으로만 이루어진 지자체이다. 특히 신안군은 갯벌이 발달하여 1800년대 후반부터 매립을 통한 대규모 농지를 조성하였다. 어떤 지역의 토지이용은 사회경제적인 문화상황을 반영한다. 따라서 신안군의 사회경제를 비롯한 문화를 섬 들간 비교해보기 위해서 토지이용을 바탕으로 하여 경관지수를 이용하여 경관구조를 분석하였다. 또한, 같은 경관구조를 보이는 섬들의 특성을 알아보기 위하여 cluster analysis을 하였다. 신안군에서 두번째로 큰 섬인 지도는 가장 큰 섬이 압해도보다 경관이 더 많이 단편화(fragmented)된 것을 알 수 있다. Cluster분석에서는 비슷한 경관구조 특성을 보이는 세그룹으로 구분되었다. Group1은 지도와 압해도, Group 2, 3은 문화적으로 윗섬, 아랫섬으로 불리는 섬들로 각각 구분되었다. 특히 group1은 일찍부터 연륙교가 연결된 섬으로 물리적, 자연적으로 다른 섬들처럼 분리되지 않았다. Group 2, 3도 신안군에서는 윗섬(임자도 등 대부분이 북쪽지역에 위치한 섬)과 아랫섬(하의도를 비롯해 진도와 가까운 남쪽지역 위치한 섬)이다. 일찍부터 연륙된 지도를 기준으로 교통편이 편리하여 사람들의 왕래가 상대적으로 빈번한 곳이 윗섬이다. 아랫섬은 중심도시인 목포 등과 멀어 여객선 등 교통편이 불편하여 상대적으로 왕래가 빈번하지 않았던 지역이다. 연륙교의 건설과 같은 교통의 발달은 사람들의 빈번한 왕래를 가능하게 하고 이것은 사회경제적요인을 포함하여 문화적으로 토지이용에 영향을 미친다. 그리고 이러한 현상은 결국 경관구조에 영향을 미치는 것으로 판단된다. 섬에 건설되는 연륙교는 사회경제적인 변화 뿐만 아니라 섬이 가진 정체성에 대한 논의가 반드시 필요하고 이를 위하여 섬이 가진 문화적 특성에 대한 고려가 되어야 할 것이다.

---

* 이 논문은 Jae-Eun Kim, "Land use patterns and landscape structures on the islands in Jeonnam Province's Shinan County occasioned by the construction of main bridges", *Journal of Maine and Island Cultures* 5, 2016, pp.53~59에 실린 논문을 재편집한 것임

1. 서론

섬은 사방이 물에 의해 둘러싸여 있으며 물이라는 기질에 의해 접근이 쉽지 않은 곳이었다. 이러한 물리적 특징 때문에 그 섬에서만 사는 생물의 발견으로 생물학적으로는 매우 중요한 연구장소 중 하나이다.[1] 과거 외부에서 자원을 얻기가 쉽지 않은 섬에 사는 사람들은 최대한 섬 내에서의 자연자원을 활용하여 살아가는 다양한 방법들을 찾아내었다. 그리고 그러한 시스템을 유지하기 위해 노력하는 과정에 수 많은 독특한 문화들이 발생하였다. 이렇게 섬이 가진 물리적 특성을 바탕으로 섬에 사는 사람들을 일컫는 islander란 말이 생기게 될 만큼 생물학적으로 문화적으로 육지와는 다른 특성을 가지게 되었다.[2]

이러한 물리적 분리에 의해 주어진 환경에 적응하며 발생한 문화적 특성을 오랫동안 잘 유지해왔다. 또한, 섬주민들은 일반적으로 교통이 선박에만 의지하면서 나타나는 생활의 불편함을 오랜 동안 감수해 왔다. 그리고 점점 더 연륙교를 갈망하게 되었다.[3] 특히 불편한 의료시설은 섬 주민들의 다리를 갈망하는 주요 요인이었고 이러한 주민들의 열망에 부응하기 위해 지방정부에서는 점점 더 연륙교의 건설을 위해 노력하게 되었다. 이러한 시대적 요구와 함께 인류의 기술이 발전함과 동시에 섬과 섬을 연결하는 연도교 뿐만 아니라

---

[1] James R. Karr, "Population variability and extinction in the avifauna of a tropical land bridge island", *Ecology* 63(6), 1982; MacArthur, R.H. and E.O. Wilson, *The Theory of Island Biogeography*, Princeton University Press, 1967(reprinted 2001).

[2] Godfrey Baldacchino, "Fixed links and the engagement of islandness : reviewing the impact of the Confederation Bridge", *The Canadian Geographer* 51(3), 2007a

[3] Godfrey Baldacchino, "The bridge effect : a tentative score sheet for Prince Edward island in Bridging Islands", In *Brides & Islands : A Strained Relationship*, Ed G. Baldacchino, Charlottetown, PEI : Acorn Press, 2007b.

본토main land와 연결하는 연륙교의 건설이 이미 매우 활발하게 이루어졌고 현재도 이루어지고 있다.

연륙교의 건설은 현재를 살아가는 주민들의 삶의 질 향상과 편의를 위해서는 반드시 필요한 요인으로 인식 되고 있다.[4] 하지만, 섬으로서 가지고 있는 지형적 특성을 바탕으로 하는 섬의 특성에 대한 논의는 거의 이루어지지 않고 있다. 다양한 생물종과 독특한 문화에 대한 이해와 이를 바탕으로 하는 섬 주민들의 삶에 대한 이야기는 매우 부족한 상황이다. 특히 한국의 전남 신안군 지역의 많은 섬들이 그동안 다양한 생물과 문화적 특성을 보였는데 연륙교의 건설과 함께 다양한 변화를 보이고 있다.

연륙교의 건설은 육지로부터의 다양한 개발 압력이 밀려들고 있는 한 가지 원인이다. 이를 가장 잘 설명해 줄 수 있는 것이 토지이용패턴과 이를 바탕으로 하는 경관구조의 분석이다. 토지이용패턴은 서로 다른 지역의 경관특성을 나타내 줌으로 한 지역이 가지고 있는 공간활용에 대한 특성을 잘 설명해 줄 수 있다.[5] 토지이용은 그 지역의 사회적이며 경제적인 특징을 나타내는 중요한 열쇠이다. 사회적이며 경제적 변화를 토지이용패턴을 통해 읽어내고 분석하며 장기적으로 경관의 변화를 예측하기도 한다. 이러한 변화양상을 본 연구에서는 신안군 주요 섬의 경관의 구조를 파악하고 각 섬들의 경관구조에 대한 유사성을 파악하여 연륙교의 영향에 대해 논의해 보고자 한다.

2. 조사지 개황

신안군은 한국의 서남해에 위치한 지방자치단체로 모두 섬으로만 이루어져있다(그림 1). 신안군은 2개 읍, 12개 면으로 구성되어 있고 약 1,000여개의 유·무인도가 위치하고 있다. 한반도와 비교적 멀리 떨어져 있는 흑산면을 제외하면 대부분 넓은 tidal flat이 분포

---

[4] Ibid.
[5] Szilárd Szabó, Péter Csorba, Katalin Varga, "Landscape indices and landuse-Tools for landscape management", *Methods of Landscape Research* 8, 2008.

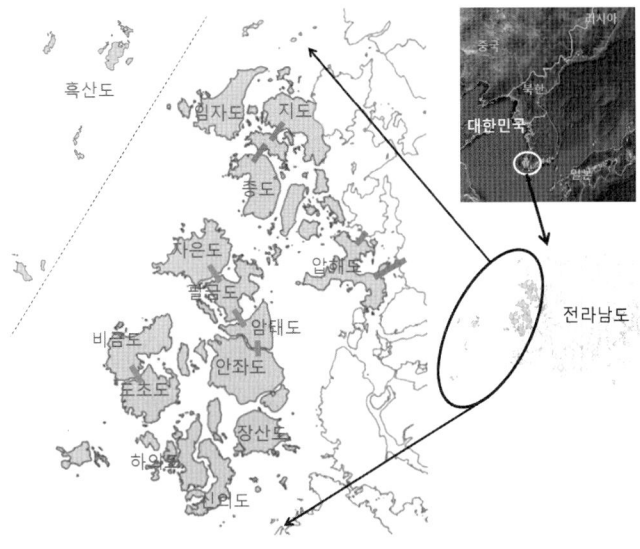

그림 1. 조사지 위치
좌 : 신안군 면단위 경계, 우 : 파란색은 연도교, 초록색은 연륙교

하고 있다. 갯벌이 발달해 있는 이 지역은 낙지채취, 김양식 등이 매우 유명한 곳이다. 연평균기온은 최근 6년간 13.5~14.5℃이고 연평균강수량은 960.5~1483.3mm이지만, 강수량 대부분이 여름철인 6~8월에 집중해 있다.[6]

　신안군의 지도읍은 1975년 2월 25일에 전남 무안군과 연륙되었다. 압해읍은 2008년에 전남 목포시와 연결되어 더 이상 물리적으로 섬은 아니다. 또한, 2010년 3월 30일에는 증도면이 지도읍과 연결되어 지도읍을 거쳐 도로로 갈 수 있게 되었다. 현재는 2018년을 목표로 압해읍에서 암태면을 연결하는 연륙교를 건설하고 있다. 이로써 신안군의 절반이상이 연륙되는 결과가 될 것이다.

6· 　신안군,『통계연보』, 2013.

3. 조사 및 분석 방법

1) 경관구조 분석

경관은 새가 하늘에서 땅을 내려다보는 것과 같고 그 공간에서 이루어지는 생태적과정 ecological process과 기능, 변화를 경관생태학적 방법에 의해 설명할 수 있다.[7] 공간을 연구하는데 있어서 기초가 되는 경관구조는 경관내에 에너지 흐름이나 각 경관요소들 사이에 관계 등을 설명해 줄 수 있는 중요한 연구방법이다. 경관구조의 특징은 경관을 이루고 있는 경관요소인 토지이용에 의해 잘 설명될 수 있다. 경관구조를 파악하기 위해 토지이용패턴을 분석하고 이를 기초로 경관지수를 활용하여 경관구조를 분석하였다.

토지이용도(Land use map)은 2007년 국립지리원에서 발간한 토지이용도를 기본으로 2011년부터 2012년에 걸쳐 현장조사를 통해 작성하였다.

경관지수는 경관구조를 파악하기 위하여 사용되는 가장 기본적인 방법 중 하나이다 (표 1).

표 1. 경관 지수 설명

약자	단위	설명
면적관련 지수 (패치밀도, 패치크기 등)		경관이질성을 측정하는 주요 지수. 값이 증가하면 단편화가 증가하고 감소하면 단편화가 감소한다.
Area	패치면적(ha)	
TA	전체 경관 면적(ha)	
NP	패치수	
MPS	평균패치크기(ha)	
PSSD	패치크기 표준편차 (ha)	
PSCV	패치크기 계수 (%)	

---

[7] Forman, R.T.T., *Land Mosaics*, Cambridge University Press, Cambridge New York, 1995.

가장자리 지수		경관면적에서 상대적인 가장자리의 양. 서식처 가장자리에 사는 야생 생물의 서식지역을 평가하는데 중요한 자료이다.
TE	전체 가장자리(m)	
ED	가장자리 밀도(m/ha)	
MPE	평균 패치 가장자리(m)	

모양 지수		패치 모양의 복잡성 평가 지수. 경관패턴과 인간 간섭의 지표를 나타내는 지수로 1에 가까워지면 패치 모양이 단순하고 직선에 가깝고 2에 접근 할수록 패치 모양이 복잡해진다.
MSI	평균 모양 지수	
AWMSI	면적에 가중치를 부여한 평균 모양 지수	
MPFD	평균 패치 프랙탈 지수	
AWMPFD	면적에 가중치를 부여한 평균 패치 프랙탈 지수	

다양성 지수		패치 분포와 관련된 지수
SHDI	샤논 다양성 지수	샤논 다양성지수는 경관에서 패치의 다양성을 설명하는 지수이다. 값이 0에 가까우면 패치가 다양하지 않고 단일 패치로 구성되었다고 할 수 있다.
SHEI	샤논 균질성 지수	샤논 균질성 지수는 패치 분포의 균일성에 대해 설명하는 지수이다. 값이 1에 가까워지면 경관의 패치 분포가 균질적임을 말해준다.

경관 모자이크를 분석하기 위해 어떤 접근법이 필요할 때는 항상 생태학적으로 고려된 접근법을 생각해야 한다. 이러한 특성은 경관요소 또는 경관 전체의 토지이용유형 등 정서적 특성 및 크기나 수 등 정량적 특성을 나타낸다.[8]

경관패턴의 공간적 특성(즉, 패턴, 다양성, 이질성 등)은 경관의 공간 패턴을 분석하는 방법인 FRAGSTAS에 의해 분석되었다.[9] 특히, 각 토지이용 유형에 대한 경관지수(즉, 크기, 수 및

---

[8] Turner, M.G., Gardner, R.H., O'Neill, R.V., *Landscape Ecology : Theory and Practice*, Springer-Verlag, New York, 2001; Skleniča, P. and Lhota, T., "Landscape heterogeneity-a quantitative criterion for landscape reconstruction", Landscape and Urban Planning 58, 2002; Corry, R.C., "Characterizing fine-scale patterns of alternative agricultural landscapes with landscape pattern indices", *Landscape Ecology* 20, 2005.

[9] McGarigal, K, Marks BJ, "FRAGSTATS : Spatial pattern analysis program for quantifying landscape structure", *Gen.*

패치밀도)는 경관모자이크에서 각 패치 유형 간의 관계를 이해하기 위해 선택되었다(표 1).[10]

　면적관련 지수는 서식지의 단편화 및 서식지의 질을 평가하는 지표로 사용된다. 이것은 경관구조를 파악하는 기본이다. 어떤 단일 경관 내에서 패치 유형을 평가하는 평균패치크기(MPS)가 작으면 이 경관은 단편화 된 것으로 여겨진다. 패치수는 더 많은 패치 밀도를 나타내기 때문에 경관이질성을 평가하기 위해서 사용하기에 매우 좋은 지수이다.[11]

　가장자리 평가 지수는 많은 생태적 현상을 이해하기 위해 중요한 평가지수이다. 특히, 야생생물의 서식과 관계가 깊다. 경관생태학적인 연구에서 공간 패턴의 중요성은 가장자리 효과와 관련이 매우 깊게 되어 있다. 예를 들면, 산림에 있어서 가장자리 효과는 바람과 햇빛의 양 등의 차이와 미기후 및 교란율을 변화시키는 역할을 한다. 이러한 변화를 조절하는 기능은 결국 종자분산 및 초식 식물의 성장에 영향을 끼쳐 식생구성 및 구조에 영향을 미칠 수 있다.

　평균모양지수MSI와 평균프랙탈지수MPFD는 연구지역에서 적은 수의 토지이용 유형이 우점할 때 평가지수로 적절하게 사용할 수 있다.[12] 면적에 가중치를 부여한 평균 모양 지수AWMSI는 패치모양의 복잡성을 평가하는 것으로 경관 모자이크 모양의 변화를 비교 평가하는 데 사용할 수 있다. AWMSI와 AWMPFD는 패치면적과 둘레에 의해 패치 모양을 설명해주는 지표로서 일반적으로 야생생물의 서식처를 평가하기 위한 지표로 사용된다. 값이 높으면 패치 모양이 더 자연스럽거나 다른 말로 하면 더 복잡한 경계로 되어 있다는 것을 나타낸다.[13] 다양성 지수는 패치 분포에 대해 설명하는 것으로 패치가 다양하거나 균등하게 분포하고 있음을 알려주는 지수이다.

　Tech. Rep. PNW-GTR-351 : U.S. Department of Agriculture, Forest Service, Pacific Northwest Research Station, Portland, Oregon, 1995.
[10] Ibid; Hietala-Koivu 1999; Turner et al. 2001; Corry 2005
[11] McGarigal, K, Marks BJ, Ibid.
[12] McGarigal, K, Marks BJ, Ibid.
[13] Turner, M.G., Gardner, R.H., O'Neill, R.V., op.cit, 2001; Moser, D., Zechmeister, H.G., Plutzar, C., Sauberer, N., Wrbka, T. and Grabherr, G., "Landscape patch shape complexity as an effective measure for plant species richness in rural landscapes", *Landscape Ecology* 17, 2002.

2) Cluster Analysis

Cluster 분석은 데이터들의 특성에 따라서 일정한 그룹으로 구별되어 나타내는 분석이다. 이분석은 그룹간에 특징을 잘 나타내고 보여주는 것으로 아주 유용한 분석방법 중 하나이다. 특히, 경관지수에 사용되는 각 종 metric를 활용한 Cluster 분석은 경관구조를 분석하기 위한 유용한 분석방법으로 인식되어진다.[14] 따라서 토지이용패턴에 따른 경관구조를 cluster분석하여 경관특성에 따라 각 섬의 특징을 연구하였다.

4. 결과

1) 경관구조

전체적으로 섬의 크기는 압해도가 가장 크고 그 다음이 지도다. 하지만 패치수는 지도가 압해도보다 크기 때문에 지도가 압해도보다 패치가 더 단편화 되었다고 할 수 있다(표 2). 패치수가 가장 작은 흑산도는 면적이 가장 작은 하의도보다 패치수가 절반 이하로 나타났다. 또한, MPS를 보면 전체 섬에서 면적이 가장 작은 흑산도가 가장 큰 면적을 보인다. 이것은 신안군 전체에서 가장 큰 평균 패치 면적을 가지고 있다는 것이고 패치가 단편화되지 않았다는 것을 의미한다.

Edge metric에서 면적이 넓은 압해도나 지도가 TE에서는 높게 나타났다. 하지만, MPE는 도초에서 가장 높게 나타났다. Shape metric에서는 장산도가 AWMSI, AWMPFD에서 모두 비교적 높게 나와 patch shape이 다른 곳에 비해 좀 더 불규칙적이고 자연상태에 가까운 것으로 보인다. diversity metrics에서는 임자도가 패치도 다양하고 분포도 더 균일하게 배열되어 있다.

---

[14] Szilárd Szabó, Péter Csorba, Katalin Varga, op.cit, 2008.

표 2. 신안군 경관지수 계산 결과

	TA	NUMP	MPS	MEDPS	PSCOV	PSSD	TE	ED	MPE	MSI	AWMSI	MPFD	AWMPFD	SDI	SEI
도초도	5645.6	319	176977.44	20542.47	413.38	731588.03	781616.88	0.01	2450.21	1.96	3.51	1.37	1.34	1.60	0.58
비금도	6843.1	545	125561.04	17749.17	633.67	795644.30	1030179.60	0.02	1890.24	1.91	3.75	1.37	1.35	1.80	0.64
신의도	4418.5	387	114172.15	13323.80	539.48	615936.53	590880.24	0.01	1526.82	1.75	3.20	1.37	1.33	1.47	0.52
안좌도	8835.5	860	102739.20	12116.70	461.67	474320.01	1416575.82	0.02	1647.18	1.81	3.25	1.37	1.35	1.68	0.59
암태도	6637.1	522	127147.08	13642.48	492.40	626077.74	875722.68	0.01	1677.63	1.91	2.82	1.38	1.32	1.48	0.54
압해도	14357.6	1055	136090.89	14259.75	649.46	883849.38	1962663.16	0.01	1860.34	1.84	4.10	1.37	1.36	1.49	0.50
임자도	5888.5	403	146115.64	22247.93	328.23	479593.72	833406.36	0.01	2068.01	1.87	3.17	1.36	1.33	2.03	0.70
자은도	6203.9	518	119765.65	12687.38	420.62	503753.20	980185.45	0.02	1892.25	1.90	3.65	1.38	1.36	1.68	0.60
장산도	3527.6	430	82037.48	11001.78	441.19	361941.31	652502.97	0.02	1517.45	1.76	4.30	1.38	1.36	1.68	0.64
증도	6653.7	725	91775.52	9576.50	718.98	659848.62	998679.75	0.02	1377.49	1.86	3.23	1.38	1.34	1.44	0.55
지도	12741.2	1206	105648.38	14015.15	611.69	646239.71	1959295.37	0.02	1624.62	1.85	3.14	1.37	1.34	1.69	0.58
팔금도	2806.3	279	100584.26	14481.37	381.36	383584.66	449415.13	0.02	1610.81	1.78	2.99	1.36	1.34	1.56	0.63
하의도	2482.9	371	66923.60	12870.96	345.46	231195.10	501322.78	0.02	1351.27	1.77	2.97	1.37	1.35	1.75	0.63
흑산도	3344.0	161	207702.46	22802.13	371.73	772087.25	378561.43	0.01	2351.31	1.96	2.97	1.37	1.33	1.43	0.54

2) Cluster anaysis

토지이용을 바탕으로 한 경관구조를 분석한 14개 지역의 특징이 크게 세 가지로 구분 되었다(그림 2). Group 1은 Jido와 Aphaedo로 신안군의 섬 중에 다리가 연결된 곳이다. Group 2는 나머지 12개의 섬으로 구분되었다. Group 2는 Bigeumdo, Amtaedo, Jeungdo, Imjado, Jaeundo, and Anjwado Group 3 Dochodo, Shineuido, Heuksando, Jangsando, Palgeumdo, Haeuido로 구분되었다. Group 2는 Group 3보다 대부분 섬이 북쪽에 위치하고 있다.

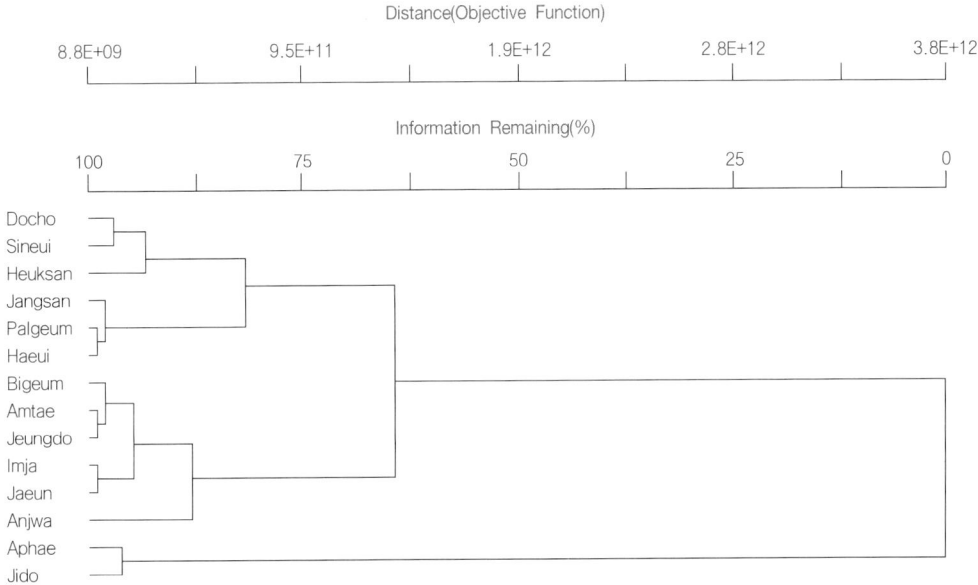

그림 2. 경관지수를 이용한 그룹 분석

5. 맺음말

섬이 육지와 연결되면 인구의 유입과 유출, 산업의 변화 등 사회·경제적인 면에서 매우 큰 영향을 받는다. 섬의 교통수단이 선박에서 차량으로 전환하면서 훨씬 많은 교통량이 지역에 따라 증가한다. 특히, 우리나라의 경우 섬이 점점 더 관광지로서 각광 받기 시작하면서 팬션 건립 등 투자의 목적으로 토지를 구입하는 경우가 많다. 교통수단이 편리해지면서 이러한 투자목적의 토지매입은 토지이용에도 큰 영향을 미치고 이것은 결국 경관의 구조변화를 초래할 수 있다.

이러한 입장에서 신안군 섬의 경관구조를 보면 패치수와 면적에서 면적이 큰 압해도와 지도의 경우 지도가 크기가 작음에도 불구하고 압해도 보다 더 이전에 육지에 연결되었기 때문으로 훨씬 더 작은 크기로 토지이용을 하고 있다고 판단된다. 지도는 1970년대에 육지와 연결되었고 압해도는 2008년에 연결되어 시간차가 거의 40년이나 된다. 또한, 흑산도와 하의도의 경우는 흑산도의 면적이 가장 작음에도 불구하고 흑산도보다 큰 섬인 하의도의 절반에도 이르지 못하는 패치수를 보인다. 또한, 평균 패치 크기(MPS)에서도 가장 큰 패치 크기를 보임으로써 패치가 단편화 되지 않음을 나타내었다.

흑산도는 신안군의 서쪽으로 다른 섬들에 비해 상대적으로 멀리 떨어져 있는 섬으로 교통이 불편하여 접근이 용이하지 않다. 또한 펄 갯벌이 없어 매립한 곳이 넓지 않고 논농사도 거의 없고 산지가 많아 농사 짓기 어려운 곳이다.[15] 일반적으로 흑산도를 제외한 다른 섬들은 넓은 펄갯벌이 있고 18세기 후반부터 대규모 간척으로 농지를 만들어 농사를 지었다. 주요 산업도 흑산도는 어업이지만 다른 곳은 농업이 주요 산업이다.[16] 따라서 흑산도의 경우는 다른 섬들에 비해 물리적으로 인간 교란으로부터 안전한 곳이었다고 판단된다.

토지이용패턴을 바탕으로 경관지수를 활용한 cluster분석을 통해서는 크게 세 가지 그룹으로 분석되었다. 다리가 건설되고 비교적 다른 지역보다 한반도와 가까운 지도와 압해도가 한 그룹으로 구별되었다. 이것은 섬의 위치가 한반도와 가까워 다리가 생기기 이전부터도 다른 지역보다 교통이 더 용이하였을 것으로 판단된다. 또한, 1975년에 다리가 건설된 지도는 이미 다른 한반도의 육지 지역과 다를 바가 없어 더 이상 섬으로서의 사회적 문화적인 특징을 찾아 볼 수가 없다. 압해도의 경우는 신안군에서 가장 큰 섬이고 목포와 연결됨과 동시에 신안군청이 목포시에서 압해도로 이전하였다. 그러한 과정에서 압해도 내의 토지가격은 몇 배로 다른 지역의 섬과 다르게 상승하였다. 군청이 옮기면서 다양한 종류의 개발과 더불어 암태도로 연결되는 새천년대교 건설이 시작되면서 이러한 현상은 매우 급속히 진행되었다. 이러한 현상들은 토지이용의 패턴에 영향을 미쳤을 것이고 경관구조에도 영향을 미쳐 다른 지역들과 확연히 다른 경관구조를

---

[15] Jae-Eun Kim, "Rural landscape and biocultural diversity in Shinan-gun Jeollanam-do, Korea", *Journal of Ecology and Environment* 38(2), 2015.
[16] Ibid.

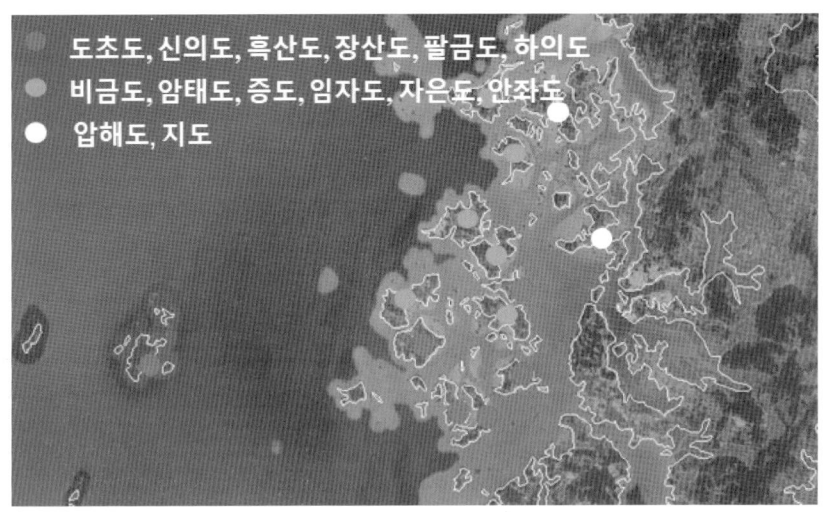

그림 3. 클러스터 분석에 의한 섬의 그룹

보인 것으로 판단된다.

2010년 다리가 연결된 증도는 유네스코생물권보전지역, 슬로시티, 전라남도도립갯벌공원, 습지보전지역 등 생태환경이 좋은 섬으로 알려져 있고 이를 다양한 방법으로 보전하려는 노력이 급속한 개발압력으로부터 자연환경을 보전하고 숲이나 해변 등 원래의 토지이용 형태를 유지할 수 있는 수단을 제공한 것으로 판단된다.

나머지 두 Group은 신안군에서 일반적으로 윗섬, 아랫섬으로 알려져 있는 섬들로 나뉘었다(그림 3). 윗섬은 비금도, 암태도, 임자도, 증도 등이고 아랫섬은 하의도, 신의도 등과 같이 진도와 가까운 곳이다. 아랫섬은 윗섬에 비해 교통이 불편하여 접근이 제한되어 개발이 더욱 늦어진 곳이라고 생각하는 경향이 있다. 윗섬은 교통이 아랫섬보다 편리하여 더 많은 교류가 가능하고 이에 따라 문화도 아랫섬과 다르다고 인식 되어져 왔다. 북쪽에 있는 윗섬들은 지도를 통해서 북쪽으로 육지와 더욱 가까울 수 있었던 것으로 보인다. 이렇게 Group 2와 3도 교통에 따른 불편함과 문화의 차이 등 다양한 사회·경제적인 문화의 차이에 의해 group이 구분되었다고 생각된다. 결국 사회·경제적인 배경이 문화의 다양성을 유발할 수 있고 경관의 구조에 영향을 미치며 이러한 경향이 시간이 지나면서 경관변화를 유발할 것이다.

　신안군은 섬으로만 이루어진 행정구역이었다. 하지만 육지와 연결되는 연륙교가 생기면서 섬의 토지이용이 바뀌고 있고 이것은 결국 경관구조에도 영향을 미치고 있다. 토지이용은 사회경제적인 특성을 나타내는 바로미터로 사용되고 있는 것을 생각하면 다리에 의해 섬은 사회경제적인 특성에 변화를 겪고 있는 것이라고 생각된다. 이러한 사회경제적인 일상의 변화는 결국 섬에 살고 있는 섬 주민들의 문화적 정체성과도 연결되어 영향을 미칠 것으로 판단된다. 연륙교가 필요악이라면 연륙교가 건설되기 전에 좀 더 충분한 논의를 거쳐 섬에 살고 있는 주민들에게 어떤 영향이 미칠 것이고 어떻게 대비해야 하는지에 대해서 보다 더 구체적이고 실질적인 준비와 노력이 있어야 할 것으로 보인다. 또한, 교량건설에 따른 신안군 지역의 다양한 변화에 대한 구체적인 연구가 보다 자세하고 전반적으로 연구될 필요성이 있다.

10

천일염과 생태문화자원 활용에 대한 논의
- 전남 신안군 증도와 신의도 사례*

본 연구는 신안군 갯벌지역을 간척하여 천일염전을 생산하는 두 대표적 지역인 증도와 신의도를 천일염 생산 및 주변 경관과 생태문화자원의 활용에 대하여 논의하고자 한다. 신안군은 넓은 갯벌지역을 바탕으로 오랜 기간 동안 간척으로 광대한 규모의 천일염전경관을 가지고 있다. 신안군은 전국 생산량의 약 80% 정도의 천일염을 생산하고 있다. 신안군의 천일염 생산은 갯벌을 간척하여 조성한 넓은 면적과 전국에서 가장 일사량이 많은 지역으로 천일염 생산에 매우 적합한 기후 조건을 가지고 있다. 특히, 그 중에서도 증도는 우리나라 최대 규모의 단일 염전이 있고, 신의도는 면단위 전체 인구의 약 절반에 이를 정도의 인구가 천일염 생산과 관련된 일에 종사하고 있을 정도로 신안군 내에서도 천일염 생산의 주력지이다. 또한, 여러 개로 나누어진 섬을 남북으로 길게 간척과 매립을 한 지역이라는 공통점에서 비교의 대상으로 삼았다. 천일염이 광물질에서 식품으로 품목이 전환된 이후에 여러 가지 지원을 통해서 폐염전을 활용하는 등 활발한 생산 활동이 이루어지고 있다. 하지만, 전 세계 소금 시장에서 한국산 천일염은 그 부가가치가 매우 낮고 기후 등 다양한 외부 요인에 의해 압박 받고 있는 것이 현실이다. 이러한 현실에서 천일염의 부가가치를 높이고 염전 주변 경관과 섬의 생태문화자원을 활용한 다양한 시도를 하고 있는 증도는 유네스코생물권보전지역, 람사습지, 슬로시티 등 소금이외에도 생태관광을 즐기려는 많은 사람들이 찾고 있다. 특히, 연륙교가 완성되면서 교통의 편리성 증가와 숙박시설의 질적·양적인 증가로 인하여 천일염전경관이외에도 다양한 생태문화자원을 즐기려는 방문객이 많이 증가하였다. 그에 비해 신의도는 천일염생산이 주요 소득으로 소득 다변화가 이루어지지 않아 외부적 요인에 매우 취약한 상황이다. 특히, 근래에 발생한 천일염과 관련된 위생문제와 인권문제 등과 같은 문제의 대두는 신의도와 같이 천일염생산이 주요한 생계수단인 지역에서는 매우 큰 영향을 미칠 수 있기 때문이다. 또한, 숙박, 편의시설 등 다양한 인프라 부족으로 방문객을 유입하여 소득 다변화를 이루기 어려운 실정이다. 이러한 상황에서 증도의 천일염전경관과 주변 생태문화자원을 활용한 방문객 유치의 성공사례는 훌륭한 사례로서 이를 바탕으로 보다 적극적인 지역 생태문화자원을 활용하고 우수한 자원을 이끌어 낼 수 있는 다양한 시도들이 필요하다는 것을 시사하고 있다. 이 논문에 비교된 두 지역인 증도와 신의도는 여러 가지 사회·경제적 상황이 비슷한 점도 있지만 다른 점이 많고 다양하기 때문에 단순한 비교의 대상으로 삼기에는 적절하지 않다. 그러나 같은 지자체 내에서의 성공사례는 가장 좋은 사례가 될 수 있고 적절한 예가 될 수 있다는 점을 고려하여 이 연구에서 제시한 생태문화자원의 다양하고 적극적인 활용은 천일염생산에 부가가치를 향상시킬 수 있는 방안 중 하나가 될 것으로 판단된다.

---

* 이 논문은 김재은, 「전남 신안군 증도와 신의도의 천일염전과 생태문화자원 활용에 대한 연구」, 『한국도서연구』 29, 2017, 309~330쪽에 실린 논문을 재편집한 것임

1. 서론

신안군新安郡은 전남 서남해에 위치하였으며 압해읍과 지도읍, 증도면을 제외하면 모든 지역이 섬들로 이루어진 지자체이다(그림 1). 신안군은 2개읍, 12면으로 구성되어 있고 약 1,000여 개의 유·무인도 섬들이 산재해 있다. 한반도와 비교적 멀리 떨어져 있는 흑산면을 제외하면 대부분이 넓은 펄과 모래갯벌이 섬 주변에 분포한다.

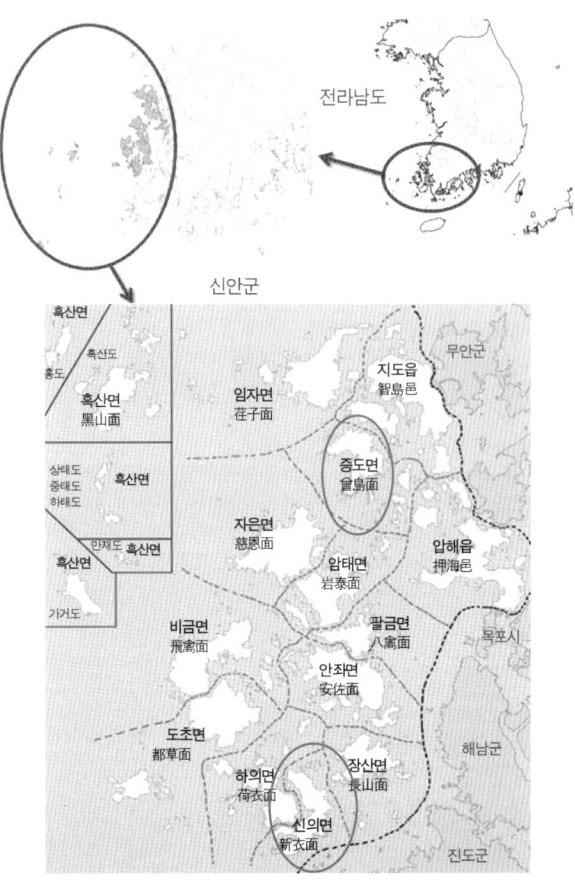

그림 1. 신안군 위치 및 행정단위 지도(신안군)
자료제공: 신안군 자료 편집

신안군 지도읍은 1975년 2월 25일에 전남 무안군 해제면과 연륙되었다. 압해읍은 2008년 목포시 대양동과 신장리를 연결하는 압해대교에 의해 연륙되었고 이후 목포시에 있던 군청이 압해읍으로 이동하였다. 또한, 증도면은 2010년 3월 30일 지도읍 당촌리와 연륙되어 무안과 지도읍을 거쳐 증도까지 자동차로 이동이 가능하게 되었다. 현재는 2018년 완공을 목표로 압해읍에서 암태면 암태도를 연결하는 연륙대교를 건설하고 있다. 이 연륙교가 완성되면 목포시를 거쳐 압해읍을 지나 암태도로 연결되고 연도된 다른 도서인 자은도, 팔금도, 안좌도까지 차동차로 이동이 가능할 예정이다. 그러나 섬 지역의 특수성 때문에 개발에 어려움을 겪으면서 다양한 기반시설이 부족한 현상이 현재까지도 지속되고 있다.[1]

넓은 갯벌이 발달한 신안군은 일제강점기에 대규모 간척과 매립 사업이 시작되었고 한국전쟁 이후부터 천일염전 개발이 민간에게 개방되면서 한국의 경제부흥기라 불리는 1970~1990년대를 거치면서 다시 대규모의 간척이 진행되었다.[2] 국내에 처음 간척이 시작된 것은 고려시대로 알려져 있고[3] 일제강점기 시대는 식량 수탈을 목적으로 한 대규모의 간척으로 농경지를 확보하였다. 일반적으로 신안군이라고 하면 어촌이 많고 어업이 주요 산업이라고 생각하는 사람들이 많지만 실제적으로 신안군은 반농반어半農半漁 지역으로 농업이 발달한 지역이다.[4] 간척과 매립에 의한 토지이용의 변화는 도서지역의 경관에 매우 큰 영향을 미쳤을 것으로 판단된다.

이러한 간척지에서 식량 확보를 위한 농경지 확보와 더불어 소금생산이 본격적으로 진행되었다. 2008년 소금이 광물에서 식품으로 인정받으며 소금관련 산업이 급속하게 발달하기 시작하였다.[5] 그러나 신안군의 천일염 산업은 다양한 외부적 요인에 의해 그

---

[1] 이동신, 「섬 연구의 특수성과 향후 발전방향 – 한국도서연구지의 발행과정과 관련하여」, 『한국도서연구』 22(3), 한국도서(섬)학회, 2010.
[2] 최성환, 「비금도 천일염전 개발과정과 사회적 확산」, 『도서문화』 40, 도서문화연구원, 2012.
[3] 1235년 고려 고종 22년에 몽고군 침입 때 연안제방을 구축하여 외적의 침입에 대비하기 위한 목적으로 처음 시작되었다고 기록에 전해진다(한국농어촌공사, https://director.ekr.or.kr).
[4] 김재은, 「전남신안군의 토지이용에 따른 생태계서비스 가치와 지속가능한 활용방안」, 『생태와 환경』 47(3), 한국생태학회, 2014.
[5] 최성환, 앞의 글, 2012; 최성환, 「천일염전 개발과정을 통해 본 섬사람들의 이주 현상과 공동체적 특징」, 『서강인문논총』 41, 서강대학교 인문과학연수고, 2014.

기복이 심하고 경기도와 충청남도 등 다른 지역에서의 소금 산업 장려로 점점 위협 받고 있다. 또한, 현재는 과거보다 갯벌의 중요성이 부각되면서 간척보다는 갯벌 그 자체를 활용하고자 하는 대안들이 등장하고 있다. 특히, 생태계서비스 측면에서 갯벌 그 자체의 활용이 매립이나 간척보다 더 높은 가치를 창출 할 수 있다는 사실들이 발표되고 있다.[6]

현재 신안군도 다른 농·어촌 지역이 당면한 일반적인 문제인 인구감소와 노령인구 증가 등의 문제를 가지고 있다.[7] 따라서 본 연구에서는 이러한 문제를 안고 있는 신안군에서 주요 산업 중 하나이며 신안군을 대표할 수 있는 천일염산업의 인지도를 가지고 있는 증도와 신의도에서 두 섬의 천일염전과 주변 경관활용 그리고 지역 생태문화자원 활용에 대해 살펴보고 지역의 발전이 지속적으로 가능한지에 대하여 논의해보고자 한다. 특히 두 지역은 흩어져있던 여러 작은 섬들을 간척으로 연결하고 북쪽에서 남쪽으로 이어진 남북으로 긴 섬들로 넓은 지역을 천일염전으로 활용하고 있다는 점에서 비교의 대상으로 삼았다. 이를 통해 천일염전산업 현안과 그 주변 천일염전경관을 포함하여 지역의 생태문화자원의 활용을 통하여 어떻게 지속적으로 발전할 수 있는지에 대한 가능성에 대해 두 지역을 사례로 비교하여 살펴보고자 한다.

2. 신안군의 천일염전 조성배경과 현재

1) 신안군의 천일염 조성 배경과 경관변화

우리나라 최초의 천일염전은 1907년 주안염전이다. 이 지역에서 처음 천일염전이 시작된 배경은 그 당시 대부분의 소금을 청나라에서 수입해 왔던 조선에서 독점에 의한

---

[6] 김재은, 앞의 글, 2014; Costanza, R., d'Arge, R., de Groot, R., Farber, S., Grasso, M.,Hannon, B., Limburg, K., Naeem, S., O'Neill, R.V., Paruelo, J.,Raskin, R.G., Sutton, P., van dan Belt, M., "The Value of the World's Ecosystem Services and Natural Capital", *Nature* 387, 1997.

[7] 김재은·홍선기·이경아, 「대한민국 정부의 섬 정책과 관련한 국민인식 분석」, 『한국도서연구』 25(1), 한국도서(섬)학회, 2013.

여러 가지 횡포가 발생하고 조선 내에 염전업자에 피해가 발생하자 천일염전에 적합한 장소를 조사하였다.[8] 이 때 인천시 주안지역이 육지로 깊이 만입되었고 갯벌이 발달하였으며 조수간만의 차가 매우 커서 천일염전을 하기에 적지로 평가되었다. 또한, 기온이 높아 바닷물 증발량이 많아 소금을 생산하는데 있어서 매우 적합한 지역으로 선정되었다.

신안군의 천일염 생산은 넓은 지역 갯벌이 일제강점기부터 본격적으로 간척을 하면서 소금 생산을 할 수 있는 바탕을 마련하였다.[9] 신안군의 최근 30년간(1986년~2015년) 기후를 살펴보면 연평균 기온은 13.9℃, 최저 기온은 1월 1.7℃, 최고 기온은 8월 26.0℃로 기온의 연교차는 24.3℃이다. 지난 30년 동안 월평균 최저기온은 2011년으로 1월 –2.3℃이고, 월평균 최고 기온은 2006년 8월 28.0℃이였다(그림 2).[10]

기상청의 자료에 따르면 강수량은 연평균 1,155.7㎜, 월평균 최저 강수량은 1월 32.6㎜, 월평균 최고 강수량은 7월 235.4㎜로 건기와 우기가 뚜렷한 경향을 보이고 있다. 지난 30년 동안 월 최저 강수량은 1988년 10월 1.9㎜, 월 최고 강수량은 2009년 7월 465.8㎜이었다. 특히 6월~9월 강수량이 연평균 강수량의 약 60.7%를 차지하고 있으며, 풍수기는 월평균 강수량 96.3㎜를 초과하는 6월부터 9월까지이고, 10월부터 이듬해 5월까지 갈수기에 해당한다. 그리고 소금생산에 가장 중요한 일조량을 살펴보면 평균 일조시간은 약 2,147시간, 월평균 일조시간은 177.4시간으로 높은 편이다. 또한, 전국적으로 소금생산에 영향을 미치는 일사량은 기상청 2010년 기준 20년간 평균 자료를 목포관측지점에서 보면 5160.86 MJ/㎡(같은 기간 평균 일조시간 2135.9hr)으로 신안군이 전국적으로 가장 일사량이 많은 것으로 평가된다(그림 3). 따라서 신안군은 다른 어떤 지역보다도 천일염 생산의 적지로 평가된다.

---

[8] 김준, 「시장개방과 서남해안 천일염전 생산구조의 변화」, 『농촌사회』 11(2), 한국농촌사회학회, 2001.
[9] 신안군, 『비금도 천일염전 형성과정 연구조사 보고서』, 2012; 최성환, 앞의 글, 2012.
[10] 전라남도, 『갯벌국립공원지정을 위한 타당성 조사 용역 보고서』, 2016에서 발췌함.

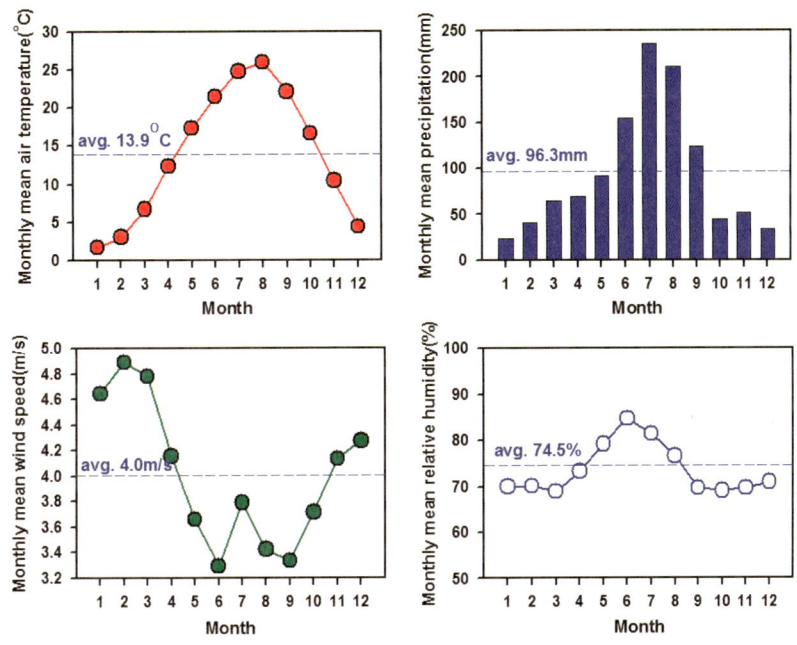

그림 2. 목포 지역 최근 30년간(1986~2015년) 월별 기후특성

자료제공 : 기상청 자료에 의해 재편집

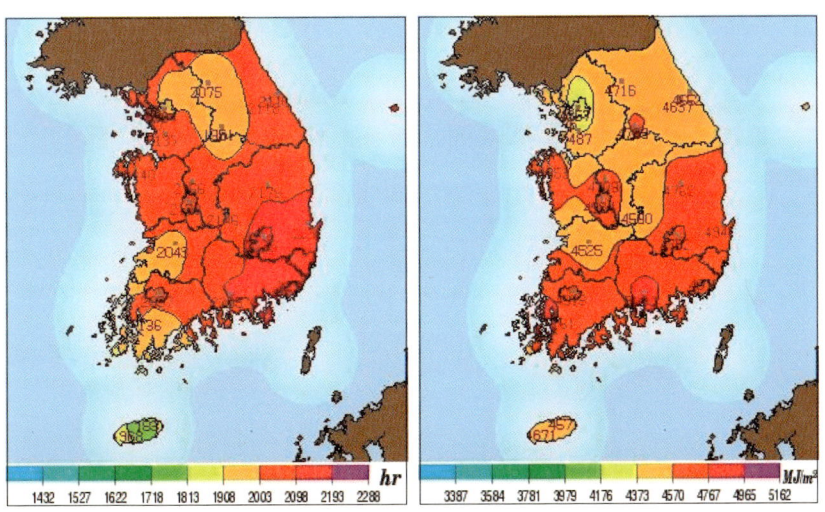

그림 3. 2010년 기준으로 지난20년간 전국평균 일조시간(좌)과 일사량(우)

자료제공 : 기상청

오늘날과 같은 천일염전이 일상적으로 보편화된 것은 1947년에 비금도에 염전을 조성하기 시작하면서 부터라고 알려져 있다.[11] 그리고 이것이 1950년대 말에 약 20여개의 천일염 염전으로 확대되었다.[12] 시작단계에 조성된 염전은 대부분이 소규모의 방조제를 막아 건설되었다. 이후 1960년대의 소금생산을 위한 조합과 관련법 등이 마련되면서 제도적 틀이 갖춰지게 되었고 이를 계기로 1980년대까지는 소금관련 사업이 경제적으로 많은 이득을 가져다주게 되었다.

과거 부족했던 소금이 자급이 가능해지게 되었고 1950년대와 1960년대에 걸친 민간 차원의 염전형성은 1970년대 후반에 이르면서 국가적 규모로 확대되게 되었다. 이후에는 도서개발촉진법, 국토종합개발사업 등으로 도로건설과 방조제 축조, 선착장 등의 사회 인프라 구축이 향상되면서 더욱 탄력을 받게 되었다.[13]

1990년대에는 소금의 수요도 증가하였지만, 공급도 많이 증가하였다. 소금산업 관리는 1961년 까지는 정부가 전매제를 실시하였고 1967년부터 1996년까지는 민영화하였다. 이후에 1997년부터 2001년까지는 염전의 구조조정시기로 1997년은 소금수입이 자유화로 많은 양이 수입되면서 가격이 떨어지는 등의 소금산업에 대한 전체적인 조정이 요구되면서 폐전을 유도하는 구조조정시기가 있었다.[14] 이 시기동안인 2002년에 전국에 1,777개 업체에서 439개 업체로 급격히 줄어들었다. 또한, 면적은 7,000ha에서 약 2,000ha로 감소하였다. 비금도의 경우에는 2000년에 면적이 약 100ha가 폐전되었다. 이렇게 폐전된 염전 중 일부는 새우양식장으로 전환되기도 하고 농지로 전용되기도 하였다. 하지만 대부분의 염전들은 염전 소유자의 연령이 높고 접근성이 떨어지는 등 다양한 이유로 다른 형태로 전환이 어려워 버려지기도 하였다.

그러나 2008년 들어 소금이 광물질에서 식품으로 인정받으며 정부의 다양한 지원이 이루어지고 천일염에 대한 관심이 늘어나면서 다시 폐염전을 활용하여 염전을 운영하기

---

[11] 신안군, 앞의 책, 2012; 김준, 앞의 글, 2001 등 다양한 논문과 보고서에서 1947년 비금도에서 신안군 최초로 천일염전을 시작했다고 규정하고 있다.
[12] 최성환, 앞의 글, 2012.
[13] 김준, 앞의 글, 2001.
[14] 이헌동, 「세계의 소금시장, 어떻게 움직이고 있나?」, 『수산정책연구』 4, 한국해양수산개발원, 2009.

시작하였다. 이렇게 염전면적이 줄어들었다가 다시 증가하는 경향을 보이고 있지만 다시 갯벌로 전환된 사례는 흔치 않다. 최근에는 각 지자체에서 천일염에 대한 관심과 더불어 염전문화와 주변 염습지 등 다양한 생태문화자원의 접근을 통한 지역 경제활성화에 노력을 기울이고 있다.

2015년 현재 신안군이 전국 염전면적에서 64.7%이상을 차지하고 있고 가동염전 면적에서도 전국에서 가장 넓은 지역으로 64.8%를 차지하고 있다(표 1). 이처럼 넓은 면적을 차지하고 있는 신안군의 염전은 앞에서도 설명된 바와 같이 갯벌에 소규모 방조제를 건설하고 간척하여 염전을 만들어 사용하였다. 그림 4는 신안군에서 제일 처음 천일염 제조를 시작했다고 알려진 비금도의 방조제 건설과 이에 따른 염전 형성을 1959년과 2000년을 비교하여 놓은 것이다.

표 1. 전국의 염전면적(2015년 12월 현재)

단위 : ha

구분	전국	전남		신안	
	면적	면적	면적비율	면적	면적비율
합계	4,574	3,826	83.6%	2,958	64.7%
가동면적	4,092	3,367	82.3%	2,653	64.8%
휴염전면적	482	459	95.2%	305	63.3%

자료제공 : 신안군자료 편집

그림 4 우측에 보여지는 현재와 비슷한 형태의 염전은 1980년대에 이르러 국가의 다양한 인프라 구축 사업과 더불어 만들어졌다. 도로의 확장과 각 지역의 방조제 축조로 도로를 기준으로 육지 안쪽은 농경지로 변경되었고 바깥쪽은 염전으로 되면서 도로에서 바다쪽으로 더욱 확장하게 되었다. 이렇게 갯벌 면적은 감소하고 점차 염전 등의 토지이용으로 바뀌게 되었다.

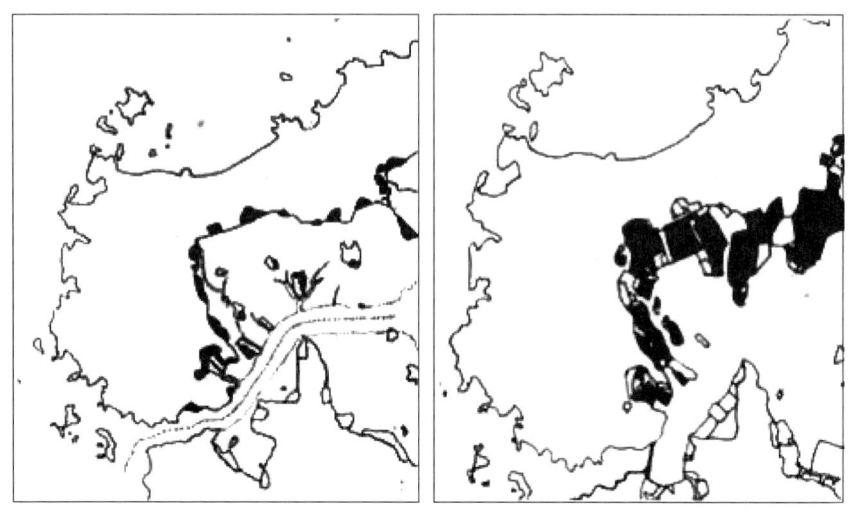

그림 4. 비금도의 방조제 건설과 염전면적(좌 : 1959년, 우 : 2000년)

자료제공 : 신안군

2) 천일염 산업의 현재

우리나라 경제 전체의 부가가치(GDP)에서 천일염 산업이 차지하는 비중은 0.006%로 국민경제에 차지하는 비중이 매우 미미한 실정이다. 하지만, 우리나라의 김치, 젓갈, 간장, 된장 등 우리나라의 문화와는 떨어뜨려 생각할 수 없는 중요한 문화적 가치를 지니고 있다.

우리나라에서 천일염에 대한 관심이 증가하고 천일염이 생산으로서만의 가치가 아니고 문화적 가치가 점점 향상되면서 각 지자체에서도 이를 활용하기 위한 노력들이 진행되고 있다. 현재 서울대와 안산시 등이 함께 경기지역 염전 활성화를 진행하고 있으며 연 프로젝트 체험학급 프로그램으로 총 4826명, 월평균 600명이 방문하고 있으며 2,300,000원을 창출했고 안산시와 협력해 지역 식당에 소금을 공급함으로써 7,000,000원의 수익을 발생시켰다. 서울대 인액터스[15]는 안산시와 대부도 천일염 명품화 특화사업단 설립을 계

---

[15] 서울대 인액터스, 2017, http://enactuskorea.org/5567(2017년 2월 검색).

획하고 있으며, 나아가 이 지역의 불안정했던 염전 농부들이 안정된 미래를 살 수 있도록 공식기관으로써 사업을 진행하고 있다.

우리나라 전체 천일염 생산의 약 85% 이상을 전남지역이 차지하고 있고 신안군은 우리나라 생산량의 63.4%(204,193톤)[16]을 생산하고 있는 우리나라 최대의 천일염 생산지이다. 따라서 중앙 정부에서도 천일염 산업특구로 지정하였고 전라남도 및 신안군에서도 다양한 지원시스템을 구축하고 천일염 사업의 지원을 위해서 노력하고 있다.

그러나, 표 2[17]에 전 세계 소금 소비 현황을 살펴보면 전 세계적으로는 염소-알칼리제조용으로 가장 많이 소비되고 있고, 전체 소금의 17.5%만이 식용으로 소비되고 있다. 그 중에서 아시아에서 가장 많이 식용으로 소비되고 있다. 천일염 가격동향을 보면 2012년 kg당 391원 이었던 것이 5년 동안 지속적으로 하락하여 2016년 kg당 207원에 이르고 있다.[18]

이처럼 실제적인 소금의 전 세계 소비 형태로 볼 때 식용인 천일염이 차지하는 비중은 그리 높지 않고 가격 경쟁면에서도 경쟁력이 높지 않다. 1980년부터 2008년 동안의 우리나라의 천일염 수출입 추이를 보면 수출액은 약 30년 동안 큰 변동이 없었지만 수입은 1990년대를 기점으로 증가하기 시작하여 2000년대에 들면서는 급속한 증가 추세를 보인다. 이러한 경향은 결국 천일염의 무역수지를 악화시키는 역할을 하고 있다. 특히 천일염의 각 나라의 평균 수입 단가는 1kg당 0.04달러일 때 프랑스는 수입단가가 6.2달러로 평균에 비해서 150배 이상 비싼 가격으로 수입되고 있어 얼마나 높은 부가가치를 생산하는지 짐작이 가능하다. 이러한 부가가치는 프랑스소금이 품격있고 가치 높은 소금이라는 이미지를 가지고 있기 때문에 그에 따른 마케팅 등 다양한 이유로 부가가치를 창출하고 있는 것으로 판단하고 있다.

---

[16] 2006~2008년간의 대한염업조합의 자료에 따르면 우리나라 평균 천일염 생산량은 321,993톤이고 이 가운데 전남 지역이 277,182톤을 생산하고 신안군은 이 중 63.4%를 차지하였다.
[17] 원자료에서 작성한 자료인 이헌동, 앞의 글, 2009에서 발췌하여 재편집하였다.
[18] 해양수산부, 2017, http://www.mof.go.kr(2017년 2월 검색).

표 2. 전 세계 대륙의 소금 소비 현황(2006년 기준, 추정치)

(단위 : 천톤, %)

구분	염소-알칼리	합성소다회	식용	제설용	기타용	합계	비율(%)
아시아	38,000	28,300	27,750	500	5,450	100,000	39.1
유럽	28,000	20,000	4,700	10,000	7,300	70,000	27.3
북아메리카	25,000	850	3,300	25,000	12,350	66,500	26
남아메리카	4,500	400	4,200	500	400	10,000	3.9
아프리카	1,250	150	4,200	-	400	6,000	2.3
중동	1,750	200	400	-	150	2,500	1.0
오세아니아	150	500	250	-	100	1,000	0.4
합계	98,650	50,400	44,800	36,000	26,150	256,000	-
비율	38.5	19.7	17.5	14.1	10.2	100	100

자료제공 : Roskill Informatioin Services Ltd., *The Economics of Salt*, Twelfth Edition, 2007

3. 증도의 천일염전과 주변 경관활용

증도는 천일염생산 사업체가 2015년 현재 37개 작목반이 4개로 면적은 넓은데 비해 다른 신안군 지역에 비교하여 사업체와 작목반이 적은 이유는 태평염전이 대규모를 차지하고 있기 때문이다.[19] 염전면적은 허가면적은 2009년부터 크게 변함이 없고 가동면적은 2011년부터 증가하였다(그림 5). 총생산량은 2010년과 2014년에 생산량이 크게 떨어진 것으로 나타났다. 이것은 두 해 모두 봄철인 4월과 8, 9월에 많은 비가 내려 강수량이 큰 폭으로 증가하여 생산량에 영향을 미친 것으로 생각된다.

---

[19] 신안군, 앞의 사이트, 2017.

그림 5. 증도의 연도별 염전면적과 총 생산량

자료 : 신안군 『통계연보』

증도는 원래 두 개의 주요 섬이 간척과 매립으로 연결되면서 형성되었다. 그림 6의 일제강점기인 1917년에 제작된 1 : 50,000 지도를 보면 현재와 매우 다름을 알 수 있다.

그림 7은 그림 6의 일제강점기 지도를 기초로 하여 방조제 축조에 따른 염전지역을 제거하여 증도의 방조제 축조 이전의 모습을 재현하였다. 현재 논으로 이용되는 토지도 간척과 매립에 의해 조성된 지역이 많다. 그림 8은 염전이 포함된 현재의 토지이용이다. 염전을 제거한 증도의 주요 토지이용은 산림과 농경지이다.[20]

증도의 태평염전은 2008년 근대문화유산 360호로 등록되었다. 증도가 2007년에는 아시아 최초로 슬로시티에 지정되었고 뒤이어 2009년 5월에는 유네스코생물권보전지역으로 지정되었다. 또한, 2011년에는 람사르습지로 지정되었고 2008년에 전라남도 도립갯벌공원으로 지정되었다. 이와 더불어 증도는 우리나라의 생태문화관광의 성공사례로 널리 알려져 있다.[21]

증도는 우리나라 단일 최대규모의 천일염전으로 그 주변의 갯벌과 습지를 활용하여 생태관광에 집중하고 있다. 또한, 증도의 이미지를 "자연이 살아있는 섬" 등으로 정하고 자연과 문화가 같이 살아있는 이미지를 심어주고 있다. 이렇게 다양한 목적으로 지정된

---

[20] 김재은, 앞의 글, 2014.
[21] 이재환·이진형·황두현, 「섬 관광 성공요인 - 증도와 청산도의 비교 연구 - 」, 『관광학연구』 40(2), 한국관광학회, 2016.

증도의 생태문화는 생태계가 살아 있고 깨끗하며 갯벌과 어우러진 문화가 잘 살아 있다는 이미지를 준다.[22]

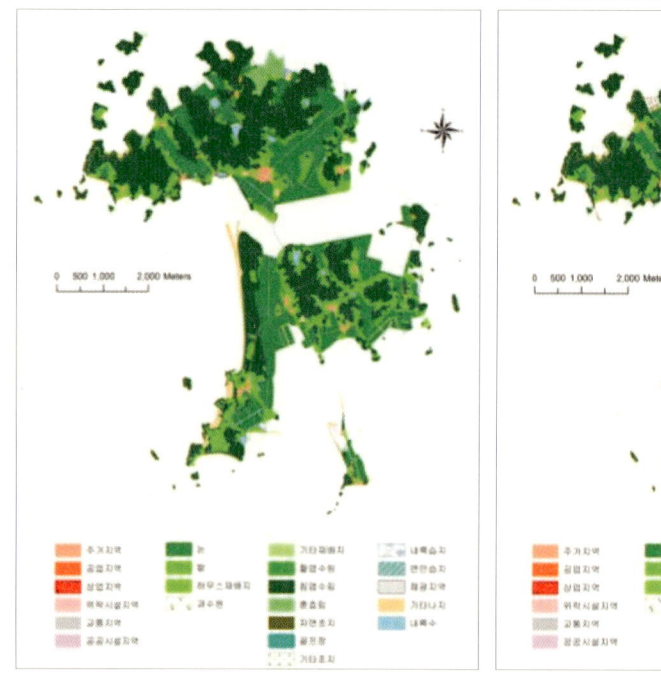 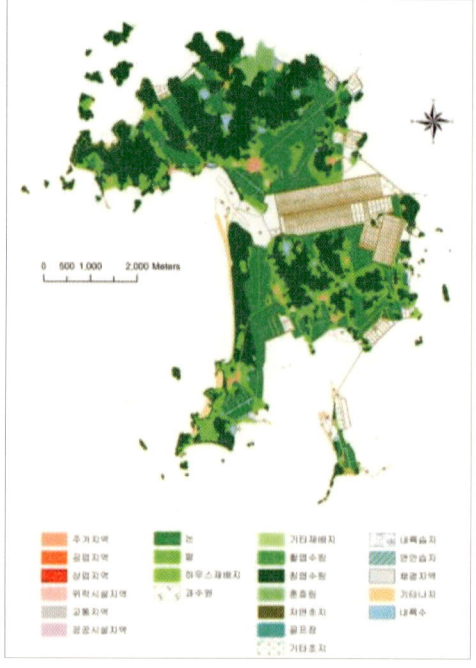

1 그림 6. 1917년(大正6년) 일제강점기에 작성된 증도지역의 지도
   자료제공 : 국토지리정보원
2 그림 7. 증도지역에 염전을 제외한 토지 이용도
3 그림 8. 증도지역에 갯벌을 포함한 토지 이용도

[22] 이재환·이진형·황두현, 앞의 글, 2016; 이진형·강신겸, 「전남 서남해안의 섬관광 : 성찰과 제안」, 『한국도서연구』 26(4), 한국도서(섬)학회, 2014.

조용하고 깨끗한 환경을 찾는 여행의 수요가 증가하고 가족단위의 여행이 증가하면서 증도의 경우는 이러한 브랜드 가치가 실제로 중요한 역할을 하고 있다.[23] 도립공원의 결과로 보면 2009년부터 2015년까지 방문객이 꾸준히 증가하고 있고 특히 2013년부터는 증가폭이 큰 편이다.[24] 특히, 이러한 방문객의 증가는 2010년 연륙교가 건설되면서 교통의 편의성이 방문객의 증가에 큰 몫을 담당하고 있지만, 기타 여타의 연륙된 다른 곳에 비해 증도의 방문객 증가는 두드러진다. 이것은 연륙이 되어서 뿐만이 아니고 이러한 증도가 가지고 있는 좋은 이미지가 브랜드화 하면서 지역활성화에 영향을 미치고 있다고 판단된다.

대규모로 펼쳐진 탁 트인 천일염전경관은 우리나라에서는 흔히 볼 수 없는 경관으로 지역적 특이성을 드러낼 수 있는 중요한 문화경관 중 하나로 생각된다. 현재 태평염전에서는 염생식물원과 소금박물관, 캠핑장, 솔트레스토랑, 소금 체험 등 다양한 프로그램을 운영하고 있어 소금 판매뿐만 아니라 염전 주변의 아름다운 경관과 체험, 쇼핑의 편리함 등을 도모하였다. 특히, 염전주변에 사진 1과 같은 염생식물원을 조성한 결과 계절적으로 천일염을 생산하지 않는 시기에도 방문객들에게 시각적으로 볼거리를 제공하는 중요한 역할을 담당 할 수 있다. 이러한 관점에서 볼 때 증도의 천일염전경관이 지니고 있는 생태계서비스 차원에서의 가치는 천일염전이라는 문화경관에 자연적으로 조성되는 갯벌과 갯골 그리고 그것을 따라 형성된 염생식물이 적절한 조화를 이루면서 다른 지역에서 볼 수 없는 시각적 경관을 형성하였다. 그리고 이러한 계절적으로 느낄 수 있는 시각적 경관의 한계를 극복하기 위하여 주변 다양한 생태문화자원을 접목하였다. 이러한 다양한 노력들은 천일염 가격의 부가가치를 높이고 지역이미지 개선과 주민들의 자긍심에 큰 역할을 할 것으로 판단된다. 또한, 유네스코생물권보전지역과 슬로시티 등으로 지정되면서 주민들이 스스로 만든 길벗여행사를 중심으로 다양한 생태관광 프로그램을 만들고

---

[23] 문창현, 「생태관광개발이 지역사회에 미치는 영향-경제적·사회문화적·환경적 측면의 지역주민 의식수준을 중심으로」, 『지역사회연구』 15(1), 한국지역사회학회, 2007; 박경호, 「IPA기법을 이용한 생태관광 매력성 평가에 관한 연구」, 『관광연구』 24(2), 대한관광경영학회, 2009.
[24] 전라남도, 앞의 책, 2016.

사진 1. 증도 소금박물관 근처의 염생식물원

주민 민박 소개 등 증도 여행의 편의를 도모하고 지역에 방문객을 유치하는 차원에서 좋은 역할을 담당하고 있다.

4. 신의도의 천일염전과 경관활용

신의도는 소금관련 업체가 236개이고 작목반이 7개로 증도에 비해 업체가 매우 많은 편으로 2015년 현재 신안군에서 생산량이 가장 많다.[25] 특히, 면단위 인구의 약 절반 인구가 천일염생산에 관련된 일을 하고 있다.[26] 신의도도 앞서 증도의 경우처럼 염전면적과 가동면적에 큰 차이가 없었지만 생산량은 2014년에 줄어드는 경향을 나타내었다. 2013년에는 생산량이 비교적 크게 증가하는 경향을 보이는데 이것은 봄철인 3, 4월과 여름과 가을에 걸치는 7월에서 10월까지 강수량이 적어서 생산량이 증가한 것으로 보인다(그림 9).

---

[25] 신안군(https://www.shinan.go.kr/), 2016; 최정훈·고두갑, 「천일염산업의 경제적 파급효과 비교분석 – 2005년에 대한 2010년의 비교 –」, 『한국도서연구』 28(2), 한국도서(섬)학회, 2016.
[26] 신안군, 위의 사이트.

그림 9. 신의도의 연도별 염전면적과 총 생산량

자료 : 신안군 『통계연보』

    신안군에서 많은 생산량을 나타내는 신의도는 증도와 마찬가지로 몇 개로 나뉘어졌던 섬이 방조제를 건설하고 간척하면서 생긴 넓은 토지를 염전으로 활용하면서 하나의 큰 섬으로 되었다. 1917년에 작성된 그림 10의 지도를 보면 위쪽의 상태도와 아래쪽에 하태도, 두 개의 큰 섬이 하나로 연결되어 신의도가 되었다는 것을 알 수 있다. 그림 11은 그림 10의 지도를 참고하여 염전을 제외한 토지이용도로 신의도의 원래 모습을 추정할 수 있다.

    그림 12는 현재의 상태대로 염전을 포함해서 작성한 토지이용도이다. 염전을 제외하면 신의도의 주요 토지이용 형태는 증도와 같이 삼림과 농경지이다.[27]

    신의도는 목포여객터미널에서 배를 타고 약 2시간정도 걸린다. 증도와 달리 접근성이 좋지 않다. 신의도는 2013년 전라남도 갯벌도립공원으로 일부가 지정되었고 천일염 이외에는 신의도를 대내외에 알릴만한 브랜드이미지가 없다. 또한, 관광을 위한 숙박시설 등 인프라도 매우 부족한 편이다. 이러한 상황을 보듯이 신의도는 천일염 생산지라는 이미지 외에 별다르게 일반 국민들에게 어필되지 못할 것이다. 따라서 신의도의 경우는 찾아가서 보고 즐기고 싶은 섬이라기보다는 천일염 생산지로서만의 이미지로 남게 될 것이다. 이러한 경우 대내외적으로 천일염생산과 판매에 문제가 발생하면 그 영향이 증도 보다 훨씬 클 것이다.

---

[27] 김재은, 앞의 글, 2014.

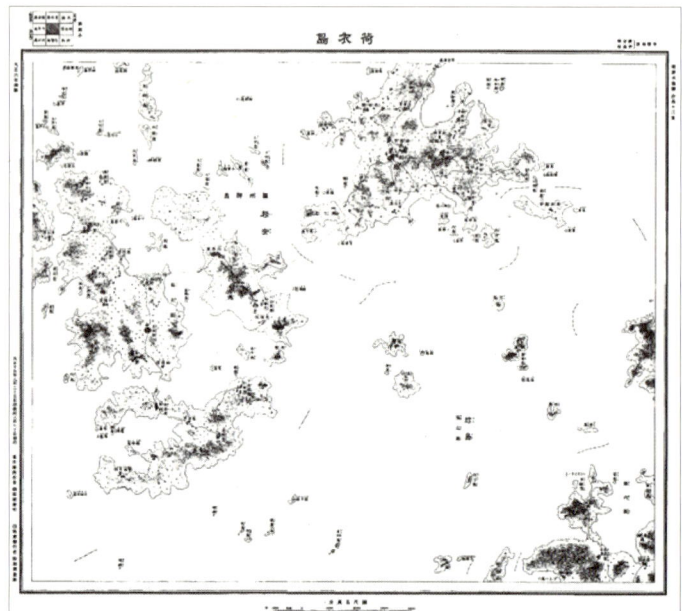

1 그림 10. 1917년(大正6년) 일제강점기에 작성된 신의도 지역의 지도
  자료제공 : 국토지리정보원
2 그림 11. 신의도 지역에 염전을 제외한 토지이용도
3 그림 12. 신의도 지역에 갯벌을 포함한 토지이용도

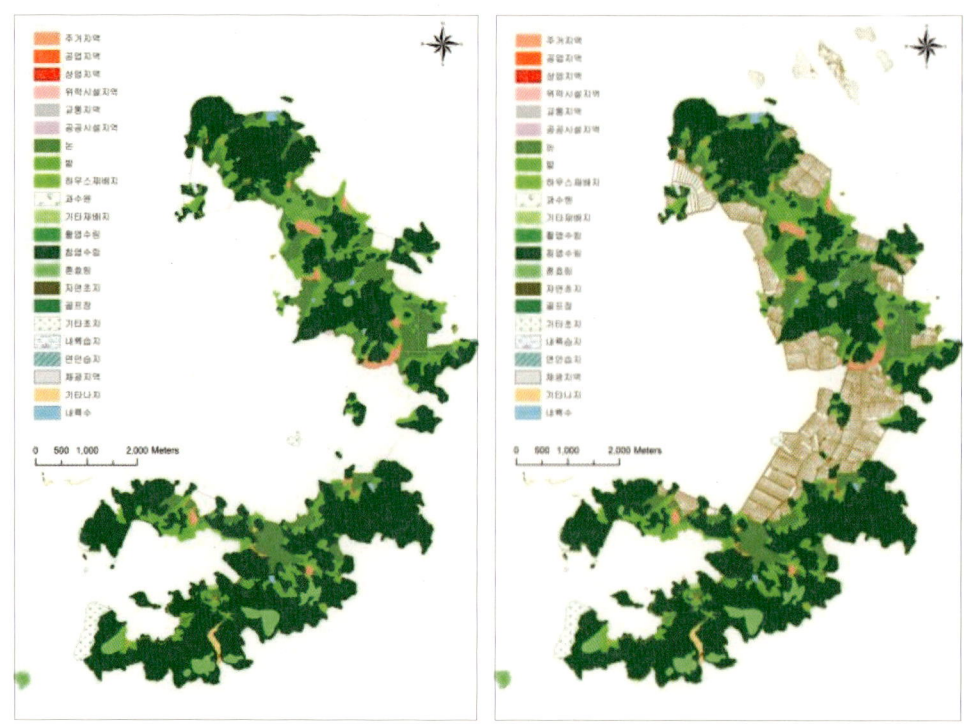

제3부 섬 경관의 가치와 활용

5. 천일염전의 지속가능성과 생태문화자원활용

1) 천일염전의 경제적 지속가능성

증도는 다양한 생태문화자원을 천일염전과 결합시켜 아름다운 경관을 형성하였다. 또한, 다양한 생태관광문화자원을 바탕으로 지역 이미지 구축에 매우 성공적인 사례로 꼽힌다. 이를 바탕으로 해마다 많은 방문객이 증도를 찾고 있고 이는 다양한 측면의 지역소득 창출로 연결되고 있다. 특히, 이러한 지역 생태문화를 바탕으로 한 관광의 이미지가 주요 요소로 간주되고 있다.[28]

그러나, 신의도에서 2014년 섬노예 사건을 겪으면서 천일염 판매와 섬의 이미지에 매우 큰 타격을 입었고 2015년에는 천일염의 위생문제가 부각되면서 또 한 번 영향을 입게 되었다. 그리고 2012년부터 현재까지 천일염 거래 가격이 지속적으로 하락하고 있다.[29] 현재 천일염 사업은 국·내외로 어려운 상황에 직면해 있다. 국제적으로 수출을 위한 다양한 사업이 동시다발적으로 실시되어야 할 것으로 보인다. 해외 수출을 위해서 해외의 식용 천일염 소비방법 등을 파악하고 이에 따라 천일염을 가공하여 판매하여야 할 것이다. 천일염의 위생문제해결을 위해 보다 적극적인 해명과 연구가 진행되어야한다. 홍어와 같이 소비자 신뢰구축을 위한 바코드 장착과 일명 포대갈이 등을 할 수 없게 하는 특수 포장과 같은 다양한 것들이 동시 다발적으로 진행되어야 할 것이다. 이러한 다양한 방법들이 신안군 천일염을 믿을 수 있게 하고 소비자 신뢰구축에 큰 역할을 할 것이다. 현재까지 개선이 되고 있지만 앞으로도 염전업 종사자의 영세성을 극복하기 위한 다방면의 지원과 더욱 중요한 것은 천일염을 생산하는 생산자 개개인의 노력이 절실히 필요한 시기이다.

---

[28] 이동신·김정숙, 「남도관광의 중요요소 결정요인」, 『한국도서연구』 20(1), 한국도서(섬)학회, 2008
[29] 해양수산부, 2017, http://www.mof.go.kr(2017년 2월 검색).

2) 천일염전경관과 생태문화자원활용

신안군은 앞서 서술한 것처럼 갯벌을 대규모로 간척하면서 염전을 만들고 농지형성을 하면서 발전하여왔다. 우리나라 최대 규모의 천일염생산지로 명성을 얻게 된 것도 식량생산이라는 시대적 요구에 따라 갯벌을 간척하여 얻어낸 결과이다.

하지만, 갯벌이 가지는 매우 다양하고 높은 생태적 기능들이 알려지면서부터 근래 들어서 갯벌에 가치는 새롭게 인식되고 있고 이것이 생태계서비스를 제공하여 직·간접적으로 경제적 가치를 높일 수 있다고 알려지고 있다.[30] 특히, 갯벌과 망그로브숲, 산호생태계와 같은 특이 생태계는 다른 형태의 경관으로 활용하는 것보다 그 자체를 유지하는 것이 경제적 이득이 있음이 알려져 있다.[31] 예를 들어, 새만금 간척의 경우를 보면 새만금은 농경지 확보를 위해 국내 최대 규모로 간척을 실시하였지만, 농업에 대한 구체적인 시장조사 없이 진행된 간척은 용도를 변경하여 공업지대, 상업지대 등 다양한 방법으로 토지이용변화를 시도하면서 현재에 이르고 있지만 현재까지 좋은 방법을 찾지 못하고 있는 것으로 알려져 있다. 이에 반해 순천만의 경우 갯벌을 간척하는 대신에 순천만 갈대밭을 보전하고 철새보호구역을 만들고 순천만 정원을 성공시키면서 방문객 수가 기하급수적으로 증가하였다.[32]

신안군의 두지역인 증도와 신의도 외게도 비금도, 도초도 등 다양한 지역에서 천일염을 생산하고 있다. 하지만 증도와 같이 교통의 편리성과 더불어 염전과 그 주변의 경관을 활용한 지역이 증도 외엔 거의 없다. 신안군 지역은 지중해나 동해처럼 맑고 깨끗한 바다를 보기가 쉽지 않지만 조수간만의 차이에 따라 나타나는 갯벌의 변화무쌍한 모습과 과거의

---

[30] 홍선기·김재은·오강호·임현식, 「전남 섬갯벌의 생태적 가치와 도립공원 지정 타당성」, 『생태와 환경』 46(1), 한국생태학회, 2013; Kim, J. E., "Land Use Management and Culture Value of Ecosystem Services in Southwestern Korean Islands", Journal of Marine and Island Cultures 2, 2013; Kim, J. E., "Land Use Pattern and Landscape Structures on the Islands in Jeonnam Province's Shinan County Occasioned by the Construction of Mainland Bridges", Journal of Marine and Island Cultures 5, 2016.

[31] Foley, J. A., DeFries, R., Asner, G. P., Barford, C., Bonan, G., Carpenter, S. R., Chapin, F. S., Coe, M. T., Daily, G. C., Gibbs, H. K., Helkowski, J. H., Holloway, T., Howard, E. A., Kucharik, C. J., Monfreda, C., Patz, J. A., Prentice, I. C., Ramankutty, N., Snyder, P.K., "Global Consequences of Land Use", Science 309(5734), 2005.

[32] 순천시, 2017, http://www.suncheon.go.kr(2017년 2월 검색).

문화적 자산인 갯벌의 매립과 간척으로 생겨난 천일염 생산지와 농업지역, 계절별로 다채로운 색깔의 염생식물 등 다른 지역에서는 쉽게 볼 수 없고 접할 수 없는 경관이 자리 잡고 있다. 특히, 증도의 경우는 태평염전이 위치한 곳에 염전 및 염생식물원 등을 위에서 아래로 전체적으로 조망할 수 있는 전망대를 개발하여 주변 경관을 잘 활용하고 있다. 증도의 경우에는 이러한 자연경관의 특징을 다양한 문화자원과 잘 결합하면서 지역이 지속적으로 성장 할 수 있는 기초를 마련하였다. 따라서 천일염의 부가가치를 높이기 위한 방법으로 제시된 다양한 물리적 방법이외에도 증도의 경우처럼 염전과 그 주변경관 및 다채로운 지역의 생태문화자원을 다양하게 활용하여 지역의 이미지를 개선하는 것이 필요하다.

또한, 증도의 경우 생태관광의 성공요인으로 중간지원조직의 전문성, 중간지원조직의 지역주민과의 신뢰관계 형성, 대외홍보, 지역성을 반영한 관광개발, 지자체 장의 지지와 행정적, 재정적 지원을 근거로 논의하였다.[33] 증도와 비교하여 신의도의 숙박시설과, 생태문화자원리스트 등의 몇 가지 기본 편의시설만 살피더라도 신의도가 열악한 환경인 것이 파악된다.

표 3에 증도와 신의도의 기본 현황을 살펴보면 면적과 인구는 신의도가 크고 인구도 많다. 그러나 식품위생업소와 숙박업소를 보면 그 차이가 크게 나타난다. 식품위생업소는 2배가 차이가 나고 숙박업소는 9배 이상 차이가 나는 것을 볼 수 있다. 증도의 경우에는 증도모실길, 병풍도 노둣길, 화도 등과 같이 다양한 서로 다른 생태문화관광자원을 알 수 있다. 신의도의 경우에는 알려진 생태문화관광자원이 매우 부족한 것으로 나타나 있다. 그러나 신의도에 생태문화자원이 실질적으로 부족한 것이 아니라 홍보가 부족한 것으로 판단된다. 실제적으로 신의도에는 안산성지, 상태서리 자실리와 상서리의 고분군 등이 있고 굴암리 마을숲 등 일반인들에게는 알려지지 않은 생태문화자원들이 있다.[34] 이러한 자원들을 홍보하고 활용하기 위한 다양한 시도들이 부족한 것으로 판단된다.

신의도의 경우 증도에 비해 접근성이 좋지 않은 단점을 가지고 있다. 그러나 섬이

---

[33] 이재환·이진형·황두현, 앞의 글, 2016.
[34] 전라남도(전남의 섬) 2017, http://islands.jeonnam.go.kr/(2017년 2월 검색).

가지고 있는 지리적 특징을 대부분 간직하고 있기 때문에 장기적으로 이러한 잇점을 살리면서 넓게 펼쳐진 천일염전의 광활하고 탁 트인 경관을 감상하기 위해 조망점이 좋은 장소를 활용할 수 있다. 그리고, 갯벌은 위에서 바라보는 경관이 매우 아름답기 때문에 염전과 갯벌이 어우러진 경관을 감상할 수 있는 패러글라이딩, 열기구 등 하늘에서 경관을 감상하기 위한 다양한 레포츠와 접목 시킨다면 산악지역에서 느끼는 경관 감상과 다른 의미에서의 아름다움을 느낄 수 있을 것이다(사진 2). 또한 이러한 레포츠의 계절적 한계성을 극복하기 위한 방법으로 지역의 다채로운 생태문화자원을 활용한다면 지역의 이미지 개선 등에 영향을 미칠 것이다.

표 3. 신안군 증도와 신의도의 기본현황 비교표

구분		증도	신의도
전체면적(㎢)		27.59	32.33
인구현황(단위 : 명)			
	전체	1,640	1,773
	남	883	979
	녀	757	794
식품위생업소(단위 : 개)			
	전체	28	14
	일반음식점	24	13
	휴게음식점 (제과, 편의점, 다방)	3	1
	유흥음식점	1	
숙박업소(단위 : 개)			
	전체	77	8
	리조트	1	
	민박	62	6
	펜션	14	1
	모텔·여관		1

생태문화관광자원 리스트	유네스코생물권보전지역 슬로시티 람사르습지 도립공원 신안해저유물발굴기념비 문준경전도사 순교 기념관 우전해변 짱뚱어다리 태평염전과 소금박물관 증도모실길	유네스코생물권보전지역 도립공원
신안군 문화관광 홈페이지 자원 리스트	짱뚱어다리 한반도해송숲 태평염전 신안갯벌센터 신안해저유물발굴기념비 '고맙습니다'촬용지 화도 우전해수욕장 엘도라도리조트 병풍도노둣길 문준경정도사 순교기념관	황성금리해수욕장 신의소금밭

자료제공 : About 전남의 섬(http://islands.jeonnam.go.kr/)의 원자료 편집, 신안군 문화관광(https://tour.shinan.go.kr/) 참고 편집

사진 2. 증도(좌)의 태평염전과 주변 갯벌경관, 신의도(우)의 섬 중앙부 천일염전과 주변 경관

항공사진 제공 : 신안군

6. 맺음말

일제강점기 이전부터 간척되기 시작한 갯벌은 일제강점기와 식량생산에 중점을 두었던 시대를 거치면서 신안군의 증도와 신의도 같이 대규모 간척을 통해 여러 개로 나뉘었던 섬을 연결하여 매우 큰 경관변화를 보였다. 특히, 간척된 지역은 갯벌에서 농경지와 천일염전으로 토지이용의 형태가 변하게 되었고, 천일염전경관은 갯벌이 발달된 우리나라 서해안의 주된 경관이 되었다.

우리나라 천일염의 대부분을 생산하는 신안군의 경우에는 천일염의 생산에만 전적으로 의존하는 것이 아니라 증도의 경우처럼 지역이 가진 이미지를 적극 활용하고 광활한 천일염전과 염생식물원 등 주변과 어울릴 수 있는 경관과 지역의 생태문화자원을 잘 활용한 사례도 있다. 증도의 경우 광활한 천일염전과 염생식물원을 비롯한 주변 경관을 바라보기 위해 얕은 산지를 활용한 전망대가 있어 경관 감상에 도움을 주고 있다. 그리고 슬로시티, 유네스코생물권보전지역 등의 좋은 이미지와 더불어 다양한 지역 생태문화자원의 활용을 통해 지역이 지속적으로 발전가능한 토대를 마련하였다. 이러한 접근법이 천일염 가격 하락 등의 외부적 요인에 크게 좌우되지 않으면서 지역의 수입원도 다양화되어 지속적으로 발전 할 수 있는 지역을 만들 수 있을 것으로 보인다. 또한, 앞서 논의된 증도의 경우처럼 지역의 이미지가 다양한 산업을 지원할 수 있는 경우가 신의도처럼 천일염 생산외에 구체적인 이미지 창출이 어려운 지역보다 지역의 지속적인 발전에 더 기여할 것이다.

신의도의 경우 지역이 외부 방문객을 끌어들일 수 있는 기본 편의시설이 매우 부족한 형편이지만 지역의 생태문화자원이 부족하다기 보다는 이를 적절하게 활용하고 홍보하는 것이 부족하다고 판단된다. 넓은 천일염전과 넓은 갯벌 그리고 계절에 따라 변화하는 염생식물군락을 조망할 수 있는 위치를 선정하고 다양한 항공레포츠를 활용하면 바다와 갯벌 그리고 염전이 가진 아름다운 경관을 감상하는 것이 지역의 이미지 개선에 도움을 줄 것이다. 또한, 지역 경관의 계절적 한계성을 극복하기 위하여 다양한 생태문화자원을 활용하여 연결할 수 있다면 천일염전 가격의 지속적 하락 등의 외부적 요인에 보다 적극적으로 대처할 수 있을 것이다.

증도와 신의도의 여건을 단순 비교하여 논의하는 것은 한계가 있다. 또한 현재의 염전 조성 지역만 제거한 후 과거의 섬의 경관을 추론하는데도 무리가 따를 것이다. 아마도 더 많은 면적이 간척과 매립이 진행되었을 것으로 보이고 이에 따라 경관도 달랐을 것으로 판단된다. 또한, 증도와 신의도가 가지고 있는 각각의 생태문화자원의 지역적 특성과 가치를 판단하는 정량적 방법이 부족하기도 하다.

그러나, 신안군의 주요 산업중 하나인 천일염생산이 증도의 경우와 같이 그 주변 경관을 이용하고 지역의 생태문화자원을 적극적으로 활용하는 것이 지역의 이미지를 개선하고 지역 경제 활성화에 지속적이고 긍정적으로 영향이 미침으로써 천일염 가격 하락 등 다양한 외부 요인에 보다 능동적으로 대처할 수 있다는 것을 보여주는 좋은 사례이다. 이러한 사례를 바탕으로 신의도와 같이 천일염생산이 주요 산업인 지역을 살펴보면서 지역이 지속적으로 발전해 나갈 수 있는 방향에 대하여 논의함에 의의가 있다.

섬 경관론
도서·연안의 경관과 생태계서비스

제4부

섬경관과 정책적 접근

11. 우리나라의 섬 정책과 국민인식
12. 영토로서의 지속가능한 섬과 정책

11

우리나라의 섬 정책과 국민인식

한국은 약 3,400개의 섬이 위치하고 있고 그 중에서 약 65%에 해당하는 섬이 전라남도에 위치해있다. 경제적 발달과 함께 관광의 형태와 요구사항도 변하게 되면서 섬이 대한 관심이 증가하였다. 그러나 섬에 대한 관심이 증가한 것과는 다르게 섬에 대한 활용이나 관광산업은 매우 부족한 것이 현실이다.

따라서 국가는 섬의 지속가능한 활용과 국토의 효율적 관리를 위해 적절한 정책이 필요하다. 따라서 이러한 급격한 관심의 증가에 발맞추어 행정기관의 역량 확대와 더불어 주민과 방문객의 섬에 대한 새로운 인식이 구축되어야 할 시점에 와 있다. 현재 정부의 섬정책 대상지역 중 전라남도의 도서지역 주민들과 전국을 대상으로 하는 전문가 그룹으로 대학교수, 연구원, 공무원, 지역시민단체를 대상으로 섬에 대한 이미지와 자원 활용과 관련된 정책수립을 위한 기초자료로 활용하고자 설문조사를 실시하였다. 전문가그룹은 이메일 등으로 설문하였고 섬지역 주민들은 직접 방문하여 조사하였다. 조사기간은 2012년 6월 중순부터 7월 말경으로 한 달 정도 실시하였고 사용된 통계처리 기법은 빈도분석(Frequency analysis)와 교차빈도분석(Cross-tab analysis)을 사용하여 분석하였다. 섬에 대한 전반적인 이미지는 섬 주민과 전문가집단 모두에서 자연경관이 아름답다는 이미지를 가지고 있는 것으로 확인되었다. 또한 미래에 대한 가치에 대해서도 자연경관 보존이 미래의 가치로 인식되었다. 섬 자원을 활용한 도서정책 전반에 대하여 주민들은 부정적인 의견을 보인 반면 공무원은 대체로 긍정적인 의견을 보였다. 또한 정부추진의 도서정책은 섬 자체의 자원 활용을 제대로 못하고 있는 것으로 평가하였고 섬 주민들은 보다 실생활에 필요한 현실적인 도서정책에 대한 요구가 있다. 이러한 설문결과를 바탕으로 하여 앞으로의 도서정책은 현재 여러 부처로 나누어 실시하고 있는 것을 통합하거나 조절할 필요가 있고 이와 더불어 섬 관련 연구를 여러 분야에 걸쳐 통합할 수 있는 기관이 필요하다. 또한, 도서지역 개발은 도서지역의 하드웨어에 대한 투자뿐만이 아니고 섬 자체의 특성을 드러낼 수 있는 소프트웨어의 개발을 통한 섬 주민들 의식변화와 이미지 개선을 위한 사업의 중요성도 인식하여야 할 것이다. 마지막으로 기후변화에 대비한 섬의 미래를 준비하기 위한 도서정책들이 절실하다.

---

* 이 논문은 김재은·이경아·홍선기, 「대한민국 정부의 섬 정책과 관련한 국민의식 분석」, 『한국도서연구』 25(1), 한국도서(섬)학회, 2013, 41~59쪽에 실린 논문을 재편집한 것임.

1. 서론

우리나라는 삼면이 바다로 둘러싸여 있고 약 3,400여개의 섬이 분포하고 있어 도서해양국가라고 해도 과언은 아닐 것이다. 특히 유·무인도서 전체를 합쳐 약 65%가 전라남도에 위치하고 있기 때문에 국가의 섬관련 정책에 대한 영향은 매우 크다.[1] 근래 들어 주 5일제 근무 등과 같이 문화적 서비스를 요구하는 시대와 발맞추어 섬과 바다에 대한 관심이 늘어나기 시작하고 있다. 일반 국민들의 섬에 대한 이러한 관심에 비하여 도서해양자원으로서의 무한한 자원인 도서지역은 행정기관의 역량 확대와 지역주민과 방문객 등의 인식 전환을 위한 새로운 인식 전환의 중요한 시점에 와 있으며 도서와 관련된 새로운 패러다임 구축이 매우 시급한 상황이 되었다.[2]

과거에 비해 도서에 대한 관심이 늘어난 것은 사실이지만 그 가치에 대한 사회적 관심과 민간차원의 참여는 아직 저조하다. 그것은 내륙과의 접근성과 해양환경에 적합한 건축 및 시설 등에 막대한 비용 등이 필요하기 때문이다.[3] 그러나 무엇보다도 도서가 가지고 있는 무한한 잠재적 가치에 대해 섬에 살고 있는 지역 주민이나 사회구성원들의 인식이 섬의 지속가능한 활용을 위한 정책에 대한 이해와 실질적 적용이 미흡하고 이에 따라 섬관련 정책 추진이 혼선되는 경우는 흔하다.[4]

---

[1] 전라남도, 『제5차 전남권 관광개발계획보고서(2012~2016)』, 2012.
[2] 강신겸, 「커뮤니티 중심의 섬관광개발」, 『경남발전』 121(7), 경남발전연구원, 2012; 김영준, 「섬관광의 현재와 미래 발전 전략」, 『경남발전』 121(7), 경남발전연구원, 2012; Hong, S.K., G. Pungetti, "Marine and island Cultures : a unique journey of discovery", Journal of Marine and Island Cultures 1(1), 2012.
[3] 신순호·박성현, 「도서지역의 산업 활성화를 위한 지방자치단체의 역할-일본 시마네현 오키군 아마쵸(해사촌)의 사례를 중심으로」, 『도서문화』 39, 목포대학교 도서문화연구원, 2011.

섬관련 정책이 본격적으로 시작된 계기는 1986년 12월 31일에 도서개발촉진법이 제정 공포 되면서 본격적인 도서지역의 개발사업이 논의되기 시작하여 1988년 4월 14일에 제1차 도서종합개발 10개년 계획이 확정되었고 그 이후 1998년 2월 6일에 제2차 도서종합개발 10개년 계획이 확정되었다. 그리고 2008년 1월 4일에 행정안전부에서 제3차 도서종합개발계획 10개년 계획이 현재 확정되어 시행되고 있다.

  행정안전부에서 제3차 도서종합개발계획 10개년 계획(2008~2017)에 지정된 개발대상도서는 총 372개 섬으로 이 중 총 유인도의 86.9%를 차지한다.[5] 각각 지자체별 개발대상도서는 전남이 217개소로 가장 많고 그 다음이 경남으로 62개소이며 충남 25개소, 전북 23개소, 제주 7개소, 경기 4개소이고 경북이 1개소로 가장 적다. 제3차 도서종합개발계획에 지정된 개발대상도서의 약 58.3%가 전라남도에 속한 도서지역이다.[6] 이렇게 도서와 관련된 다양한 국가 정책들이 전라남도를 대상으로 실시되고 있다.

  따라서 이 연구에서는 우리나라 도서의 65%를 차지하고 있으며 이에 따라 섬관련 정책에 큰 영향을 받는 전남의 섬 주민과 전국의 학자와 시민단체 등을 대상으로 하여 섬정책에 관련된 인식을 설문조사하고 이를 분석하였다. 연구 결과는 앞으로 섬정책에 대한 대국민 관심을 높이고 효율적인 도서정책을 수립하고 계획하는데 도움이 될 것이다.

2. 연구대상 및 방법

1) 설문대상

  섬 자원 활용방안에 대한 연구의 기초자료로 전문가 집단과 섬 주민을 대상으로 한 설문조사를 실시하였다. 설문조사 시 전문가 집단은 대학교수 및 연구원, 공무원(중앙정부

---

[4] 국토연구원,『국토품격과 삶의 질 제고를 위한 섬자원 활용방안 연구』, 2013.
[5] 행정안전부, 지역발전정책국, 2008, http://www.mopas.go.kr
[6] 전라남도, 앞의 책, 2012a.

및 시도, 시군 공무원), 그리고 지역시민단체로 세분하였으며, 설문방법은 전자우편e-mail을 통해 실시하였다. 주민 집단은 전라남도의 섬관련 정책, 계획 및 사업이 추진되고 있는 지역을 우선 대상으로 삼았다. '명품섬 베스트 10(행정안전부)'에 해당되는 전남 여수의 개도, '가고싶은 섬(문화관광부)'으로 지정된 신안군 홍도와 완도군 청산도, 행정안전부 주관 '찾아가고 싶은 섬' 최우수사업으로 선정된 목포의 외달도와 여수 개도와 금오도, 슬로시티이며 람사르 습지로 지정된 신안군 증도의 주민들을 대상으로 실시하였다.

설문대상자 중 전문가 그룹은 서울대학교, 전남대학교, 목포대학교, 전북대학교, 영남대학교, 경희대학교, 대구대학교, 강원대학교, 건국대학교, 광주대학교, 계명대학교, 동국대학교, 한국학중앙연구원, 전남발전연구원, 한국문화관광연구원, 국립수목원, 산림과학연구원, 해양환경관리공단, 미강생태연구소 등 대학과 연구소에 근무하는 대학교수 및 연구원을 대상으로 하였다.

지역시민단체는 전국 문화원연합회, 전국 환경운동연합, (사)연안보전네트워크, 여수사회지역연구소, 목포포럼, 미래포럼 등 각 지역 시민단체를 대상으로 하였다. 또한 국토해양부, 환경부, 국립공원관리공단, 광주지방기상청, 유네스코 한국재단, 전남문화예술재단, 국립해양문화재연구소, 국회도서관, 전라남도, 목포시, 진도군, 순천시, 여수시, 거제시 등 중앙정부 및 각 지역자치단체의 공무원을 대상으로 하였다.

지역주민을 대상으로 한 방문설문조사는 앞에서도 설명한 바와 같이 완도군 청산도, 신안군 홍도, 증도, 여수시 개도, 금오도, 목포 외달도의 주민을 대상으로 하였다.

2) 연구방법

전문가 집단과 주민 집단으로 설문지를 구분하여 응답자에 대한 섬의 고유기능과 역할, 그리고 미래가치 등 섬 일반에 대한 의견을 수렴하였으며, 현행 섬 자원 활용정책의 추진현황과 추진 방행에 대한 설문을 중점적으로 실시하였다.

설문에 앞서 섬 자원 활용사업과 섬지역 관련 주요 법률 및 관련계획을 설명하였으며, 전문가는 이메일로, 주민은 직접 면담방법으로 응답지를 작성하였다. 전문가 집단의 경우,

전체 300명에게 전자우편e-mail을 발송하였고 한 달 간에 거쳐 64%(192명)의 회수율을 보였다. 주민의 경우 총 70명을 직접 면담하여 작성하였다. 설문지 발송 및 회수기간은 2012년 6월 15일에서 7월 25일까지 실시하였고 직접 방문 설문조사는 2012년 6월 20일에서 7월 20일까지 실시하였다.

통계처리 방법은 SPSS PASW 20.0을 사용했으며, 주된 통계처리 기법은 빈도분석 Frequency analysis과 교차빈도분석Cross-tab analysis을 사용하여 분석하였다.

3. 결과

1) 표본 수 및 응답자 특성

(1) 주민의 인적 특성

표본은 설문조사내용에 따라, 전문가와 주민 두 가지 유형으로 구분되며, 전문가 집단은 다시 공무원, 지역시민단체, 대학교수 및 연구원 등으로 세분되었다. 주민은 총 70명이며, 성별로는 남자가 68.6%, 여자가 31.4%로 구성되어 있고, 연령별로는 50대가 37.1%로 가장 많고, 그 다음으로 60대 이상이 25.7%, 40대가 17.1%, 30대 14.3%, 20대 5.7% 등의 분포를 보였다. 직업은 관광업이나 상업이 24.3%로 가장 많고, 기타가 22.9%, 농업, 어업 겸업이 18.6%, 농업 15.7%, 어업 12.9%, 학생 5.7% 등으로 구성되어 있으며, 해당지역 거주기간을 보면 20년 이상 또는 평생이 55.7%로 가장 많고, 그 다음으로 6-10년과 11~20년이 각각 14.3%씩, 그리고 3년 미만 8.6%, 3~5년이 7.1% 등으로 구성되어 있다(표 1).

표 1. 응답자 중 주민의 인적 특성

단위 : 명(백분율)

구분		빈도(N)	퍼센트(%)
성별	남	48	68.6
	여	22	31.4

연령	20대	4	5.7
	30대	10	14.3
	40대	12	17.1
	50대	26	37.1
	60대 이상	18	25.7
직업	농업	11	15.7
	어업	9	12.9
	농업, 어업 겸업	13	18.6
	관광업이나 상업	17	24.3
	학생	4	5.7
	기타	16	22.9
거주 기간	3년 미만	6	8.6
	3~5년	5	7.1
	6~10년	10	14.3
	11~20년	10	14.3
	20년 이상 또는 평생	39	55.7
전체		70	100.0

(2) 전문가집단의 인적 특성

전문가집단의 직업분포를 보면, 공무원과 지역시민단체가 각각 60명(31.3%), 그리고 전문가가 72명(37.5%)으로 구성되어 있다. 공무원 60명 중에서는 중앙정부 공무원이 26.7%, 광역지자체 공무원 31.7%, 기초지자체 공무원 41.7% 등으로 구성되어 있고 전문가 72명 중에서는 대학교수 33.3%, 연구원이 59.7%, 중앙정부 공무원(파견) 4.2%, 시도 공무원(파견) 2.8% 등으로 구성되어 있다.

전문가집단의 담당/전문분야를 살펴보면, 공무원과 지역시민단체의 경우 해양생태·환경 분야가 23명(38.3%)과 18명(30%)으로 가장 높은 비율을 차지했고, 전문가의 경우 문화·역사·지리 분야가 27명(37.5%)으로 가장 높은 비율을 차지하고 있다. 특히, 공무원의 경우 해양생태·환경분야(38.3%), 문화·역사·지리분야(18.3%) 순으로 차지하고 있으며, 지역시민단체의 경우, 역시 해양생태·환경분야(30%)가 높은 비율을 차지하고 이어서 문화·역사·지리분야(28.3%)가 우위를 차지했다. 전문가(대학교수 및 연구원)의 경우는 문화·역사·지리분야(37.5%) 다음으로 해양생태·환경분야(30.6%)가 높은 비율 차지하였다.

전문가집단의 경력분포를 보면, 전체적으로 5년 이상이 52.1%로 가장 많고, 그 다음으로 1~3년이 19.8%, 3~5년이 18.2%, 1년 이하가 9.9% 등으로 분포하였다. 공무원과 전문가들은 5년 이상이 60% 이상으로 매우 높으며, 3년 이상은 80%를 넘는 특징을 보였다. 그러나 지역시민단체는 3년 미만이 56.7%로 공무원이나 전문가 집단에 비해 경력이 적은 특징을 보였다(그림 1).

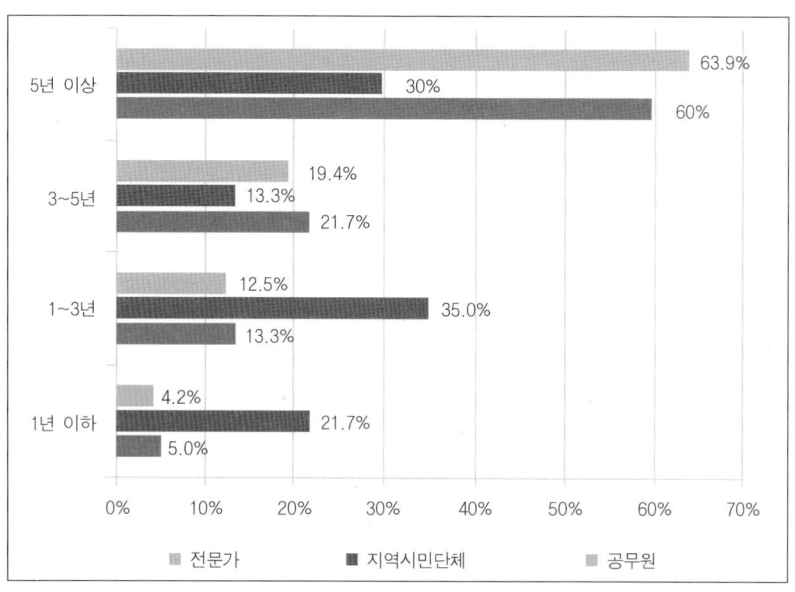

그림 1. 전문가 집단의 경력

전문가집단의 지역별 분포를 보면, 전체적으로 전남이 56.8%로 가장 많고, 그 다음으로 서울이 12.5%, 광주가 5.7% 등이다. 전체적으로 공무원, 지역시민단체, 전문가(대학교수 및 연구원) 등의 집단은 전남지역이 50% 이상을 점하고 있고, 그 다음으로 서울·경기 수도권이 10~20% 정도를 나머지는 전국 각지에 10% 미만의 응답자 분포를 보이고 있다.

2) 섬의 이미지와 미래가치 및 당면 과제

(1) 섬의 이미지에 대한 전문가 집단

섬의 이미지에 대해 공무원, 지역시민단체, 대학교수 및 연구원 들을 대상으로 1순위, 2순위로 나누어 조사한 결과, 1순위에서는 '자연과 경관이 아름다운 곳'이 49%로 압도적으로 많은 특징을 보이며, 2순위에서는 '자연과 경관이 아름다운 곳', '우리의 해양영토로서 중요한 곳', '관광이나 레저 휴식을 즐길 수 있는 곳' 등이 상대적으로 높은 응답률을 보이고 있다. 따라서 응답자들이 생각하는 섬의 이미지의 경우 1·2순위 모두 '자연과 경관이 아름다운 곳'의 응답률이 높게 나타났다(그림 2).

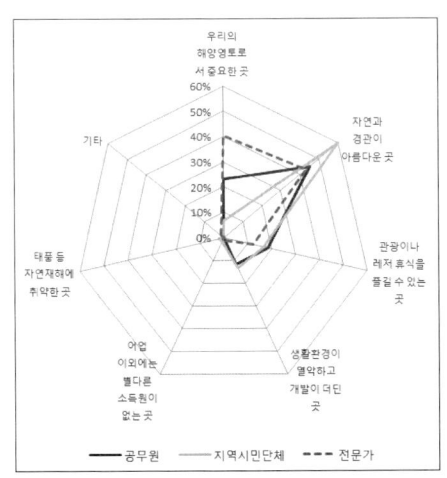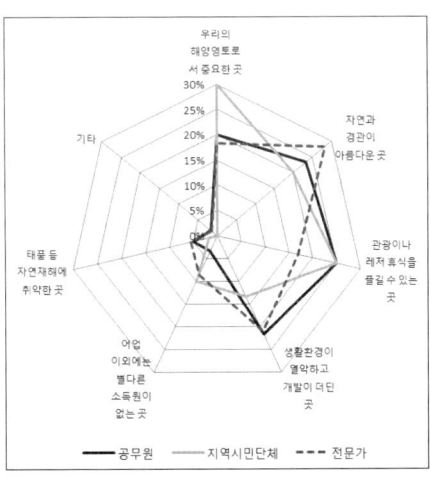

그림 2. 섬의 이미지에 대한 전문가 집단의 인식(좌 : 1순위, 우 : 2순위)

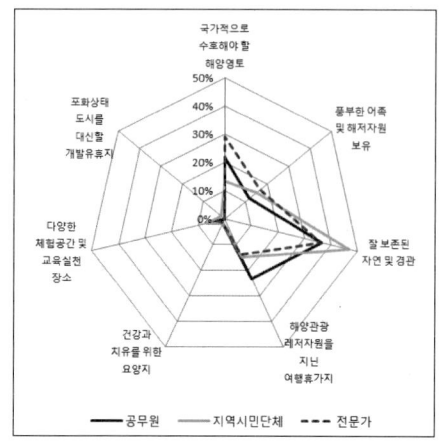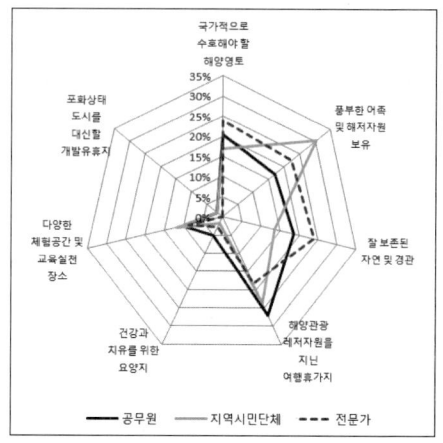

그림 3. 섬의 미래가치에 대한 전문가 집단의 인식(좌 : 1순위, 우 : 2순위)

(2) 섬의 미래가치에 대한 전문가 집단

섬의 미래가치에 대해 공무원, 지역시민단체, 대학교수 및 연구원 들을 대상으로 1순위, 2순위로 나누어 조사한 결과, 전체적으로 1순위에서는 '잘 보존된 자연 및 경관'이 가장 많은 응답을 얻었고, 2순위에서는 '풍부한 어족 및 해저자원 보유', '국가적으로 수호해야 할 해양영토', '해양관광 레저자원을 지닌 여행휴가지' 등이 높은 응답률을 보이고 있다(그림 3).

(3) 섬의 당면과제에 대한 전문가 집단 및 주민

섬의 당면과제에 대해 주민, 공무원, 지역시민단체, 대학교수 및 연구원 들을 대상으로 1순위, 2순위로 나누어 조사한 결과, 1순위에서는 '육지로의 인구유출과 노령화 문제'와 '접근성 불량/병원, 보건소, 상가부족 등 생활환경 취약' 문제 등이 30% 이상의 관심을 보이고 있고, 2순위에서는 1순위에서 언급된 문항과 함께 '무분별한 개발로 인한 자연 및 경관 훼손과 환경오염'이 주된 당면과제로 인식되고 있었다.

3) 섬자원 활용정책의 추진현황

(1) 정부가 추진하는 섬관련 추진사업에 대한 주민의 인지도

정부 추진 섬 자원 활용정책에 대한 주민의 인지도에 대한 질문 항목에서 주민들은 '알고 있다'는 응답이 54.3%였으나, '모르고 있다'는 응답도 45.7%나 되었다. 정부 추진 사업의 경우 절반에 가까운 응답자가 인식하지 못하고 있으므로, 지역 주민의 인지도가 낮다고 보여진다.

(2) 정부가 추진하는 섬 자원 활용정책의 섬에 대한 기여 정도

정부가 추진 중인 섬 자원 활용정책에 대한 기여도에 대해, 응답자들은 전체적으로 '그저 그렇다'는 응답이 24.5%로 가장 많고, 그 다음으로 '조금 기여'가 23.6%, '크게 기여하지 못함'이 22.5% 등으로 나타나, 긍정적인 응답이 약간 더 높은 특성을 보였다.

(3) 정부가 추진하는 섬 자원 활용정책이 주민의 삶의 질 향상에 기여유무

정부가 추진 중인 섬 자원 활용정책이 기여하지 못하는 이유와 관련하여 전체 응답자

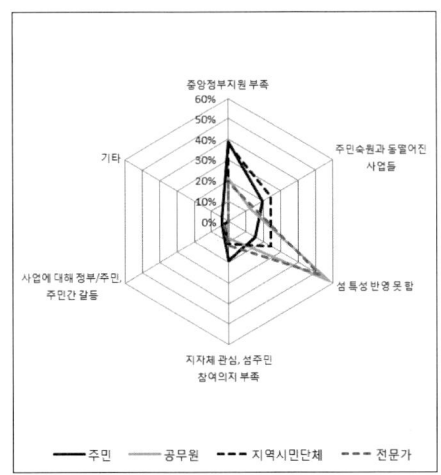 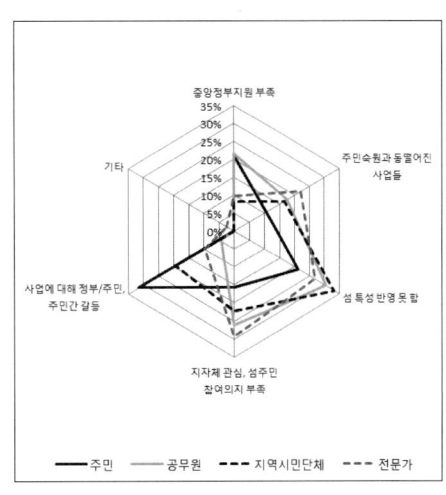

그림 4. 정부가 추진하는 섬의 자원을 활용한 정책이 기여하지 못한다고 생각하는 이유(좌 : 1순위, 우 : 2순위)

들은 1순위에서 '섬 특성을 제대로 반영 못 함'이 38.0%로 가장 큰 이유로 나타났으며, 두 번째는 '중앙정부의 지원부족'이 28.7%로 나타났다. 2순위에서는 '섬 특성 반영 못함'과 함께 '지자체 관심과 섬주민의 참여의지 부족'이 20% 이상의 응답률을 보이고 있다(그림 4).

정부가 추진 중인 섬 자원 활용정책이 주민의 삶의 질 개선에 기여한다고 응답한 경우는 그 이유와 관련하여 전체 응답자들은 1순위에서 '관광객 증가로 주민소득 증대'를 43.6%로 가장 큰 이유로 나타났으며, 두 번째는 '전기, 도로, 선착장 등 생활/생산기반시설 개선'이 29.6%로 나타났다. 2순위에서는 '관광객 증가로 주민소득 증가', '외지인에 대한 이미지 개선', '전기, 도로, 선착장 등 생활/생산시설 개선', '육지와의 접근성 향상' 등에 대해 비교적 골고루 응답되었다.

(4) 정부의 섬관련 사업 추진방식과 내용에 대한 만족도

정부 추진방식과 내용에 대한 만족도에 대해 전체 응답자들은 '그저 그렇다'가 29.0%, '잘 모르겠다' 22.9%, '조금 만족'과 '크게 만족하지 못함'이 22.5%, '많이 만족' 3.1% 등으로 응답하였다. 또한 정부정책의 추진 방식에 대한 불만족 이유는 전체 응답자들은 1순위에서는 '도로, 선착장 등 물리시설 확충에 치중'이 27.4%, '사업대상 선정기준 절차의 불투

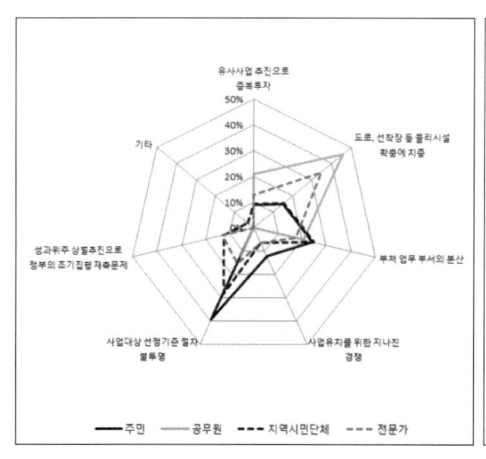 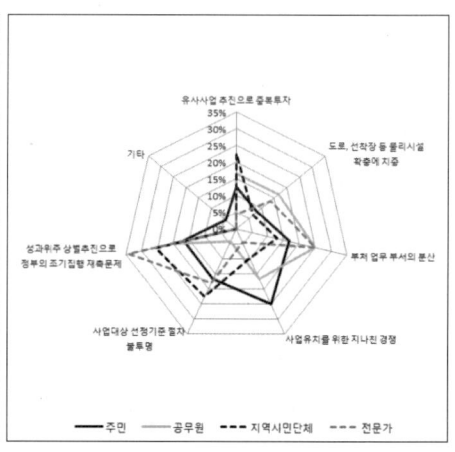

그림 5. 정부가 추진하는 섬 정책의 불만족 이유(좌 : 1순위, 우 : 2순위)

명'이 23.7%, '부처 업무부서의 분산' 21.5% 등에, 2순위에서는 '성과위주 상벌추진으로 정부의 조기집행 재촉문제'가 26.0%로 제일 크고, 그 다음으로 '부처 업부부서의 분산'이 20.3%로 비교적 중요하게 나타났다(그림 5).

(5) 정부지원 만족여부

정부지원에 대한 만족도와 관련하여 전체 응답자들은 '잘 모르겠다'가 31.3%, '그저 그렇다'가 29.0%, '크게 만족하지 못함'이 21.8%, '조금 만족'이 17.5%, '많이 만족' 0.4% 등으로 응답하였다. 만족하지 못하는 이유로는 전체 응답자들은 1순위에서는 '중앙정부지원금 절대 부족'이 38.8%로 가장 많고, 그 다음으로 '사업추진실적에만 의존해서 평가, 추가 인센티브 결정'이 27.3%, '중앙정부 지원 상응하는 지자체의 지원협조 부족'이 22.3%, '예산집행 및 사업내용에 대한 지나친 개입'이 8.6%, '기타' 2.9% 등의 순으로 응답하였다.

(6) 사업추진 시 예상되는 부작용과 애로사항

사업추진 시 예상되는 부작용에 대해 전체 응답자들은 1순위에서는 '섬의 자연생태계 및 경관 훼손'이 59.8%로 가장 많았으며, 2순위에서는 '외지인의 투기 쓰레기 등으로 환경오염'이 31.2%로 가장 많은 특징을 보였다.

섬자원 활용정책 및 관련사업 추진시 애로사항에 대해 전체 응답자들은 1순위에서는 '섬자원에 대한 중요성 및 활용인식 부족'이 40.6%, '주변에 자연 및 생태계 보존지역 존재'가 22.2% 등이 주된 애로사항으로 손꼽혔으며, 2순위에서는 '사업추진 인력 부족'이 31.1%로 가장 많은 특징을 보였다.

(7) 향후 사업추진 시 기대효과

정부가 섬자원 활용정책 및 관련 사업을 추진함으로써 얻을 수 있는 기대효과에 대해서 전체 응답자들은 1순위에서는 '관광객 늘고 주민소득 증대할 것'이 47.9%로 압도적으로 높고, 2순위에서는 '관광인프라 확충'이 29.5%로 전체적으로 관광사업과 관련된 효과로 응답하고 있다.

4) 섬 자원 활용정책의 추진 방향

(1) 섬 자원 활용정책에 대한 의견 및 섬 주민 삶의 질 향상 및 소득증대를 위한 자원 유형

정부가 섬자원 활용정책 및 관련 사업을 추진함으로써 얻을 수 있는 기대효과로 전체 응답자들은 1순위에서는 '관광객 늘고 주민소득 증대할 것'이 47.9%로 압도적으로 높고, 2순위에서는 '관광인프라 확충'이 29.5%로 전체적으로 관광사업과 관련된 효과로 응답하였다.

섬 주민 삶의 질 제고 및 소득증대 위한 자원유형에 대해 전체 응답자들은 1순위에서는 '자연과 경관자원'에 60.6%로 압도적인 응답률을 보이고, 2순위에서는 '관광레저자원'이 21.6%, '역사와 문화자원'이 21.6% 등에 상대적으로 높은 응답률을 보였다(그림 6).

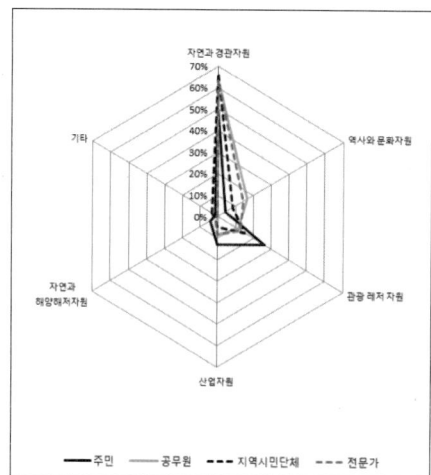 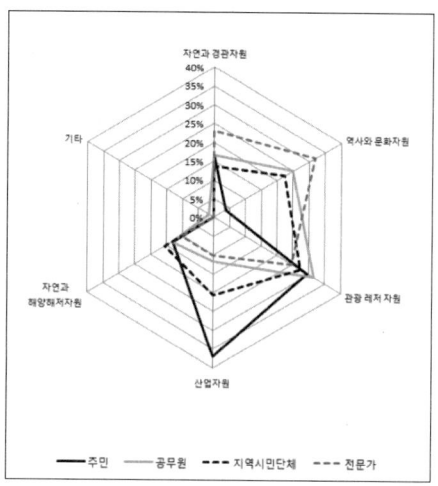

그림 6. 섬 주민 삶의 질 제고 및 소득증대를 위한 자원유형(좌 : 1순위, 우 : 2순위)

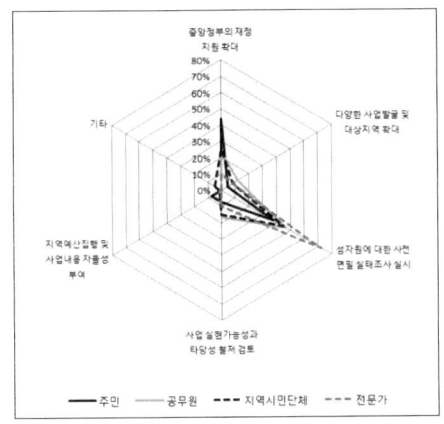
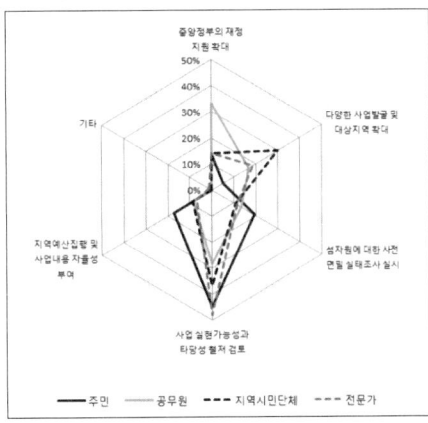

그림 7. 향후 정부의 사업추진시 선행해야할 과제(좌 : 1순위, 우 : 2순위)

(2) 향후 정부의 사업추진 시 선행과제 및 우선 고려기준

향후 사업추진시 정부의 선행과제에 대해 전체 응답자들은 1순위에서는 '섬자원에 대한 사전면밀 실태조사 실시'에 51.0%로 압도적인 응답률을 보이고, 2순위에서는 '사업 실현가능성과 타당성 철저 검토'에 39.8%로 강조하였다(그림 7).

사업대상 도서 선정시 우선 고려기준에 대해 전체 응답자들은 1순위에서는 '섬 특성, 고유자원 활용정도'에 31.4%, '자연 및 경관 보존 정도'에 27.6% 등으로 비교적 높은 응답률을 보였으며, 2순위에서도 같은 항목에 높은 응답률을 보였다.

(3) 섬 자원 활용의 방향과 핵심주체

향후 사업추진시 정부의 선행과제에 대해 전체 응답자들은 1순위에서는 '섬자원에 대한 사전면밀 실태조사 실시'에 51.0%로 압도적인 응답률을 보이고, 2순위에서는 '사업 실현가능성과 타당성 철저 검토'에 39.8%로 강조하였다. 사업추진 핵심주체에 대해 전체 응답자들은 1순위에서는 '도서지역 주민들'이 49.2%로 가장 높았고, 2순위에서는 '해당 지자체'가 36.4%로 가장 높았다.

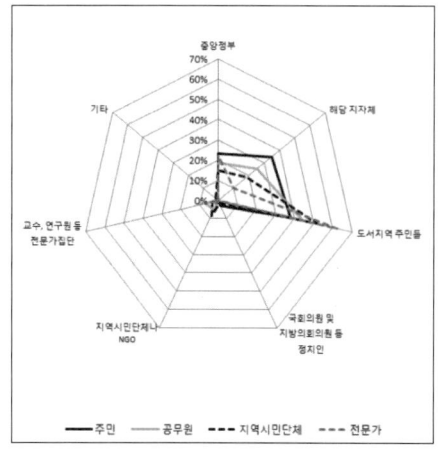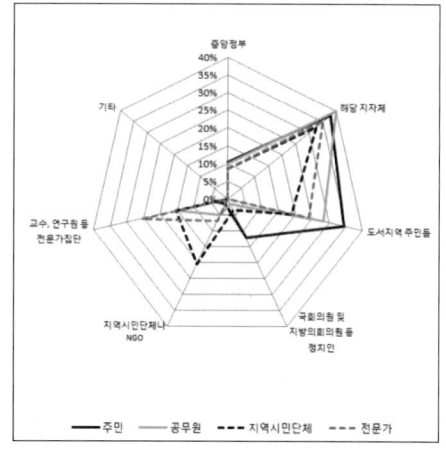

그림 8. 사업추진 핵심 주체(좌 : 1순위, 우 : 2순위)

4. 논의

1) 섬에 대한 주민과 전문가 집단의 인식 차이

섬의 이미지에 대해서 전문가 집단과 주민 집단의 응답 모두 '자연이 아름다운 곳'과 '우리의 해양영토로서 중요한 곳'이라는 의견이 주를 이루었다. 또한 섬에 대한 미래의 가치에 대해서도 모든 집단에서 공통적으로 '잘 보존된 자연 및 경관'에 가장 가치를 주는 것으로 나타났다.

섬이 현재 당면한 과제는 공무원과 지역시민단체의 경우는 '육지로의 인구유출과 노령화문제'를 가장 많이 선택한 반면, 주민들과 대학교수 및 연구원은 '접근성 불량/병원, 보건소, 상가부족 등 생활환경 취약'을 섬의 당면과제 1순위로 선택하였다. 이는 공무원과 지역의 시민단체는 사회문제시 되는 고령화문제를 섬의 당면과제로 인식한 반면에 주민들과 대학교수 및 연구원 집단은 도서지역의 소외된 교통 및 생활환경적 측면을 최우선 순위로 인식하고 있어서 실질적인 차이를 보여주고 있다.

주민의 경우 정부 추진 사업의 인지도에서는 '알고 있다'는 대답이 54.3%와 '모른다는 대답'이 45.7%로 거의 비슷하게 나타났으며 모른다고 응답한 경우는 '중앙정부의 홍보부족'이나 '사업의 참여기회 부족' 등을 그 이유로 꼽았다.

또한 정부가 추진하는 섬 자원을 활용한 정책이 어느 정도 기여하고 있는 지에 대한 설문에서 공무원의 경우가 긍정적인 답변이 많았으며 그다음으로는 지역시민단체, 대학교수 및 연구원, 주민 순으로 나타났다. 주민들의 경우는 '기여한다'는 대답이 37.1%, '기여하지 못한다'는 응답이 31.4%와 함께 '잘 모르겠다'는 대답이 37.2%로 나타나 전체적으로 68.6%가 정부가 추진하는 섬 자원 활용정책의 기여도에 전반적으로 관심이 없거나 부정적인 시각으로 바라보는 측면이 강한 특징을 보였다. 이것은 정부가 추진하는 섬 자원을 활용한 정책에 대해 주민의 인지도가 낮게 나타난 것과 상관관계가 있는 것으로 판단된다. 그리고 정부 시행 정책의 낮은 인지도 때문에 전문가집단과 달리 주민들이 생각하는 섬 자원을 활용한 정책의 기여정도도 역시 부정적인 입장을 나타낸 것으로 생각된다.

정부의 추진 방식에 대한 내용과 만족도에서 주민들은 '잘 모르겠다'는 대답이 46.4%로 '만족하지 못한다'는 응답이 44.9%로 나타나 대체로 부정적인 의견을 보였다. 이것은 대학교수 및 연구원과 지역시민단체의 경우 '그저 그렇다'를 중심으로 '조금 만족'의 응답 비율이 높게 나타난 것으로 보아 약간 긍정적인 측면이 있다고 판단된다. 공무원의 경우는 상대적으로 '많이 만족'에 대한 응답 비율이 높아 정부의 추진방식과 내용에 대해 어느 정도는 만족하고 있는 것으로 판단된다. 이를 통해 보면 주민들이 인식하는 것과는 상당한 차이를 보이고 있다. 이것도 앞서와 마찬가지로 주민의 경우, 정부가 추진하는 사업에 대한 인지도가 낮고 정부가 추진하는 사업의 기여도에 있어서도 부정적인 의견을 보인 것과 같은 것으로 보인다. 이 두 집단간의 설문 결과를 보면 정부의 추진방식과 내용에 대한 만족도는 응답결과와 상관성이 높다는 것을 알 수 있다.

정부가 추진하는 정책에 대한 불만의 이유로 주민들과 지역시민단체는 '중앙정부 지원금 절대 부족'을 이유로 인식하고 있으며 공무원의 경우는 '중앙정부 지원에 상응하는 지자체의 지원협조 부족'을 각각 이유로 응답했고 대학교수와 연구원은 '사업추진실적에만 의존해서 평가, 추가 인센티브 부족' 등을 이유로 인식하고 있었다. 주민을 포함하여 응답자 모두가 서로 다른 입장 차이를 보이고 있다.

향후에 추진하는 정부의 선행과제에 대해서는 전체 응답자들이 사업전에 섬자체의 자원에 대한 면밀한 실태조사가 실시되어야한다는 요지의 의견을 51.0%로 반수이상이 응답했다. 각 집단별로 살펴보면 주민들은 '중앙정부의 재정지원 확대'를 43.5%가 선택하여 가장 먼저 고려해야하는 것으로 나타났다. 반면 전문가 집단 모두는 '섬 자원에 대한 사전면밀 실태조사 실시'에 가장 높은 응답률을 보여서 주민과는 다른 의견을 보이고 있다.

또한, 이것은 사업대상 도서를 선정할 때 우선 고려해야하는 기준에도 나타나는데 전문가 집단 전체는 '섬 특성, 고유자원 활용정도'와 '자연 및 경관 보존 정도'를 1순위로 생각하고 있지만, 주민들은 '주민소득 증가 및 일자리 창출 정도'와 '생활환경 개선 및 생산시설 확충정도'에 높은 응답률을 보였다. 이것은 주민들은 직접 생활에 영향을 줄 수 있는 항목에 우선순위를 둔 것으로 판단된다.

2) 도서별 인식의 차이

섬에 대한 다양한 설문에 대하여 주민과 대학교수 및 연구원, 지역시민단체, 공무원이 각각의 입장이 다르게 반영되고 있음을 알 수 있다. 이러한 차이는 실제 섬에서 거주하고 있는 주민들의 입장과 섬의 특성을 연구하는 연구자 그리고 사업을 집행하는 공무원 상이의 입장 차이를 나타내고 있다고 판단된다. 결과에는 서술하지 않았지만, 각 섬별로 주민들의 의식 조사를 분석해 보면, 섬의 주민들의 경우는 개발에 의해서 소외된 피해의식이 반영되고 있다.[7] 특히 서남해권 도서 중에서 관광객이 가장 많이 찾는 홍도의 경우는 이웃에 위치한 흑산도에 비해 상대적으로 소득이 높음에도 불구하고 다른 도서에 비해

---

[7] 박흥식·장은경, 「지역관광개발에 대한 도서지역주민의 사회표상-증도 사례를 중심으로-」, 『도서문화』 40, 목포대학교 도서문화연구원, 2012.

개발에 대한 강한 의욕을 보이고 있다. 그러나 오히려 다른 도서의 주민들은 지나친 개발은 오히려 자연환경의 파괴와 터전이 황폐화 될 수 있다는 것을 인지하고 있다. 또한, 연구자들은 섬을 조사 연구하면서 섬의 특성을 인지하고 보다 객관적 시각에서 섬을 보려고 한다.

3) 섬의 생산성과 정책의식

도서를 평가할 때 가장 우선 고려해야 할 부분은 섬의 수용능력과 생산성이다.[8] 도서지역은 육지와의 거리에 의해 교통, 자원, 물류의 유통이 달라진다. 또한, 같은 서남해권이라해도 전라남도 신안군의 비금도, 도초도, 신의도, 증도, 암태도 등의 섬들은 갯벌을 매립하고 간척하여 상대적으로 높은 농업생산성을 가지고 있다. 또한, 양식어업, 염전 등의 사업을 하고 있어서 생산성이 높은 편에 속한다. 이렇게 카페리로 1~2시간 거리의 육지와 가까운 도서에 비하여 흑산면에 속한 흑산도, 상태도, 하태도, 홍도, 만재도, 가거도 등에 속한 섬들은 쾌속선으로도 2~4시간 거리에 있고 주로 어업을 위주로 생계를 꾸려하기 때문에 거리에 가까운 내해쪽 도서민들과는 섬과 해양에 대해 인식차이가 있다고 생각된다.[9] 따라서 정부에서 정책을 수립할 때 이러한 섬의 특성과 주민들의 인식 차이를 인식하여야 할 것이다. 또한, 섬은 한정된 자연환경을 가지고 있기 때문에 수용능력이 매우 중요하다. 섬의 특성을 올바로 파악하고 자원을 제대로 활용할 수 있도록 섬의 수용능력을 초과하는 개발 등은 지양해야 할 것이다.[10]

---

[8] 김재은, 「도서지역 생태계서비스의 경관계획과 관리」, 『도서문화』 37, 목포대학교 도서문화연구원, 2011; Kim, J.E., S.K. Hong, "Human impact on coastal sand dune ecosystems", in Hong, S.K., Wu, J., Kim, J.E., Nakagoshi, N. (eds.), *Landscape Ecology in Asian Cultures*, Springer, 2011.
[9] 홍선기, 「섬의 생태지리적 동질성과 이질성 – 신안 다도해 하의면과 신의면의 소통 – 」, 『도서문화』 40, 목포대학교 도서문화연구원, 2012.
[10] 김재은 · 홍선기, 「서남해 도서자연자원의 생태적 가치와 지속가능한 활용」, 『도서문화』 38, 목포대학교 도서문화연구원, 2011; Pungetti, G., "Islands, culture, landscape and seascape", *Journal of Marine and Island Cultures* 1(2), 2012.

4) 주민참여 정책과 지속가능한 섬을 위한 정책 개발

도서개발의 목표와 주체는 가급적 분명하고 동일한 것이 보다 효율적일 수 있다.[11] 하지만, 현재 지나치게 민간자본에 의존하는 지자체의 도서개발 정책이 자연에 의존하면서 생활해온 도서주민들의 실생활과 괴리감을 나타내고 있다. 정책결정과 입안 과정 등에서 주체가 도서주민이란 응답률이 49.2%로 전 그룹에서 가장 높았던 것처럼 주민이나 전문가들의 의견이 잘 반영될 수 있도록 노력해야 할 것이다. 또한, 현재 실시하고 있는 정책이 맞지 않는 것으로 판단된다면 과감하게 궤도수정 등을 통한 올바른 정책 실현이 되어야 할 것이다.

정책의 수립과 실현에 있어서 주체가 도서주민이라는 사실은 분명하다. 따라서 주민들에게 정책에 대한 적극적 홍보를 통한 동의를 얻어내야 하고 이것은 주민들의 실생활과 연결되어야 한다.

주민들과 전문가들 모두가 생활의 터전인 섬과 바다의 자연환경에 대한 중요성을 강조하고 있다. 자연환경을 섬의 미래 자원으로서 가치를 높이 평가하고 있으므로 보다 지속가능한 발전을 위한 전략과 더불어 섬 주민 위주의 정책 그리고 주민들의 삶의 바탕인 자연환경을 보전하고 제대로 활용하는 관광 시스템의 개발 등을 통한 총체적인 도서정책의 전환이 필요하다.

---

[11] 강신겸, 앞의 글, 2012; 김준, 「우리나라 도서개발정책의 성찰과 지속가능한 섬만들기 전략」, 『도서문화』 40, 목포대학교 도서문화연구원, 2012.

5. 맺음말

1) 도서정책의 효율적 운영

우리나라의 도서정책 대상은 주로 유인도와 무인도로 구분되어 시행되고 있다. 1970년대 내무부에서 관할하였던 도서관리가 행정자치부를 거쳐 행정안전부로 거듭 이관되면서 30여 년간 우리나라 유인도의 도서정책을 수행해 오고 있다. 그러나 최근 다도해해상국립공원 등 국립공원의 기능이 환경부로 이관되고, 또한 일부 무인도 중 생태계가 우수한 무인도를 선정, 특정도서로서 관리함으로써 도서의 관리가 보전과 개발로 이원화 되어 오고 있다. 정부는 2008년 건설교통부와 해양수산부를 통합 국토해양부를 신설하면서 무인도서 실태조사 등을 실시하여 전국의 무인도서를 절대보전, 준보전, 이용가능, 개발가능 등 4개의 용도구역으로 구분하여 관리하는 정책을 수립하여 시행하고 있다.[12]

이와 같이 현재 유인도서와 무인도서를 행정안전부, 국토해양부, 환경부 등이 도서의 보전과 개발에 대한 정책을 나누어 시행하고 있다.[13] 또한, 문화관광부, 농수산식품부 등이 해양관광시설과 어촌개발 등과 관련하여 정책을 제안하고 있다. 즉 해당 도서를 중심으로 여러 행정기관의 중복 투자가 발생하는 경우가 있고 그 관리주체와 법, 제도 등으로 인하여 도서해양 환경을 비롯하여 주민들 생활에도 혼선을 주고 있다.[14] 특히, 여러 섬에 예산이 분산됨으로 효율적 경영이 저하되거나 환경이 훼손되는 현상이 발생하여 주민들의 생활을 위협하는 경우가 있음에 주목해야 한다. 도서개발에 대한 정확한 사전 조사에 입각하여 집중적인 개발과 투자가 필요하고 사후 지속가능한 경영이 절실히 필요하다.

---

[12] 육근형, 「우리나라 무인도서 관리 문제점과 정책방향」, 『해양수산동향』 1173, 한국해양수산개발원, 2005; 오강호·정철환·고영구·홍선기·김재은·이경아, 「무인도서 관리를 위한 평가방법의 개선방안」, 『한국도서연구』 23(4), 한국도서(섬)학회, 2011.
[13] 육근형, 위의 글.
[14] 김태영, 「경남의 섬관광 활성화를 위한 정책제언」, 『경남발전』 121(7), 경남발전연구원, 2012; 손대현·장희정·김민철, 「우리나라의 해양관광 활성화를 위한 도서관광개발정책 개선방안-백령도와 사량도의 개발사례를 중심으로」, 『관광연구논총』 16, 한양대학교 관광연구소, 2004.

2) 섬의 이미지개선과 도서정책 다양화

도서지역 주민들의 생활환경을 개선하는데 충분한 재원이 아님에도 불구하고 여러 도서지역으로 예산이 분배되는 경향이 있고 주요 재원이 주로 연륙교 설치, 도로개설, 항만보수, 마리나 시설 등 하드웨어 인프라 구축에 투입되고 있는 것이 현실이다. 육지와 먼 섬과 가까운 섬 등 입지적 조건에 따라서 섬의 자연환경 특성을 반영한 교통, 자원관리, 생산유통 등에 대한 종합적인 정책 개발이 요구된다. 또한 국가나 지자체의 섬 개발 정책에 앞서 주민들의 의식 변화와 섬 이미지 개선을 위한 사업이 우선 선행되어져야 한다.

섬이 가지고 있는 생태적 특성, 역사성 등이 반영되지 않는 개발 사업은 결국 섬의 이미지를 훼손 할 뿐아니라 주민들의 자긍심도 훼손하게 된다. 섬의 주민들로 하여금 자발적인 섬 발전 모델의 주체가 되고 그 결과를 느낄 수 있는 시스템이 필요하다.[15] 육상에 비해 섬은 바다로 둘러싸여 있어 사회·경제적 환경변화에 매우 취약하다.

대규모의 하드웨어 사업뿐만 아니고 주민들이 자체적으로 활동하여 섬의 이미지 개선을 위해 노력할 수 있는 프로그램과 소프트웨어 산업의 개발과 지원이 필요하다. 그런 의미에서 미래 지향적인 도서해양관광의 터전으로서 '섬'에 대한 인식변화, 국가의 효율적인 투자와 관리를 수행할 수 있는 지자체의 능력, 그리고 국가의 지속가능한 관리시스템이 반드시 필요한 곳이 도서지역이다.

3) 개발과 보전 및 활용과 관련된 성공사례

연구자의 입장에 따라서 중앙정부 차원의 정책사업과 지자체 차원에서의 정책 사업 중에 어느 하나가 성공적 사례로 선택하기에는 어려움이 많다. 대부분의 유인도가 여러 가지 사업으로 중복되고 있고 실효성에 대한 여러 가지 의문이 있지만 이러한 다양한

---

[15] 고창훈·강영훈, 「실용적 섬생태주의 패러다임과 실천논리에 관한 연구-섬지역(제주도)의 정책목표, 환경지표, 실천명제의 통합논리-」, 『한국행정학보』 32(1), 한국행정학회, 1998.

사업을 효율적으로 수행하고 관리함에 있어서 상승효과를 통한 지역활성화를 일으키는 바람직한 사례로서 전남 신안군의 증도와 완도군의 청산도를 예로 들 수 있다. 이 두 지역은 모두 슬로시티Cittaslow로 지정된 바 있으며 신안군 증도의 경우는 2009년 유네스코 생물권보전지역UNESCO Biosphere Reserve에 지정되어 일반인들과 지역주민들에게 그 명성을 알리고 있다.

이 두 섬은 주민들의 자발적 노력을 이끌어내어 스스로 참여한다는 것이 돋보인다. 섬이 가지고 있는 자원을 발굴하거나 전통 지식을 활용하여 다양한 섬 음식과 상품을 개발하여 관광객들에게 제공하고 있다. 이러한 제품은 단순히 상품으로서의 가치뿐이 아니라 그 섬의 정체성을 나타내고 소개하는 훌륭한 이미지 개선의 역할을 하고 있다. 또한 각 섬에는 주민들만이 가지고 있는 다양한 전통지식이 있고 이것은 미래 도서해양관광 산업의 중요한 콘텐츠로서 역할을 할 것으로 생각된다.

4) 섬에 대한 장기 연구 및 전문기관의 필요성

일본에는 이도센터라는 섬 전문기관이 있다. 일본 유인도의 역사, 문화, 자연자원 등을 관리하고 조사하여 그 통계를 일정기간마다 출간하는 작업을 하고 있다.[16] 우리나라에서는 행정안전부에서 『도서백서島嶼白書』를 발간하고 있지만, 일본에서는 정부에서 하는 역할을 이도센터에서 도맡아 정리한다. 또한, 1년에 한 번씩 타지역 섬 지자체장들이 서로 다른 섬에 모여서 회의를 하고 각자의 섬에서 느낀 점, 고민거리, 정부제안 들을 모아서 제출한다. 우리나라에는 이러한 섬을 전문으로 하는 연구기관이 없다. 또한, 섬 연구를 장기적으로 추진하는 사업도 전무하다. 환경부, 국토해양부 등에서 무인도 관련 조사 사업이 있기는 하지만, 간헐적인 조사이고 유인도 주민(무인도의 해양환경과 이용 포함)의 생활사, 민속, 경제, 환경, 자연자원 활용 등 섬 주민들만의 고유한 토착지식을 종합하여 통합하는

---

[16] 신순호·박성현, 앞의 글, 2011; 박상우, 「우리나라 도서개발 정책 방향 모색 – 한·일 도서개발정책 비교의 관점에서」, 『수산정책연구』 6, 한국해양수산개발원, 2009.

연구하는 기관은 매우 드물다.[17]

21세기 말 한반도의 환경은 기후온난화 등으로 상당히 바뀔 것으로 예측되고 있다. 기후 환경변화에 매우 취약한 것은 해양환경과 섬이다. 지금의 유인도가 미래의 무인도가 되지 않도록 하기 위해서는 찾아가고 살 수 있는 섬으로서의 섬 환경을 조성하는 도서정책의 전환이 절실하다.

---

[17] 김준, 앞의 글, 2012.

12

영토로서의
지속가능한 섬과 정책*

근래 동아시아에서 섬과 바다에 대한 관심이 매우 높아지고 있다. 이것은 일본과 중국 등 주변국들과의 해양영토에 대한 관심이 촉발되면서부터 더욱 뚜렷해지고 있다. 따라서 일본과 중국 등 동아시아의 섬과 해양정책 등에 대해 알아보고 우리나라의 섬, 특히 갯벌섬과 해양정책의 올바른 방향 등에 대해 논의해 보고자 한다. 동아시아의 일본은 자국의 배타적경제수역(EEZ)의 확장을 위한 노력이 주변 국가들의 반대에 부딪히고 있다. 이것은 자국의 해양영토를 확보하여 해양자원 개발과 같은 경제적 이익을 얻기 위한 노력의 일환으로 받아들여지고 있다. 또한, 중국도 이러한 차원에서 국가 조직을 정비하고 새로운 해양시대에 대비하기 위한 준비를 이미 시작하고 있다. 섬과 해양관련 정책의 선진국이라 할 수 있는 미국과 영국도 기후변화에 따른 자연환경변화의 관점에서 초점을 두고 섬과 해양관련 정책을 위한 국가 조직을 정비하고 많은 예산을 투자하고 있다. 우리나라에서도 효율적 국가 조직 정비라는 명목 하에 해양수산부의 업무를 국토해양부와 농수산식품부 등 여러 부처로 나누어졌다. 하지만, 여전히 섬과 해양 관련 정책의 실행은 효율적이지 못하고 여러 부처로 흩어져 있어 새롭게 통합하고 조절할 수 있는 기관이 필요하다. 특히, 섬의 경우는 섬에 사는 사람들이 해양영토의 지킴이로서의 역할이 강하기 때문에 이를 위한 인문학적 접근을 통한 연구도 매우 중요하다. 또한, 갯벌이 발달된 갯벌섬의 관리는 그 가치를 제대로 인식하는 것이 매우 중요하다. 국가나 지자체 차원의 효과적이고 올바른 섬과 해양 개발을 위해서는 그 지역이 속한 자연환경 특성을 고려한 인문환경의 활용이 매우 중요하다고 하겠다. 이제부터라도 국가 영토로서의 섬과 해양에 대한 관심이 필요할 뿐 아니라 더 늦기 전에 집중적이면서도 효과적인 연구와 투자를 통해 국민들의 삶의 질 향상을 위한 노력을 해야 할 것이다.

---

*   이 논문은 김재은, 「영토로서 지속가능한 섬과 해양관련 정책」, 『도서문화』 41, 2013, 305~327쪽에 실린 논문을 재편집한 것임

1. 서론

　동아시아 3개국인 대한민국, 중국, 일본은 바다를 사이에 두고 아주 오랜 세월동안 교류가 진행되어 왔다.[1] 그 교류는 생활물자의 교환과 침략을 위한 전쟁 등 수 많은 이유로 각국에 긍정적인 영향과 부정적인 영향을 동시에 주고 받아왔다. 이러한 다양한 교류의 목적을 위해서 과거 시대별로 바다와 섬은 해양영토로서 주목 받기도 하고 배척당하기도 하였다.

　세계사적 관점에서 보면 과거 해양을 무대로 활동했던 국가들이 세계를 주도하는 강대국으로서 중요한 위치를 차지했다는 것을 알 수 있다.[2] 과거 교류가 활발하지 못했던 시대를 거쳐 21세기에 접어든 현시점에서도 이러한 현상은 현재까지도 지속되고 있고 요 근래에는 바다와 섬이 해양영토로서 더욱 주목 받게 되었다.

　근래에 이렇게 바다와 섬들이 해양영토로서 부각되고 사람들로부터 주목되는 이유는 다양한 시각이 있겠지만 가장 중요한 것 중 하나가 해양에 존재하는 자연자원 때문이다.[3] 인간은 현재까지 생활에 이용하기 위한 자연자원을 주로 육지에서 더 많이 채취하고 이용하여 왔다. 과거 자연자원을 이용하기 위한 과학기술의 발달이 충분하지 않았던 시절에 훨씬 더 이용이 편리하고 쉽게 얻을 수 있었기 때문이다. 그러나 이제 자연자원을 발굴하고 채취하는 과학기술은

---

[1] 강봉룡 외,『목포권 다도해와 류큐열도의 도서해양문화』, 민속원, 2012년도에 출판된 것으로 강봉룡, 「목포권 도서해양문화의 변천과 전망」, 13~28쪽; 최성락, 「진도 용장성의 발굴성과와 삼별초」, 31~43쪽; 이케다 요시후미(池田 榮史), 「나가사키현 다카시마 해저 유적에서 출토된 고려계 유물」, 45~64쪽의 논문에서 고대부터의 해상을 통한 동아시아 3개국의 교류에 대하여 자세히 서술되어 있음.
[2] 김성진, 「해양, 21세기의 새로운 영토」,『Dokdo Research Journal』 10, 2010.
[3] 위의 글.

눈이 부시게 발달했으며 육지의 자연자원은 너무 많은 채취로 이미 고갈상태에 이른 것이 있을 정도로 자연자원의 중요성과 필요성이 세계적으로 매우 중요한 이슈가 되었다. 특히, 무인도서는 해양영토의 최전선에 있다고 해도 과언이 아닐 만큼 요즘 무인도를 차지하기 위한 각국의 해양영토 분쟁이 치열하다.

또한, 기후온난화에 따른 환경변화의 영향이 어느 곳 보다도 더 빨리 섬 지역에 영향을 미치고 있다. 전 지구적 규모의 기후온난화는 북극의 얼음을 녹여 해수면 상승을 야기하고 있으며 인도양의 몰디브 등 해수면이 낮은 섬들에 살고 있는 인류는 현재 생존의 위협에 직면해있다.[4] 우리나라도 해마다 태풍과 해수온도 상승에 따른 영향 등으로 천문학적 숫자의 비용을 복구와 예방비용 등으로 지출하고 있다.

이렇게 바다와 섬을 영토로 포함하고 있는 해양 국가들은 자연자원의 지속가능한 이용과 섬 주민들의 삶의 질 향상과 관련하여 해양과 관련된 정책적 문제에 더욱 관심을 기울이게 되었다.[5] 특히, 바다와 섬의 가치를 잘 인식하고 있는 우리나라 주변국인 일본과 중국을 비롯하여 영국, 미국 등이 이를 활용하기 위한 국가차원의 해양 전략을 재정비하고 있다.

해양영토로서 바다와 섬을 자국의 영토로 편입시키고 있는 국제적 사례가 증가하고 있고 이를 바탕으로 해양자원을 미리 점유하려는 국가 간의 노력이 치열해지고 있는 상황에서 바다가 삼면인 우리나라는 바다와 섬을 포함하는 효과적인 해양관련 정책의 필요성이 어느 때보다도 절실히 요구되고 있다. 특히, 갯벌이 발달하여 갯벌섬[6]이 많은 경기도, 충남, 전북, 전남해안의 경우에는 그 가치를 제대로 아는 것이 매우 중요하다. 올바른 정책을 통해 기후온난화에 올바르게 대응하고 보다 효과적인 방법들을 찾아 섬 주민들의 삶의 질 향상을 위한 노력이 절실하다.

이 논문에서는 우리나라 주변국인 일본과 중국의 섬과 바다에 관련 정책에 대해 주로

---

[4] 최재천·최용상 엮은 『기후변화 교과서』, 도요새, 2011에 전 과학 분야에 걸쳐 31명의 학자와 전문가가 공동집필한 것으로서 기후변화의 개념과 기후변화에 따른 전 세계적인 현상과 한반도의 현재와 미래에 대하여 자세하게 기술되어 있음.
[5] 김재은, 「도서지역 생태계서비스의 경관계획과 관리」, 『도서문화』 37, 2011.
[6] 홍선기 외, 『환경생태학』(라이프사이언스, 2012)에서 섬생태에 대하여 쓴 부분 중에 사용된 의미를 인용하였다. "갯벌섬은(tidal island, tidal flat island) 사람이나 자연에 의하여 육지로 연결되어 있는 섬으로서 지리학적으로 대륙붕섬(continental shelf island)에 포함된다고 할 수 있다."

살펴보고 영국과 미국 등 선진 주요국의 해양정책을 비롯하여 우리나라에 대해 살펴보고자 한다. 또한, 섬과 바다에 관련하여 지속가능한 정책에 대해 논의해 보고자 한다.

2. 해외의 섬과 해양관련 정책

1) 일본의 정책추진 방향

섬나라인 일본은 국경이 바다로 이루어져있다. 특히, 근래에는 국경을 접하고 있는 우리나라를 비롯한 인근 중국, 러시아 등 주변국들과 국경과 관련하여 갈등을 빚고 있다. 이를 계기로 일본이 현재 추진하고 있는 바다와 섬에 관련된 추진 정책을 EEZ의 확대와 낙도離島 관리와 관련된 정책에 대하여 알아보고자 한다.

(1) 일본의 본토와 낙도(離島 또는 본토와 멀리 떨어진 섬, 작은 섬)에 대한 정책

일본에서 얘기하는 낙도(離島, 또는 본토와 멀리 떨어진 섬, 작은 섬)에 대한 정의는 현재까지 정확하지 않다. 하지만, 1987년 일본 해상보안청의 "해상보안의 현재 상태The Present State of Maritime"라는 보고서에 의하면 "둘레 100m이상의 해안을 갖는 섬"을 나타내고 있다.[7] 이 정의에 의하면, 일본은 6,853개의 섬을 가지고 있고 이들 중 421개만이 유인도이고 90%이상이 무인도이다.[8] 이들 섬은 대부분이 본토에 비해 저개발인 상태로 남아 있었다. 세계 제2차 대전이 끝나고 7년 후인 1952년에 일본정부는 본토에서 멀리 떨어진 섬(또는 작은 섬)에 대하여 「낙도진흥법離島振興法(Remote Islands Development Act)」[9]을 제정하여 개발

---

[7] Sueo Kuwahara, "The development of small islands in Japan; An historical perspective", *Journal of Marine and Island Cultures* 1, 2012.
[8] 김경신·이주하, 「일본의 도서관리 정책과 우리나라에 미치는 영향」, 『해양수산』 288, 2008; Sueo Kuwahara, Ibid, 2012.
[9] 낙도지역 개발의 근거법률로서 1953년에 10년간의 한시적인 법안으로 제정되었다. 그 후 10년 마다 개정과 연장을 반복하고 있고 현재의 법률안은 제157회 통상국회에서 이 법안의 일부를 개정하는 법률 제 90호의 성립을 계기로 하여 2003년 4월에 시행되었고 2013년 3월까지를 기한으로 하고 있다.

정책을 시작하였다. 이 법률의 목적은 섬의 후진성을 제거하여 개발시킨다는 목적으로 추진되었으며 그 목적은 제1조[10]에 자세하게 서술되어 있다. 그러나 오가사와라小笠原, 아마미奄美, 오키나와沖繩는 미국군정의 지배하에 있었기 때문에 이시기에는 제외되었다. 하지만, 그 후 「특별법」[11]이 제정되어 이들 섬들도 경제적 지원을 받게 되었다. 이 후에

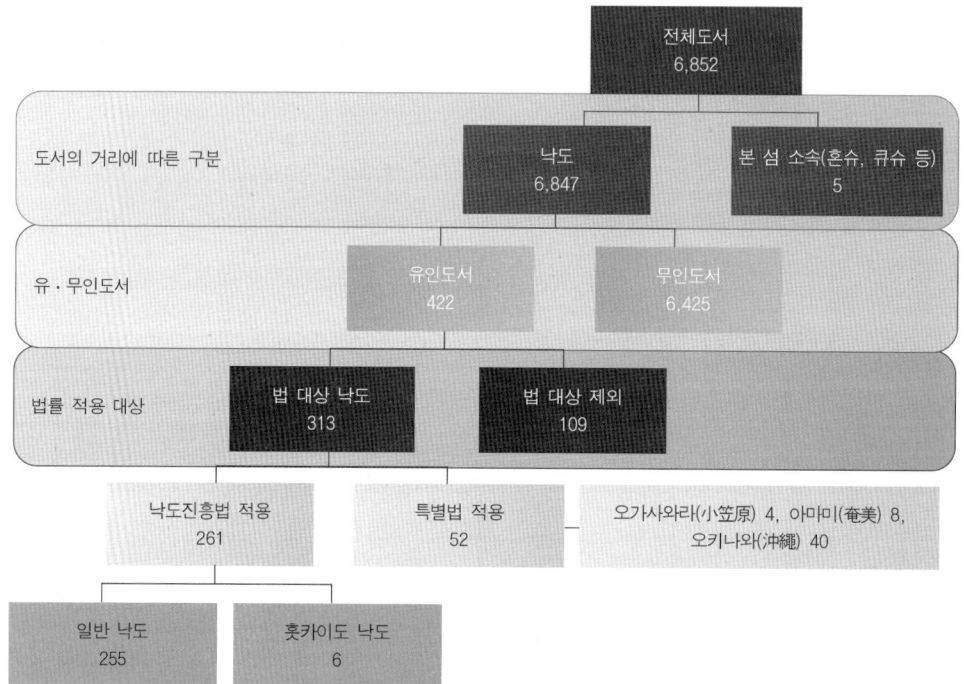

그림 1. 田中建治, 「해양기본계획과 낙도진흥(海洋基本計畵と離島振興)」(2008)에 의한 일본의 도서(島嶼) 현황

10· 낙도진흥법 제1조 (목적) 이 법률은 일본의 영역, 배타적경제수역 등의 보전, 해양자원의 이용, 자연환경의 보전 등에 중요한 역할을 담당하고 있는 낙도에 대하여 산업기반 및 생활환경의 정비 등이 다른 지역과 비교하여 낮은 수준에 있는 상황을 개선하고 또한 낙도의 지리적 및 자연적 특성을 살린 진흥을 도모하기 위해 지역에 있어서 창의성을 살리면서 그 기초 조건의 개선 및 산업 진흥 등에 관한 대책을 수립하고 이에 기초하여 사업을 신속하고 강력하게 실시하는 등 낙도의 진흥을 위한 특별 조치를 강구함에 따라 낙도의 자립적 발전을 촉진하고 도민의 생활 안정 및 복지 향상을 도모하며 국민경제의 발전 및 국민 이익의 증진에 기여하는 것을 목적으로 한다.

11· 1952년에 지정된 낙도진흥법에서 제외된 오가사와라(小笠原), 아마미(奄美), 오키나와(沖繩)를 제도적으로 지원하기 위해 만든 특별법이다. 각 도서는 '오가사와라 제도 진흥개발 특별 조치법(小笠原諸島振興開発特別措置法, 1969년 제정, 2006년 최종 개정)', '아마미 군도 진흥개발 특별 조치법(小笠原諸島振興開発特別措置法, 1954년 제정, 2008년 최종 개정)', '오키나와 진흥 특별 조치법(沖縄振興特別措置法, 2002년 제정, 2008년 최종 개정)'으로 특별법을 제정하였다.

지정된 이 특별법은 이전에 「낙도진흥법」에 의한 다른 섬들보다 훨씬 더 많은 중앙정부의 재정이 투입되었다. 일본은 이러한 두 가지 방법으로 섬의 개발계획이 수립되고 진행되고 있었다. 최근에 일본의 도서현황을 나타낸 田中建治의 「해양기본계획과 낙도진흥海洋基本 計畵と離島振興」(2008)에 의하면 일본의 도서 현황은 전체 섬이 6,852개이고 섬의 거리에 따라서 본섬인 혼슈와 큐슈 등을 제외한 낙도는 6,847개이다(그림 1).

일본은 최근까지 이러한 두 가지 법에 의해 약 10여 가지의 구체적 낙도진흥계획을 세우고 예산을 집행하였다.[12] 田中建治[13]와 정명생·임경희[14]에 의해 정리된 10가지 주요 예산사용 항목이 있다. 첫째는 교통체계의 정비로 교류인구 및 수송활물을 증가시키기 위한 노력을 추진하고 특히 낙도항로의 유지와 개선을 위해 노력한다. 둘째는 고정밀도 정보통신 네트워크 충실로 광역망 서비스제공, 지상 디지털 방송 대응 등 고도의 정보통신 네트워크를 구축한다. 셋째는 산업의 진흥을 위해 소량다품종의 낙도 특산물을 효과적으로 소득이 될 수 있도록 변환하기 위한 노력을 추진하고 숙박업과 체험관광 등과의 산업 간 연대를 강화한다. 넷째는 생활환경 정비를 위해 표류·표착하는 쓰레기의 효율적이고 효과적인 처리 방법을 검토하고 발생억제대책을 추진한다. 다섯째는 의료의 질 향상을 위해 의료종사자를 확보하고 의사가 없는 낙도에서는 정기적인 순회 진료, 원격 진료 등을 할 수 있도록 한다. 여섯째는 고령자 복지를 위해 지역주민이나 고령자를 보호하기 위한 노력에 대한 지원을 한다. 일곱째는 교육과 문화의 진흥을 위해 낙도의 교육환경을 확보하고 낙도로의 유학 및 체험활동 등 개성 있는 학습의 장으로 활용하기 위하여 노력한다. 여덟째는 관광 개발로 관광에 대한 풍부한 지식이나 체험을 갖는 인재를 육성하고 확보하여 관광업자와 연대한다. 아홉째는 다른 지역과의 교류를 촉진하여 보다 매력 있는 체험학습, 아일랜드 테라피 등의 프로그램을 기획하고 운영할 수 있는 인재를 육성하고 확보한다. 마지막으로 국토보전을 위해 해구형 지진 등 대규모 지진에 대한 방재대책을 추진한다. 개선, 관광개발 등에 의한 목적으로 시설투자에 집중적으로 중앙정부의 자금이 투자

---

[12] 田中建治, 「해양기본계획과 낙도진흥(海洋基本計畵と離島振興)」, 2008.
[13] 위의 글.
[14] 정명생·임경희, 「일본의 이도어업 지원정책 및 시사점」, 『해양수산 현안분석』, 한국해양수산개발원, 2006.

되었다.[15] 또한, 사용목적에 각각의 소관부처가 지원하는 내용과 비용이 다르다. 이것은 아래 표 1에 나타내었다

표 1. 일본 해양 관련 사업 예산 현황(2007~2008년)

항목	내용	소관부처	예산(백만엔)	
			2007	2008
해양 이용사업	해운의 국제경쟁력 강화 일본 선박, 일본인 선원의 확보와 육성	국토교통성	81	161
	국제해상수송망의 거점이 되는 슈퍼 중추항만의 정비	국토교통성	52,657	60,217
	어업의 구조개혁 추진 등에 의한 어업경영체의 경영력 향상 촉진	농림수산성	5,000	10,206
해양 안전 · 재해방지	해상 안전과 치안 확보 등을 위한 순시선, 항공기 등의 긴급정비 '빈 순시정 제로 작전'의 추진	국토교통성	39,489	39,458
	일본 주변해역에서 무장공작선 등에 대한 대응 강화	방위성	30,219	105,715
	낙도 항로의 유지와 개선	국토교통성	3,844	4,095
	국경 주변 낙도의 국가적 역할의 평가 보전과 이용 등에 관한 조사	국토교통성		14
	표류·표착하는 쓰레기와 유목의 처리에 대한 지원 및 효율적 처리방법의 조사	국토교통성 농림수산성, 환경성	546	550
	선박의 에너지절약 기술 개발에 의한 해상수송의 CO_2 삭감	국토교통성	94	230
해양과학 조사 등	삼차원 물리탐사선 등에 의한 석유, 천연가스 부존실태의 조사	경제산업성	11,345	15,163
	해저열수광상의 개발을 위한 채광기술 환경영향 예측기법 등의 조사	경제산업성		500
	영해, 배타적경제수역에서 해저지형과 지각구조 등의 조사	국토교통성		1,338
	대륙붕 한계 구획 확정을 위한 조사	내각관방, 경제산업성, 국토교통성 등	11,661	2,574

---

[15] 全國離島振興協議會,「離島振興法改正檢討會議報告」,『しま』226, 2011.

	해양연구의 기반이 되는 지구환경규제 심해저 탐사 프로젝트 등의 추진	문부과학성	38,000	38,760
	해양자원의 이용촉진을 위한 기반도구 개발프로그램	문부과학성		400
	도카이, 도난카이, 난카이 지진의 연동성 평가연구 추진	문부과학성		495
	이상기후에 대응하기 위한 해양변동감시장치의 정비 및 정보의 제공	국토교통성		13
	고도해양감시시스템의 운용 등에 의한 해양정보의 수집과 제공	국토교통성	783	867
해양 국제협력	아시아태평양지역의 생물다양성 보전을 위한 협력		116	125
	어업자원의 지속적인 이용을 위한 수산분야에서 협력		1,227	1,172
	말라카-싱가포르 해협 안전 확보에 필요한 협력		50	61
	합계		1조 4,33억 엔	1조 3,381억 엔

* 자료는 일본 종합해양정책본부 홈페이지 내용을 표로 정리한 김경신·이주하(2008)의 논문에서 인용함.

(2) 일본의 해양정책

일본은 낙도진흥법과 특별법 등으로 자국 내의 낙도에 대한 국가의 지원을 실시해오고 있다. 이외에도 「해양기본법」과 「해양기본계획」을 수립하여 도서에 대한 전면적인 관리에 적극적으로 대처하고 있다. 이것은 1994년 발효된 유엔해양법협약[16]·의 발효로 인근해역과 도서의 배타적 권리를 확보할 수 있는 공식적이고 제도적인 장치가 마련되었다는 판단에서 이다. 또한 해양자원의 확보하려는 전략을 위해서이다.

일본은 2003년도부터 200해리 이원의 대륙붕 외측 한계를 확보하기 위해서 산업, 학계, 연구, 기관 등이 참여하는 대륙붕한계위원회(CLCS, Commission on the limits of the Continental Shelf)를 구성 조직하였다. 이 조직의 주장에 의하여 일본의 국토면적의 약 1.7배에 해당하는 약 65만㎢의 해양영토를 확보할 수 있다. 태평양의 암초인 오키노도리시마의 경우,

---

[16]· 유엔해양법협약은 1994년에 발효되었다. 이 법안은 연안국이 주변 200해리 수역의 개발과 관리에 대한 주권적 권리와 배타적 관할권에 대한 권리를 국제적으로 보장하고 있고 최대한 350해리까지 대륙붕을 확장 할 수 있는 제도적 장치를 부여하고 있다. 또한, 연안국은 자국의 해양 관할권 내에 생물과 무생물 자원의 조사와 개발을 할 수 있는 배타적 권리가 있다.

섬으로서의 지위를 확보하게 되면 유엔해양법협약에 따라 일본 전체 육지 면적인 약 38만 ㎢ 보다 넓은 200해리의 EEZ(Exclusive Economic Zone, 배타적경제수역)[17] 약 40만㎢를 확보할 수 있기 때문에 엄청난 예산을 들여 암초를 인공적으로 섬으로 만들려는 노력을 하고 있다.

일본은 이 유엔해양법협약의 발효로 해양질서가 크게 바뀌고 한국과 중국 등과의 해양영토 및 해양관할권 문제 등으로 갈등이 생기자 2007년 4월에「해양기본법」을 제정하였다. 2007년 7월부터 시행한 이 법은 새로운 해양환경변화에 대응하기 위한 일본의 해양국 실현에 대한 국가적 책임, 이를 실현하기 위한 해양기본계획의 수립, 해양에 관련된 여러 가지 시책을 종합적이고 체계적으로 추진하고 해양정책을 일원화하기 위한 '종합해양정책본부'의 설립 등을 주요 내용으로 하고 있다.[18] 일본은 이 법률에 의한 여러 가지 사업을 추진하였다. 특히, '낙도 항로의 유지와 개선', '국경 주변 낙도의 국가적 역할의 평가와 보전 및 이용 등에 관한 조사'에 전체 해양 예산의 0.3%를 충당하였다.

이법과 기존에 낙도진흥법과 비교해 보면 낙도진흥법은 2013년에 종료될 한시적인 법안이고 그 주요 목적이 낙후된 섬의 개발에 초점을 두고 있다.[19] 따라서 최근의 도서와 해양에 대한 가치와 해양의 종합적인 이용과 활용적인 면을 잘 반영하지 못하고 있다. 따라서「해양기본법」을 제정하여 낙도가 배타적경제수역 등의 보전과 해상교통 안전의 확보, 해양자원의 개발 및 이용, 해양환경 보전 등에 중요한 역할을 하고 있다고 규정하고 있다(표 2).

---

[17] EEZ(Exclusive Economic Zone) : 한국어로 배타적경제수역이라고 하며, 육지로부터 200해리(약 370km)까지의 바다 영역을 말한다. 이 해역에서는 주변 연안국이 자연자원의 탐사와 개발 및 보존에 관련되어 주권적 권리를 갖고 있다. 그리고 이 해역 안에서는 인공시설의 설치 및 활용, 해양환경의 보전과 과학적 조사 활동 등의 권리도 주변 연안국이 그 주권을 갖게 되어 있다.
[18] 정명생·임경희, 앞의 글, 2006.
[19] 國土交通省離島振興課, 앞의 책, 2012.

표 2. 낙도진흥법과 해양기본법에 나타난 도서에 대한 인식 비교

구분	낙도진흥법	해양기본법
도서의 가치인식	• 영역 및 배타적경제수역 등의 보전 • 해양자원의 이용 • 자연환경의 보전	• 영해 및 배타적경제수역 등의 보전 • 해상교통 안전 확보 • 해양자원의 개발 및 이용 • 해양환경 보전
국가적 책임	• 산업기반의 생활환경 정비 • 도서의 지리적이고 자연적 특성에 맞는 진흥계획 수립 • 주민의 생활안정과 복지 향상	• 해양 등의 보전 • 해상교통 안전의 확보와 해양자원의 개발 및 이용을 위한 시설 정비 • 주변 해역 자원환경의 보전 • 주민 생활기반의 정비
도서의 관리 정책	• 도서의 보전 및 관리	• 해양영토 관리와 해양의 정합적 이용과 관리

*자료 : 해양수산개발원

 2008년 3월에 일본은 해양기본계획을 수립하고 공표하였다. 이 계획은 '새로운 해양입국의 실현'이라는 해양기본법의 제정 취지를 보다 구체화 한 것으로 종합해양정책본부가 마련한 법정계획이다.[20] 이 계획은 앞서의 해양기본법과 마찬가지로 기존의 낙도진흥법과는 달리 해양의 종합적 이용과 관리라는 해양정책의 기조로 최근 세계의 해양환경변화와 도서 문제를 둘러싼 해양영토와 해양자원의 확보를 위해서 실시되고 있다.

 일본은 2013년 해양관련 예산을 대폭 증가하여 지난해보다 350억엔 늘어났다. 이 예산은 방위성과 해상보안청 등의 예산 증액을 주로 하고 있다. 2013년 3월에는 제2차 해양기본계획을 발표하였다. 이번 발표된 계획은 몇 년 전 발생한 대지진과 쓰나미 등과 같은 바다가 원인이 된 재해와 원자력발전관련 에너지 수급 계획을 해양에너지자원을 활용하여 보완하고 기후변화 대응과 주변국과의 영토 분쟁에 따른 해양영토 주권 확보 등에 대한 내용을 주로 하고 있다.[21]

---

20. 정명생·임경희, 앞의 글, 2006.
21. 김경신, 「일본의 제2차 해양기본계획」, 2013, http://seapower.or.kr/xe/index.php?document_srl=19707.

2) 중국의 해양관련 정책

중국의 해양영토관련 정책들은 최근에 체계적으로 추진되고 있다. 2007년에 바다를 정기적으로 순찰하기 위한 체제를 구축하였고, 2008년도에는 해양관련 정부부서의 조직을 확대 개편하였다. 그리고 2009년도에는 해양관련 법률의 집행 질서를 보다 강화하는 등의 해양관리에 본격적으로 시동을 걸고 있다.

특히, 2008년도의 해양관련 정부의 조직 개편은 중국의 국가해양국이 해양전략 연구과 해양업무의 종합과 강화를 주요 내용으로 하는 해양조직 개편을 시행하였다. 조직 개편 전과 후에 국가해양국의 기능에 대해 표 3에 나타내었다.

표 3. 중국 국가해양국의 기능 개편 전과 후의 비교

조직 개편 전	조직 개편 후
해양관련 법률 입안과 정책 수립 해양관련 통계 관리	국가해양사업 발전 전략과 정책 수립 • 해양감시와 모니터링 • 과학 연구, 해양투기, 개발 이용의 종합 조정
해역 사용 감독 및 관리 해저 광케이블 부설 관리, 해역탐사	연안관리, 도서 및 관할 해역, 극지, 공해, 국제 심해저 관련 국내 정책과 제도의 수립
해양환경보호 및 감독 해양생물의 다양성과 해양생태 환경보호 해양자원 보호지역과 특별보호구 감독	해양경계 운영 감시와 모니터링, 평가 및 정보 발표 • 해양 에너지 절감과 오염물 배출 저감 • 기후변화 대응
대회 해양과학조사 감독관리, 해양경계 확정, 국제 해양법협약조약, 대외 협력과 교류	해역사영 감독 및 관리, 질서의 규범화 • 전국 해양 기능 구획 확정
중국 해역 감시와 감독, 중국 해감 관리 위법활동의 조사와 처리	도서 생태보호와 무인도서 합법 사용
과학기술과 첨단 신기술 연구 추진 해양관측 및 재해 예방, 극지와 대양 탐험	해양환경보호 및 감독 • 해양환경 안전보장 시스템 구축 • 전국 해양환경 조사감독 모니터링 • 오염물 해양 배출 표준과 총량제 제도
국무원과 국토자원부에서 지정한 기타 업무	해양과학기술, 해양과학 기초 조사 • 해수이용 및 해양 재생 에너지자원 연구
	해양환경 관측, 예보 및 해양재해 사전 경보

		대외 해양과학조사 감독관리, 해양경계 확정, 국제해양법협약조약, 대회 협력과 교류
		국가 해양권의 수호 및 관련 정책 수립 관할 해역의 정기적 순찰 및 법 집행 위법활동의 조사와 처리, 중국 해감 관리
		국무원가 국토자원부에서 지정한 기타 업무

한국해양수산개발원 자료를 이용한 김경신[22]의 논문을 인용함.

    기존에 해역관리를 위한 해역관리사를 확대 개편하여 해역해도관리사海域和 海域管理司를 두어 기존의 해역관리에 대한 업무와 함께 연안관리, 도서 및 관할 해역, 극지, 공해, 국제 심해저 관련 국내 정책과 제도의 수립으로까지 확대하여 섬, 특히 무인도서를 포함한 섬의 관리를 크게 강화하고 있다. 또한 대외 해양과학조사 감독관리, 해양경계 확정, 국제해양법협약조약, 대회 협력과 교류 등에 관련된 부서를 신설하였다. 이것은 영해기점도서와 이웃 나라와의 영유권 분쟁이 있는 도서에 대한 관리와 감독을 더욱 강화하려는 의도로 보인다. 또한, 해양관측, 예보와 평가, 해양재해 관련 업무를 추진하기 위해 해양예보저감사海洋豫報減災司를 신설하였다. 이러한 국가의 기능과 조직의 확대, 개편, 신설 등으로 인하여 국가해양국의 인원은 100명에서 33명이 증가한 전체 133명으로 약33%가 증가하였다.

    2009년에는 해양관련 법률에 대한 집행 질서를 더욱 강화하고 있으며 이것은 국가가 해양의 관리를 더욱 가속화하겠다는 의도로 판단된다. 또한, 중국은 국가 11.5 과학기술발전계획을 세워 2006년부터 2010년까지 핵심기술 연구를 수행하여 해양자원개발을 촉진하기 위한 전략으로 삼고 있다.[23*]

    김경신[24*]에 따르면 이번 중국 국가해양국의 조직 개편은 단순한 내부 조직의 개평에

[22*] 김경신, 「중국의 해양조직 개편으로 동북아 해양경쟁 가속화 우려」, 『해양수산동향』 제1279호, 한국해양수산개발원, 2008.
[23*] 김성진, 앞의 글, 2010.
[24*] 김경신, 앞의 글, 2008.

국한되는 것이 아니고 국가해양계획 수립에 따른 해양행정관리 선진화를 위한 것으로 봐야 할 것이다.

2013년 3월 중국정부는 제12차 전국인민대표대회에서 국가해양국의 조직을 개편하였다. 조직 개편은 국가해양국 산하의 공안부 산하의 변방邊防해경, 농업부 산하의 중국어정漁政 및 세관총서 산하의 해상밀수단속경찰을 모두 통합하였다. 또한, 개편된 국가해양국은 국토자원부의 관리를 받게 되고, 해양발전계획 수립 및 해상 권익수호 및 법집행 관련 내용, 해역사용의 대한 관리와 감독에 대한 내용, 해양환경보호 등에 대한 내용을 담고 있다.[25]

그리고, 해양관련 업무에 대한 조직의 계획과 조정을 강화하기 위하여 현재보다 높은 의사결정기구인 국가해양위원회를 설립한다.

3) 미국

미국은 해양 및 수자원 분야의 주요 전략과 정책은 교통부 소속 해양청(Maritime Administration)과 상무부(Department of Commerce, DOC) 산하에 해양대기청(National Oceanic & Atmospheric Administration, NOAA)이 환경, 사회, 경제 등의 모든 것을 고려한 해안지역 관리와 해양자원의 보전과 관리와 관련된 업무를 담당하고 있다. 해양청과 해양대기청의 주요 정책 목표는 아래 표 4에 정리하였다.

표 4. 해양과 수자원 분야 주요 조직의 주요 전략과 정책 목표

해양청의 주요 전략과 정책 목표	해양대기청의 주요 전략과 정책 목표
• 해양 교통의 효율성을 증진시켜 관련 산업의 일자리 창출과 다양한 해양 교통관련 이용객들의 편의 증진 • 해양 교통관련 환경에 대한 악영향을 최소할 수 있는 친환경적 해양교통	• 환경친화적 관리시스템 도입으로 연안과 해양의 자원 보호와 복원 및 관리 • 기후의 다양성을 기반으로 각 지자체의 현안 문제를 지방 정부 스스로 해결할 수 있도록 지원 시스템 구축

---

[25] 한중해양과학공동연구센터, 2013, http://www.ckjorc.org/ka/admin/news/edit/uploadfile/kuaixun/20133181657322.pdf.
[26] 국토연구원, 『주요국의 국토해양 정책동향 분석 보고서』, 2009.

- 상업활동 및 에너지 친화적 해양 물류정책은 물론 국가 안보에 기여하는 활기찬 해양 물류정책 수립
- 기후와 수자원 관련 정보체계 구축으로 지방정부 정책결정 지원
- 안전하고 효율적인 친환경적 해양교통체계 구축에 필수적인 해양관련 정보의 구축으로 국가의 경제활동 지원 강화
- 기타 해양대기청의 주요 임무 지원

*자료는 국토해양부[26]'를 참조

    2009년 6월에 '해양의 달'을 맞이하여 오바마 미국 대통령은 기후변화와 이에 따른 미래의 변화에 대비하기 위한 정책의 필요성을 강조하였다. 이를 계기로 '선도적 해양관리 프로그램(President's Ocean Initiative)'이 수립되었다. 이것은 오바마 대통령이 연안 및 해양생태계와 해양자원의 성공적 보존과 활용의 극대화를 도모하기 위한 새로운 관리체계의 필요성을 인식한 것으로 보여진다.

    이후 새로운 해양정책을 수립하기 위해 해양대기청 등 관련된 조직의 공무원과 전문가그룹이 참여하는 워킹그룹을 설치하고 해양정책의 초안을 발표하였다. 여기서 통합 해양정책에 대한 비전을 제시하였는데 그것은 해양, 연안, 5대호의 건강과 복원력, 안전, 생산성 향상을 통해 현재와 미래세대의 복지와 번영, 안전을 증진하는 것이다. 그리고 여기서 제안한 3대 정책 분야는 건강과 복원력, 안전과 생산성, 이해증진과 가치인식이다. 또한, 특별히 해양과학 관련 연구활동의 지원, 해양 및 연안지역에 대한 보존 및 복원 계획 지원, 해양자원의 지속가능한 활용방안 강구의 3개 분야의 역량을 강화하도록 하였다.

    또한, 최근 기후변화는 해수면 상승은 물론이고 심각한 가뭄과 풍수 피해의 급증으로 이어지는 등 지역사회의 환경은 물론이고 경제, 사회 등 모든 면에서 심각한 영향을 끼치고 있어 적절한 대책 수립이 필수적인 사항이 되었다. 따라서 대책 수립 등을 위한 기후변화 기반 연구의 필요성이 요구되고 있다. 미국은 최근 세계적 기후 변화에 대응하여 특히 허리케인과 토네이도는 물론 산불, 홍수와 같은 자연재해 대응과 관련된 문제가 주요 정책 이슈 중 하나가 되었다.

    미국은 오마바 대통령의 선도적 해양관리 프로그램으로 기후변화 문제에 적극적으로

대처하고 북극해 등의 해양영토의 확보에 따른 자원 경쟁 등에 대해 자국의 이익을 지키기 위한 결정으로 평가된다.

4) 영국

영국은 2007년도에 해양관리법을 제정하고 여러 부처에 분산되어 있는 해양정책 업무를 한 곳에서 통합하여 시행하는 전담 조직을 신설하였다.

해양 및 연안접근법Marine and Coastal Access Bill은 2009년 환경식품농촌부DEFRA의 주도로 제안되었다.[27] 해양과 연안해역의 생물다양성, 생산성, 안정성, 해양 청정 및 건강성 확보를 목적으로 제안되었고 이것을 통해 연안환경의 지속가능한 발전을 지향하고 있다.[28] 그 내용은 생태적으로 부합하기 위한 해안보존구역의 네트워크화, 해양관리기구 Marine Management Organization의 신설, 해양계획시스템 신설, 인허가 시스템의 단순·신속화, 어업 관리활동 개선, 시민들의 해안접근 권리 인정 등의 내용으로 구성되어 있다. 영국은 이같은 정책 강화를 통해 국민의 해양 이용권을 더욱 확대하고, 해양영토에 대한 관리를 효율적으로 추진하고 있다.

해양산성화는 지난 약 200년 동안 해양의 산성도가 30% 정도로 급격히 증가하였다. 이것은 해양생태계에 돌이킬 수 없는 문제를 발생시킬 것으로 예측되고 대서양, 남극, 북극 해약에 중점을 두고 해양생태계에 어떠한 영향을 미치는지에 대한 평가와 조사를 수행하고 있다.[29] 해양산성화는 해양생태계의 파괴에 따른 국가간 자원확보에 대한 문제와 어민들의 생존권문제와 직결되는 중요한 문제이다.

해양산성화Ocean Acidification연구 프로그램은 현재 중요한 환경문제로 대두되고 있는 해양산성화를 연구하여 앞으로 해양생태계에 큰 영향을 미칠 것에 대비한 체계적인 연구의 필요성에서 시작되었다. 이 해양 산성화연구 프로그램은 영국 뿐 아니고 유럽 전체에

---

[27] 국토연구원, 『주요국의 국토해양 정책동향 분석 보고서』, 2009; 김성진, 앞의 글, 2010.
[28] 국토연구원, 위의 책.
[29] 위의 책.

서 "European Project of Ocean Acidification(EPOCA)" 프로그램으로 연구 중이다.

영국은 해양관련 정책업무의 통합 조직을 신설하여 일원화하고 어민들이나 시민들의 이익과 권리에 대해 적극적인 정책을 추진하는 것이 무엇보다도 인상적이라 하겠다.

3. 우리나라의 섬과 해양관련 정책

1) 도서해양관련 중앙정부 행정 조직

이명박 정부에 사라졌던 해양수산부는 이번 정부 들어 다시 재조직 개편되었다. 현재 우리나라는 전체 17개의 주요 부처로 개편되었다. 표 5[30]는 도서해양관련 행정부와 담당 업무를 간략하게 요약하였다.

표 5. 우리나라 도서해양관련 행정조직과 담당업무 요약

행정조직	담당업무
해양수산부	• 해양과 항만에 대해 항만시설 개발·관리·운영과 해사안전, 선원, 항만보안, 항로표지, 해양환경 관련 업무를 국토해양부로부터 이관 • 수산과 관련하여 수산자원관리, 어항시설 관리 및 운영 업무가 이관 • 한국해양수산개발원(Korea Maritime Institute, KMI), 국립해양조사원(Korea Hydrographic and Oceanographic Administration, KHOA), 한국해양과학기술진흥원(Korea Institute of Marine Science & Technology Promotion, KIMST), 한국해양과학기술원(Korea Institute of Ocean Science & Technology, KIOST) 등의 해양관련 연구기관이 산하 조직
환경부	• 특정도서, 해상국립공원 등의 도서의 관리, 기후변화 대응 등
행정안전부	• 유인도서 및 주민 생활관련 정책, 태풍 등 재난관련 정책
문화체육관광부	• 천연기념물로 관리되는 도서, 해양도서관광 등의 관리

[30] 2013년 정부조직 개편에 따른 내용은 해양수산부 홈페이지(http://www.mof.go.kr/)와 공공기관알리오(www.alio.go.kr)를 통해 확인하였다.

과거 해양수산부의 1996년 설립하여 2008년 2월까지 해양자원개발과 해양과학기술 진흥, 해운업의 육성 및 항만의 건설과 운영, 해양환경 보전과 연안관리, 수산자원관리, 수산업 진흥과 어촌개발, 선박과 선원의 관리, 해양안전 등의 주요 업무를 수행하는 중앙행정기관이었다. 이후 이명박정부가 설립되면서 조직 개편과 함께 대부분의 업무를 국토해양부와 농수산식품부로 이관하고 정부조직에서 사라졌었다. 그리고 2013년 박근혜정부가 출범하면서 해양수산부가 다시 정부조직으로 개편되었다. 이 과정에서 해양경찰청은 해양수산부 산하로 편입되었다. 또한, 해양과 수산관련 특수법인인 한국해양과학기술원 (Korea Institute of Ocean Science & Technology, KIOST) 등이 해양수산부 산하로 개편되었다.

우리나라는 2010년까지 특히 연안관리법의 전면적인 재검토를 통해서 종합적인 연안관리 체제를 구축하였다. 또한, 해양산업의 경쟁력 강화를 위해 연안 개발 및 관리를 도모하고 있으며 연안관리법의 개정과 해양환경관리법의 일부 개정을 통해 장기적이면서도 종합적인 연안 공간의 사용과 관리 계획을 위한 기반을 다졌다.

우리나라에서는 2007년에 국내·외의 여건변화에 대처하기 위해서「무인도서의 보전 및 관리에 관한 법률」을 제정하고 2008년 2월 시행되기 시작한「무인도서의 보전 및 관리에 관한 법률」로 무인도서의 관리를 위한 기반을 다졌다. 이 법은 무인도서의 보전 및 이용과 개발을 균형적으로 추진하기 위하여 제정되었으며 이 법률을 통해 무인도서를 절대보전, 준보전, 이용가능과 개발가능 무인도서로 구분하여 관리하는 용도지역제를 도입하였다. 이를 기반으로 하여 무인도서 및 그 주변해역의 효율적인 보존과 관리를 위한 대국민 제공을 위해 종합정보체계를 구축하고 운영할 수 있도록 하였다.[31]

하지만, 평가항목의 중복성과 해양환경을 고려하지 않아 비효율적인 평가항목이 있어 일률적으로 같은 기준으로 평가하는 것은 적절하지 않다. 또한, 항목별로 전문가의 평가방법에 따른 정량적이고 객관적인 평가가 필요하다.[32]

또한, 앞선 외국 사례의 경우는 각 국가의 업무가 하나로 재편되고 통합되는 과정을

---

[31] 오강호·정철환·고영구·홍선기·김재은·이경아,「무인도서 관리를 위한 평가방법의 개선방안」,『한국도서연구』 23, 2011.
[32] 위의 글.

보여주고 있다. 하지만, 우리나라는 해양·항만이나 수산 등에 관련된 내용은 해양수산부에서 주관하지만, 기후변화나 특정도서와 같은 곳의 섬 관리는 다른 정부조직에서 하고 있다. 이를 한 곳에서 통합하고 관리해야 효율적인 계획과 관리가 이루어질 것이다.

2) 제5차 도서종합개발계획

우리나라에서 도서와 관련하여 처음으로 직접적으로 관심을 가지고 도서 주민의 생활향상을 목적으로 국가가 나서기 시작한 것은 1980년대에 이르러서이다. 도서종합개발계획은 1986년 12월 31일 도서개발촉진법을 제정하면서 법안의 목적을 달성하고자 계획되었다. 도서개발촉진법은 섬지역의 생산과 소득 및 생활기반시설 정비와 확충을 통해 섬의 생활환경을 개선하여 섬 주민들의 소득증대와 복지향상을 도모하기 위해 제정되었다.[33]

1986년 12월 31일에 「도서개발촉진법」을 제정 공포하고 1988년 4월 14일에 '제1차 도서종합개발 10개년 계획'을 확정하였다. 이후 1998년 2월 6일에는 '제2차 도서종합개발 10개년 계획'을 확정하고 추진하였다.

제1차 도서종합개발계획 기간에 주로 중점을 두고 시행된 것은 제주시의 상추자도 하추자도, 우도, 비양도, 가파도, 마라도, 횡간도 등 7개 섬 지역에 도로와 급수시설이 갖추어졌으며 복지시설, 자가발전시설, 위생시설, 소득증대사업, 소규모어항시설 등에 걸쳐 7개 분야에 총 3,016건의 사업이 실시되었고 총 9,706억원에 해당하는 투자가 진행되었다.[34]

2차 도서종합개발계획 기간에는 방파제나 담수화시설 같은 주민들의 생활 및 생산과 관련된 기반시설과 하수도, 쓰레기소각시설 등과 복지회관, 대합실, 활어보관 및 저온저장고 등의 사업으로 총 3,154건의 사업에 2조 2,296억원을 투자하였다. 이 기간 동안 분야별 투자내용을 살펴보면 생산기반시설에 45%, 생활기반시설에 47%, 환경개선시설 등에 8%

---

[33] 국가기록원, http://contents.archives.go.kr.
[34] 건설교통부, 『지역개발업무편람』, 2006.

를 각각 사용하였다.[35]

이러한 추진결과를 바탕으로 2008년에 '제3차 도서종합개발 10개년 계획'을 수립하였다. 이번에 실시되는 계획은 도서 지역의 여건과 특성을 적극적으로 반영하여 도서를 유형화하고 특성화하여 도서지역을 매력 있고 살기 좋은 섬으로 만드는 것을 목적으로 하고 있다.[36]

이번계획은 그동안에 도서지역의 잠재적 가치를 인식하고 그것을 극대화하려는 의도가 있다. 국민들의 생활수준 향상과 더불어 여가를 즐길 수 있는 다양한 자원 확보의 차원에서도 중요하다. 하지만, 다양해진 국민들의 욕구에도 불구하고 현재 도서지역이 안고 있는 수많은 문제들을 해결하기가 쉽지 않다. 또한, 섬을 특성화하고 유형화하는데 있어서 본래 그 섬이 가지고 있는 특성을 잘 파악하는 것이 중요함에도 불구하고 관광을 위해 그 특성을 무시하고 일반화하는 우려가 있음을 간과해서는 안 될 것이다.

3) 전라남도의 도서정책[37]

우리나라의 도서의 약 60% 이상과 전국 해안선의 52%가 전라남도에 위치하고 있다. 또한 갯벌은 약 1,504.1㎢로 전체 갯벌 면적의 약 44%를 차지하고 있다.[38] 이러한 관점에서 볼 때 해양과 도서에 관련된 국가의 정책적 지원이 매우 필요한 곳임을 단적으로 알 수 있다. 물론 여러 자연 환경적 조건을 고려할 때 더 적합한 것과 덜 적합한 것이 있겠지만, 통계상의 물리적 측면으로 본다면 전라남도의 해양과 도서에 관련된 정책이 국가적 측면에서 얼마나 중요한 지 알 수 있는 것이다.

---

[35] 위의 책.
[36] 행정안전부, http://www.mospa.go.kr/.
[37] 목포대 도서문화연구원의 홍선기·김재은·이경아·조인경이 2012년 국토연구원에 제출한 『섬관련 정책, 계획 및 사업의 추진현황 분석과 설문조사』보고서를 통해 전라남도의 국가차원의 정책과 지자체차원의 정책을 분석하고 각 계층의 사람들로부터 설문조사를 통해 섬관련 정책에 대한 인식 조사를 실시한 보고서를 참조함.
[38] 해양수산부, 『갯벌 생태계조사 및 지속 가능한 이용방안 연구 보고서』, 2005; Sun-Kee Hong · Chul-Hwan Koh · Richard R. Harris, Jae-Eun Kim · Jeom-Sook Lee · Byung-Sun Ihm, "Land use in Korean tidal wetlands : Impacts and management strategies", *Environmental Management* 45, 2010.

현재 행정안전부에서 전라남도를 포함한 전국을 대상으로 하여 '명품 섬 Best-10'사업, 문화체육관광부에서 '가고 싶은 섬'사업 등이 시행되고 있다. 주앙부처와 전라남도가 같이 추진하는 단위사업으로서 '다도해 종합개발사업', 홍도지구 관광지 개발, '슬로시티 관광 상품화 기반조성'사업, '신지명사십리 관광지 조성'사업, '신안 다이아몬드 제도 관광투자 개발'사업 등이 현재 추진되고 있다.[39] 또한 전라남도 차원에서 '사파리 아일랜드', '다이아몬드 아일랜드 해양레저단지 조성', '득량만권 청정 휴양관광벨트사업'등 24개 정도의 사업이 현재 추진 중이거나 진행 중에 있다.

정부부처인 행정안전부, 국토해양부, 문화체육관광부 등을 중심으로 섬 주민들의 생활환경을 개선하기 위한 기반 조성을 위한 사업과 동시에 여러 형태와 목적의 개발 사업이 다양하게 전개되고 있어 그 효율적인 집행이 어렵다. 전체적인 예산이 부족하고, 부족한 예산을 여러 섬으로 다시 재분배해야 하는 문제점이 있다. 각 섬별로 이해관계가 얽혀있어 집중과 선택하여 투자하기가 어렵고 대부분 민자 유치로 집행해야 하는 상황이어서 여러 가지 인프라가 부족한 섬에서는 그 또한 어려운 부분이 많다.[40]

각 섬에 대한 자연환경과 인문환경 특성이 잘 반영되지 않고 있고 현재 대부분의 도서해양의 정책적 초점은 도서해양관광에 있다. 따라서 그 사업의 핵심은 대부분이 교량 건설, 도로확장, 방조제 건설 등의 물리적 인프라 구축에만 집중되고 있는 것이 현실이다. 일부 문화관광부와 농수산식품부에서 실시하는 어촌마을이나 섬 가꾸기 사업 등은 각 섬의 생태문화자원을 발굴하고 그것을 활용하려는 시도가 이루어지고 있지만, 대부분은 그렇지 못하다.

---

[39] 도서문화연구원, 『섬관련 정책, 계획 및 사업의 추진현황 분석과 설문조사 보고서』, 2012.
[40] 김재은·홍선기·이경아, 「대한민국 정부의 섬 정책과 관련한 국민인식 분석」, 『한국도서학회지』 25, 2013.

4. 맺음말

1) 섬과 해양을 위한 정책 집행을 위한 조직의 정비

최근 2년 동안 해양관련 예산이 약 10%이상 삭감되었다.[41] 앞에서 설명된 것처럼 지난 5년간 국토해양부를 비롯한 여러 곳의 행정조직에서 각각의 다른 업무를 수행하고 있고 때로는 겹쳐진 업무를 수행하기도 했다. 이러한 행정조직의 효율성을 높이기 위해 박근혜정부에서는 해양수산부를 다시 조직했지만, 지난 잃어버린 5년간의 여러 가지 일들을 처리하고 진행하기에는 아직 힘들 것으로 보인다. 각 각의 행정기관 등의 역량을 강화하고 이전에 업무들을 코디네이션 할 수 있는 해양수산부 내 조직이 필요하다. 또한 한국해양과학기술원과 같이 해양의 자원 개발과 효과적 활용 뿐 아니고 과학기술 차원의 해양과 도서의 연구도 중요하겠지만, 섬의 경우 사람을 빼고서는 사실 어떤 의미에서는 아무 것도 아닐 수 있다. 따라서 해양과 섬의 과학기술 뿐 아니고 특히 섬사람들을 연구하고 그들의 복지를 위해 연구할 인문분야의 연구소도 그 중요도가 뒤지지 않을 것이라 생각한다. 결국 섬에는 사람들이 살아감으로 인해 국가 영토로서의 가장 큰 의미가 있는 것이라 하겠다. 해양과 도서의 정책은 한 맥락으로 같이 가야할 것이다.

2) 자연환경과 사람을 고려한 섬정책

현재 전라남도와 전라남도에 속한 지방 지자체는 도서해양관광개발이라는 차원에서 해양과 섬의 개발을 진행하고 있다. 하지만, 전라남도가 속한 서남해의 자연환경 특성을 제대로 반영한 경우는 거의 드물다고 해도 과언이 아니다. 일부 학자들은 서남해의 다도해를 지중해나 기타 에게해 등의 섬들과 숫자만으로 물리적 비교를 하고 이를 개발 논리

---

[41] 월간 해양한국에서 '국내 해양행정 패러다임 변화 필요할 때'라는 주제로 열린 세미나에서 유한나기자의 기사(2012년 3월 6일, 15:37:57)를 인용한 것임.

로 하고 있다. 하지만, 지중해나, 에게해 등과 서남해의 특징은 매우 다르다는 것을 알아야 효과적인 계획을 세울 수 있다. 관광개발 등을 위한 계획을 세울 때는 특히 서남해의 자연환경을 고려한 효과적이고 적절한 계획을 세우고 검증해야 할 것이다.[42] 다도해의 섬이 숫자적으로는 매우 많지만 각각 그 섬의 크기나 자연환경은 다른 나라의 그것과 매우 다르다는 것을 반영해야 할 것이다.

특히, 갯벌이 매우 넓은 서해안에 위치한 섬들의 경우에는 매우 중요한 의미를 가진다. 갯벌은 오염정화기능, 어류생산과 서식지 기능, 심미적 기능, 자연재해 예방 기능 등 매우 다양한 생태적 기능을 가지고 있다.[43] 현재까지 이러한 다양한 기능의 가치를 제대로 인식하지 못하고 새만금 등 수 많은 지역을 매립을 통한 이용을 주로 하여왔다. Costanza et al.[44]에 의하면 갯벌은 그 어떤 형태의 토지이용 유형보다도 생태계서비스로서 매우 높은 경제적 가치를 가지고 있다고 하였다. 또한, 한국해양연구원에 따르면 수산물 생산 가치가 12억원, 서식지 제공가치가 9억원 등 보존가치, 정화기능, 여가가치, 재해방지 등의 다양한 가치들을 고려하면 갯벌의 경제적 가치를 1㎢당 연간 약 39억원으로 추정하였다. 이것을 전국적으로 갯벌의 면적을 고려하려 환산하면 연간 약 10조원의 가치를 가지게 된다.

이러한 자원을 전통생태지식을 통해 지속가능하게 이용하고 있는 방법에 대한 재평가와 보전을 위한 계획이 필요하다. 섬과 갯벌을 관광과 개발 등을 위한 대상으로만 파악할 것이 아니라 그 안에 가지고 있는 생태계가치와 그 가치를 제대로 활용하는 인간의 상호작용 또한 매우 중요한 것임을 미래의 섬과 해양정책을 위해 잊지 말아야 한다.

갯벌에 대한 가치를 새롭게 인식하고 갯벌을 지속가능하게 활용할 수 있는 갯벌섬 활용정책이 필요하다.[45] 특히, 매립 등을 통한 활용은 더 이상 고려 대상이 되어서는 않될

---

[42] 김재은, 「도서지역 생태계서비스의 경관계획과 관리」, 『도서문화』 37, 2011; 김재은·홍선기·이경아, 앞의 글, 2013.
[43] 홍선기·김재은·오강호·임현식, 「전남 섬갯벌의 생태적 가치와 도립공원 지정의 타당성」, 『생태와 환경』 46, 2013.
[44] Costanza R, d'Arge R., De Groot R, Farber S, Grasso M, Hannon B, Limburg K, Naeem S, O'Neill RV, Paruelo J, Raskin R, Sutton P, van den Belt M., "The value of the world's ecosystem services and natural capital", *Nature* 387, 1997.
[45] 홍선기·김재은·오강호·임현식, 앞의 글, 2013.

것이다. 특히, 각 지역별, 섬별로 가지고 있는 문화와 생태의 특징을 제대로 인식하고 파악하는 것에서부터 '제3차 도서종합개발 10개년 계획'의 성공의 갈림길이 될 것이다.

3) 섬과 해양 자체에 대한 국토로서의 관심과 지원

국토라는 것은 국가의 주권이 미칠 수 있는 범위이다. 요즘 일본의 EEZ확대를 둘러싼 국가간의 문제는 결국 해양에서의 무한한 자원개발을 할 수 있다는 장점 때문에 발생했다고 해도 과언은 아니다. 일본과 마찬가지로 우리나라도 자연자원이 풍부하지 않은 국가 중에 하나이다. 따라서 해양의 자원개발을 위해서는 해양과 섬에 관한 관심이 절대적으로 필요하다. 특히 섬이 해양에서의 국가 경계를 나타내는 중요한 핵심이므로 지금이라도 섬에 대한 관심을 더욱 확대시켜야 할 것이다.

선진국인 영국과 미국의 경우, 섬과 해양과 관련하여 해양산성화, 지구온난화와 전 세계 기후변화에 따른 섬에 대한 영향을 파악하고 미리 섬과 섬 주민들의 생활을 보전하기 위한 다각적인 노력을 진행하고 있다. 미래 변화에 대해 자국민의 삶을 위한 준비가 정책에 반영되어 있다. 그리고 섬의 경제적 발전을 위해 섬의 자연환경을 보전하고 이를 활용한 지속가능한 생태관광 등에 초점을 두고 있다.

특히, 무인도의 관리에 있어서 무인도는 사람이 살지 않는다고 사람과 직접적인 관계가 없는 곳이 아니다. 주변 유인도의 섬 주민들에 의해 끊임없이 이용되고 활용되는 경우가 매우 많기 때문에 적절한 활용 방안이 필요하다.

바다를 지배했던 민족이나 국가가 그동안 세계를 지배하고 앞장서왔다고 해도 과언은 아니다. 앞으로 해양자원의 확보와 활용을 위해서는 섬과 바다에 대한 관심은 물론이고 여러 분야에서 연구의 양적 질적인 증대가 필요하다.

제1부 섬 경관 이해

1장 섬 경관의 이해와 개념 확장

김재은, 「도서지역 생태계서비스의 경관계획과 관리」, 『도서문화』 37, 목포대 도서문화연구원, 2011, 267~281쪽.
_____, 「전남 신안군 증도와 신의도의 천일염전과 생태문화자원 활용에 대한 연구」, 『한국도서연구』 29(1), 한국도서(섬)학회지, 2017, 309~330쪽.
박 경, 「국립공원 경관 가치의 증진방안」, 『환경영향평가』 12(5), 한국영향평가학회, 2003, 369~382쪽.
송인주, 「고유한 학문으로 발전하고 있는 경관생태학」, 『환경과 조경』 4(168), 2002, https://www.lak.co.kr/m/greenn/view.php?cid=56036&id=344
최영국·박정은, 「섬 발전을 위한 경관관리 사례와 정책방향」, 『국토』 8, 국토연구원 2011, 23~33쪽.
최지연·박수진·육근형·장정인·최희정·정지호, 「연안경관 유형분류와 관리제도 분석 연구」, 한국해양수산개발원, 2011, 153쪽.
홍선기·김동엽, 『토지모자이크 : 지역 및 경관생태학』, 성균관대학교출판부, 2002.
홍선기·김재은, 「지리정보시스템과 경관지수를 활용한 해안마을이 경관생태분석 – 충남 태안군 어촌체험마을을 대상으로」, 『도서문화』 31, 도서문화연구원, 2008, 281~299쪽.
홍선기·이창석, 「생태학의 새로운 분야로서 경관생태학의 발전과 역할」, 『The Korean Journal of Ecological Sciences』 20(3), 한국생태학회, 1997, 217~227쪽.
Antrop, M., "Landscape change and the urbanization process in Europe", *Landscape and Urban Planning* 67(1), 2004, pp.9~26.
Antrop M., "Why landscapes of the past are important for the future", *Landscape and Urban Planning* 70(1-2), 2005, pp.21~34.
Butler A. and Sarlöv-Herlin I., "Changing landscape identity – proactice, plurality, and power", *Landscape Research* 44-3, 2019, pp.271~277.

EURISLES, *European Islands System of Links and Exchanges*, 2002.

_____, *Off the coast of Europe : European construction and the problem of the islands Report for the Islands Commission of the Conferences of the Peipheral and Maritime Regions(CPMRO)*, 2002, p.150.

Forman, R.T.T., *Land Mosaics : The Ecology of Landscapes and Regions*, New York : Cambridge University Press, 1995.

Forman, R.T.T. and Godron, M., *Landscape Ecology*, John Wiley & Sons, New York, 1986.

Gloria Pungetti, "Islands, culture, landscape and seascape", *Journal of Marine and Island Cultures* 1(2), Institution for Marine and Island Cultures, 2012, pp.51~54.

_____, *Island Landscape : An Expression of European Culture*, Gloria Pungetti (ed), Taylor & Francis, Mediterranean Island Landscapes : Natural and Cultural Approaches, 2008; In Ioannis N. Vogiatzakis, Gloria Pungetti, A.M. Mannion .Eds, Springer, 2017.

Grober-Dunsmore R., Pittman S.J., Caldow C., Kendall M.S., Frazer T.K., "A Landscape Ecology Approach for the Study of Ecological Connectivity Across Tropical Marine Seascapes", In : Nagelkerken I. (eds), *Ecological Connectivity among Tropical Coastal Ecosystems*, Springer, Dordrecht, 2009.

Hill, M. Briggs, J., Minto, P., Gagnall, D., Foley, K., and Williams, A., *Guide to Best Proctice in Seascape Assessment*, Brady Shipman Martin, Dublin, 2001.

Hong, S.-K., Wu, J., Kim, J.-E. and Nakagoshi, N., *Landscape Ecology in Asian Cultures*, Springer, 2011.

Kim, J.-E., "Land use patterns and landscape structures on the islands in Jeonnam Province's Shinan County occasioned by the construction of mainland bridges", *Journal of Marine and Island Cultures* 5, Institution for Marine and Island Cultures, 2016, pp.53~59.

_____, "Spatial Distribution and Connectivity of Eco-Cultural Resources on Cheongsando Island, Republic of Korea", *Journal of Marine and Island Cultures* 7, Institution for Marine and Island Cultures, 2018, pp.50~64.

Kim, J.-E., Hong, S.-K., and Nakagoshi, N., "Changes in patch mosaics and vegetation structure of rural forested landscapes under shifting human impacts in South Korea", *Landscape and Ecological Engineering* 2, International Consortium of Landscape and Ecological Engineering, 2006, pp.177~195.

Lucas, P. H. C., *Protected Landscape - A guide for policy-makers and planners*, Chapman $ Hall, Inc New York, 1992.

MEA(Millennium Ecosystem Assessment), "Ecosystems and human well-being : current state and trends", *Millennium Ecosystem Assessment Series*, Island Press, 2005.

Nakagoshi, N. and Ohta, Y., "Factors affecting the dynamics of vegetation in the landscape of

Shimokamagiri Island, southwestern Japan", *Landscape Ecology* 7(2), International Associateion for Landscape Ecolgy, 1992, pp.111~119.

Nassauer, J. I., "Culture and changing landscape structure", *Landscape Ecology* 10(4), 1995, pp.229~237.

Ohta, Y. and Nakagoshi, N., "Landscape changes in the Seto Inland Sea, Japan", *Ekologia* 25-1, 2006, pp.190~200.

Poore, D. and Poore, J., Protected Landscape : The UK Experience.

Risser, P.G., Karr, J.R. and Forman, R.T.T., "Landscape ecology : directions and approaches", *Ill. Nat. Hist. Surv. Spec. Publ* 2, 1984, pp.1~18.

Urban, D.L., O'Neill, R.V. and Shugart, H.H., "Landscape ecology, a hierarchical perspective", *BioScience* 37, American Institute of Biologcal Sciences, 1987, pp.119~127.

Wu, J., "Landscape of culture and culture of landscape : does landscape ecology need culture?", *Landscape Ecology* 25(8), 2010, pp.1147~1150.

국가법령정보센터 http://www.law.go.kr/

유엔환경계획한국협회(Korea Association for UN Environment) http://www.unep.or.kr/sub/sub05_01.php?mNum=5&sNum=1&boardid=planet&mode=view&idx=233

2장 섬의 생태계서비스 가치

김재은·홍선기, 「도서의 경관생태학적 이해 - 섬생물지리학의 이론과 적용」, 『도서문화』 30, 2007, 39~54쪽.

남정훈, 「자전거활동 참가자의 스포츠 애호도, 운동정서 및 심리적 웰빙의 구조적관계」, 『한국스포츠심리학회지』 21(4), 2010, 167~182쪽.

홍선기, 「島嶼文化硏究 어떻게 할 것인가?-生態學的 想像力과 多學制的 疏通」, 『도서문화』 32, 2008, 123~156쪽.

Balmford, Andrew, Aaron Bruner, Philip Cooper, Robert Costanza, Stephen Farber, Rhys E. Green, and Martin Jenkins, "Economics reasons for conserving wild nature", *Science* 297(5583), 2002, pp.950~953.

Carpenter ST, Mooney HA, Agard J, Capistrano D, DeFries RS, Diaz S, Dietz T, Duraiappah AK, Oteng-Yeboah A, Pereira HM, Perrings C, Reid WV, Sarukhan J, Scholes RJ, Whyte A., "Science for managing ecosystem services : Beyond the Millennium Ecosystem Assessment", *Pnas* 106(5), 2009, pp.1305~1312.

Costanza R, d'Arge R., De Groot R, Farber S, Grasso M, Hannon B, Limburg K, Naeem S, O'Neill RV, Paruelo J, Raskin R, Sutton P, van den Belt M., "The value of the world's ecosystem services and natural capital", *Nature* 387, 1997, pp.253~260.

De Groot R.S., Alkemade R., Braat L., Hein L., Willemen L., "Challenges in integrating the concept of ecosystem services and values in landscape planning, management and decision making", *Ecological Complexcity* 7, 2010, pp.260~272.

Diamond J., *Guns, Germs, and Steel : The fates of human societies*, W.W. Norton & Company, Inc. New York, 2005, p.518.

ICSU, UNESCO, UNU, "Ecosystem Change and Human Wellbeing", *Research and Monitoring*, Report, ICSU, UNESCO and UNU, Paris, 2008, p.54.

Fisher B., Turner R.K., Morling P., "Defining and classifying ecosystem services for decision making", *Ecological Economics* 68, 2009, pp.643~653.

Kremen C., "Manageing ecosytem services : what do we need to know about their ecology?", *Ecology Letters* 8, 2005, pp.468~479.

MA., "Millennium Ecosystem Assessment : ecosystems and human well-being : synthesis", Island Press, Washington D.C, 2005.

MacArthur R.H., Wilson E.S., *The theory of island biogeography*, Princeton, Princeton Univ. Press, 1967.

Naidoo and Adamowicz, "Economics benefits of biodiversity exceed costs of conservation at an African rainforest reserve", *PNAS* 102(46), 2005, pp.16712~16716.

Norberg J., "Linking Nature's services to ecosytems : some general ecological concepts", *Ecological Economics* 29, 1999, pp.183~202.

Troy A, Wilson MA., "Mapping ecosystem services : Practical channenges and opportunities in linking GIS and value transfer", *Ecological Economics* 60, 2006, pp.435~449.

Wallance K., "Classification of ecosystem services : Problems and solutions", *Biological Conservation* 139, 2007, pp.235~246.

Worm B., Barbier, E.B. Beaumont N., Duffy E., Folke C., Halpern B.S., Jackson J.B.C., Lotze H.K., Micheli F., Palumbi S.R., Sala E., Selkoe K.A., Stachowicz J.J., Watson R., "Impacts of biodiversity loss on ocean ecosystem services", *Science* 314, 2006, pp.787~790.

Yapp G, Walker J, Thackway R., "Linking vegetation type and condition to ecosystem goods and services", *Ecological Complexity* 7, 2010, pp.292~301.

3장 섬 마을과 생물문화경관

고철환 역, 『한국의 갯벌 : 환경, 생물 그리고 인간』, 서울대학교출판부, 2001.
김재은, 「전남 신안군의 토지이용에 따른 생태계서비스 가치와 지속가능한 활용방안」, 『생태와 환경』 47, 2014, 202~213쪽.
김재은·홍선기, 「도서의 경관생태학적 이해-섬생물지리학의 이론과 적용」, 『도서문화』 30, 2007, 39~54쪽.

김재은·홍선기, 「서남해 도서자연자원의 생태적 가치와 지속가능한 활용」, 『도서문화』 38, 2011, 331~358쪽.
김학범·장동수, 「마을숲」, 『한국전통조경학회지』 23-1, 2005, 145~149쪽.
문병채·박현욱, 「GIS를 이용한 도서지역에서의 간척지 조성에 따른 경관변화와 그 영향에 관한 연구-신안 도서지역(비금도)를 중심으로」, 『국토지리학회지』 37, 2003, 307~323쪽.
문화재청, 『한국 마을숲 문화재 자원조사 연구보고서』 Ⅲ-전라남도 도서지역, 전라남도, 2005.
박재철, 「마을숲의 개념과 사례」, 『한국학논집』 33, 2006, 233~262쪽,
박종호·최수명·조은정·김영택·박수영 b, 「읍면소재지 섬지역의 인구변화」, 『농촌계획』 19, 2013, 11~21쪽.
박찬열, 「마을숲의 현황과 분류」, 『산림과학정보』 192, 2007, 4~5쪽.
산림청 임업연구원, 『한국의 전통 생활 환경보전림』, 1995.
양선규·장창석·장현도·이로영·박민수·김기홍·오병원, 「가거도의 관속식물상」, 『한국자원식물학회지』 26-5, 2013, 597~612쪽.
오강호·정철환·홍선기·강봉룡·김재은, 「신안군 섬갯벌의 지형, 지질, 경관평가 및 활용방안」, 『한국도서연구』 25, 2013, 187~203쪽.
이도원·Mitwirkende·고인수·박찬열, 『전통마을 숲의 생태계 서비스』, 서울대학교출판부, 2007.
최재웅·김동엽, 「농어촌마을 당산숲의 입지 및 구조 특성」, 『한국전통조경학회지』 27-1, 2009, 35~48쪽.
홍선기, 「생물다양성 협약과 섬 생물다양성, 그리고 한국의 전략」, 『한국도서연구』 26, 2014, 187~202쪽.
홍선기·김재은·양효식, 「한국 어부림의 생태경관」, 『도서문화』 36, 2010, 323~342쪽.
홍선기·김재은·오강호·임현식, 「전남 섬갯벌의 생태적 가치와 도립공원 지정의 타당성」, 『생태와 환경』 46, 2013, 41~52쪽.
Foley, J.A., DeFries, R., Asner G.P., Barford C., Bonan G., Carpenter S.R., Chapin F. S., Coe M.T., Daily G.C., Gibbs H.K. Helkowski J.H., Holloway T., Howard, E.A., Kucharik C.J., Monfreda C., Patz J.A., Prentice I.C., Ramankutty N., and Snyder P.K., "Global consequences of land use", *Sciences* 309, 2005, pp.570~574.
Hong S.-K., "Tidal-flat islands in Korea : Exploring biocultural diversity", *Journal of Marine and Island Cultures* 1, 2012, pp.11~20.
Hong S.-K.·Chul-Hwan Koh·Richard R. Harris, Jae-Eun Kim·Jeom-Sook Lee·Byung-Sun Ihm, "Land use in Korean tidal wetlands : Impacts and management strategies", *Environmental Management* 45, 2010, pp.1014~1026.
Hong S.-K., Kim J.-E., "Traditional forests in villages linking humans and natural landscapes", In; S.-K. Hong, J. Wu, J.-E. Kim, N. Nakagoshi(eds), *Landscape ecology in Asian cultures*, Springer, Tokyo, 2011.
Kim J.-E., "Land use management and cultural value of ecosystem services in Southwestern Korean islands", *Journal of Marine and Island Cultures* 2, 2013, pp.49~55.
Kim J.-E., Hong S.-K., Nakagoshi N., "Changes in patch mosaics and vegetation structure of rural forestsed landscape under shifting human impacts in South Korea", *Landscape and Ecological*

　　　　　Engineering 2, 2006, pp.177~195.

_____, "International trends of rural landscape researches for land management and policies", In : S.-K. Hong, N. Kakagoshi, B. Fu, Y. Morimoto(eds), *Landscape ecological applications in man-infleuenced areas : Linking Man and Nature systems*, Springer, Dordrecht, 2007, pp.489~504.

_____, "Biocultural landscape dynamics in Japanese rural regions", In : S.-K. Hong, J. Bogaert, Q. Min(eds), *Biocultural Landscapes : diversity, functions and values*, Springer, Dordrecht, 2014, pp.161~192.

Lee H.-J., Cho K.-M., Hong S.-K., Kim J.-E., Kim K.-W., Lee K.-A., Moon K.-O., "Management plan for UNESCO Shinan Dadohae Biosphere Reserve(SDBR), Republic of Korea : integrative perspective on ecosystem and human resources", *Journal of Ecology and Field Biology* 32, 2010, pp.95~103.

MacArthur, R.H., and E.O. Wilson, *The theory of island biogeography*, Princeton University Press, Princeton, New Jersey, 1967.

Robert H. MacArthur & Edward O. Wilson, *The Theory of Island Biogeography*, Princeton University Press, 2001.

Takeuchi K, Brown R.D., Washitani I., Tsunekawa A., Yokohari M.(eds), *SATOYAMA : The traditional rural landscape of Japan*, Springer, Tokyo, 2003.

제2부 섬과 연안지역 경관의 구조와 관리

4장 해안가 사구의 토지이용과 경관관리

국립공원관리공단, 『국립공원 내 사구형성 메카니즘 분석과 생태적 복원·보전기술연구』 II, 국립공원관리공단 보고서, 2003.

이우철·전상근, 「한국해안식물의 생태학적 연구 : 서해안의 사구식생에 관하여」, 『한국생태학회지』 7(2), 1984, 74~84쪽.

이점숙·이강세·임병선·김하송·이승호, 「고흥 연안의 사구 염생식물 분포와 현존량에 관한 연구」, 『군산대학교 기초과학연구소』 15, 2000, 61~69쪽.

제종길, 「우리나라 사구 실태파악과 보전·관리 방안에 대한 연구」, 한국해양연구원 보고서, 2001.

홍선기·강신규·강호정·노태호·이은주, 『경관생태학 : 이론과 응용』, 서울 : 라이프사이언스, 2005.

홍선기·강신규·김재은·노백호·노태호·이상우, 『경관생태계 : 환경영향평가를 위한 생태계 공간분석법』, 서울 :

라이프사이언스, 2007.
홍선기·강호정·김은식·김창회·이은주·이재천·이점숙·임병숙·정연숙·정흥락, 『생태복원공학 : 서식지와 생태공간의 보전과 관리』, 서울 : 라이프사이언스, 2005.
홍선기·김동엽, 『토지 모자이크 : 지역 및 경관생태학』, 서울 : 성균관대학교 출판부, 2002.
홍선기·김재은, 「지리정보시스템과 경관지수를 활용한 해안마을의 경관생태분석 - 충남 태안군 어촌체험마을을 대상으로 - 」, 『도서문화』 31, 2008.
Acosta, A., Carranza, M.L. and Izzi, C.F., "Combining land cover mapping of coastal dunes with vegetation analysis", *Applied Vegetation Science* 8, 2005, pp.133~138.
Acosta, A., Blasi, C. and Stanisci, A., "Spatial connectivity and boundary patterns in coastal dune vegetation in the Circeo National Park, Central Italy", *Journal of Vegetation Science* 11, 2000, pp.149~154.
Beever, E.A., Swihart, R.K. and Bestelmeyer, B.T., "Linking the concept of scale to studies of biological diversity : evolving approaches and tools", *Diversity Distrib* 12, 2006, pp.229~235.
Carboni, M., Carranza, M.L., and Acosta, A., "Assessing conservation status on coastal dunes : A multiscale approach", *Land, Urban Plan*, (in press), 2008.
Carranza, M.L., Feola, S., Acosta, A., Stanisci, A., "Using between patch boundaries for conservation status assessment on coastal dune ecosystems"(In Bunce, R.G.H., Jongman, R.H.G., Lojas, L., and S. Weel eds., "25 years Landscape Ecology : Scientific Principles in Practice"), Wageninge, *The Netherlands : IALE Publication Series* 4, 2007.
Forman, R.T.T., *Land Mosaics : The Ecology of Landscapes and Regions*, New York : Cambridge University Press, 1995.
Forman, R.T.T. and Godron, M., *Landscape Ecology*, John Wiley & Sons, 1986, p.619.
Greipsson, S., Coastal dunes(In Perrow, M.R. and Davy, A.J. eds., *Handbook of Ecological Restoration* Vol. 2), Cambridge : Cambridge University Press, 2002, pp.214~237.
Haines-Young, R., Green, D.R. and Cousins, S.H., *Landscape Ecology and GIS*, Taylor & Francis, 1996.
Hong, S.-K., Kim, S., Cho, K.-H., Kim, J.-E., Kang, S. and Lee, D.W., "Ecotope mapping for landscape ecological assessment of habitat and ecosystem", *Ecological Research* 19, 2004, pp.131~139.
Hong, S.-K., Koh, C.-H., Harris, R. R., Kim, J.-E., Lee, J.-S., and Ihm, B.-S., *Land use in Korean tidal wetlands : impacts and management strategies*, Environmental Management (DOI 10.1007/s00267-006-0164-3).
Hong, S.-K., Nakagoshi, N., Fu, B. and Morimoto, Y., *Landscape Ecological Applications in Man-Influenced Areas : Linking Man and Nature Systems*, Springer, Dordrecht, 2007, p.535.
Jianguo Wu and Orie L. Loucks, "From balance of nature to hierarchical patch dynamics : Aparadigm

shift in ecolgy", *Quarterly Review of Biology* 70(4), 1996, pp.439~466.

Kim, J.-E., Hong, S.-K., and Nakagoshi, N., "Changes in patch mosaics and vegetation structure of rural forested landscapes under shifting human impacts in South Korea", *Landscape and Ecological Engineering* 2, 2006, pp.117~195.

Kutiel, P., Zhevelev, H. and Harrison, R., "The effect of recreational impacts on soil and vegetation of stabilised coastal dunes in the Sharon Park, Israel", *Ocean & Coastal Manage* 42, 1999, pp.1041~1060.

Levin, Simon A., "The problem of pattern and scale in Ecology", *Ecology* 73(6), 1992, pp.1943~1967.

Li, H., and Wu, J., "Use and misuse of landscape indices", *Landscape Ecology* 19, 2004, pp.389~399.

McGarigal, K. and Marks, B., "FRAGSTATS : Spatial pattern analysis program for quantifying landscape structure", *Gen. Tech. Rep. PNW-GTR-351 : U.S. Department of Agriculture, Forest Service, Portland*, Oregon : Pacific Northwest Research Station, 1995.

Moser, D., Zechmeister, H., Plutzar, C., Sauberer, N., Wrbka, T., and Grabherr, G., "Landscape patch shape complexity as an effective measure for plant species richness in rural landscapes", *Landscape Ecology* 17(7), 2002, pp.657~669.

Nigel, G., Yoccoz, J.D.N., and Boulinier T., "Monitoring of biological diversity in space and time", *Trands in Ecology & Evolution* 16(8), 2001, pp.446~453.

Romme, W.H. and Knight, D.H., "Landscape diversity : the concept applied to Yellowstone Park", *BioScience* 32, 1982, pp.664~670.

Roy, P.S. and Tomar, S., "Biodiversity characterization at landscape level using geospatial modelling technique", *Biological Conservation* 95, 2000, pp.95~109.

Taveira Pinto, F., "The practice of coastal zone management in Portugal", *Journal of Coastal Conservation* 10, 2004, pp.147~158.

Turner, M.G., Romme, W.H., Gardner, R.H., O'Neill R.V. and Kratz, T.K., "A revised concept of landscape equilibrium : disturbance and stability on scaled landscape", *Landscape Ecology* 8, 1993, pp.213~227.

Walker, S., Bastow, W.J., Steel, J.B., Rapson, G.L., Smith, B., King, W.M., and Cottam. Y.H., "Properties of ecotones : Evidence from five ecotones objectively determined from a coastal vegetation gradient", *Journal of Vegetation Science* 14, 2003, pp.579~590.

Wiens, J.A. "Spatial Scaling in Ecology", *Functional Ecology* 3, 1989, pp.385-397.

Williams, A.T., Alveirinho-Dias, J., Novo, F.G., Garcia-Mora, M.R., Curr, R. and Pereirae, A., "Integrated coastal dune management : checklists", *Cont. Shelf. Res* 21, 2001, pp.1937~1960.

Yoccoz, N.G., Nichols, J.D. and Boulinier, T., "Monitoring of biological diversity in space and time",

TRENDS in Ecol. Evol 16(8), 2001, pp.446~453.

5장 무인도서의 지적과 경관관리

김재은, 「도서지역 생태계서비스의 경관계획과 관리」, 『도서문화』 제37권, 2011, 267~281쪽.
김재은, 「전남 신안군의 토지이용에 따른 생태계서비스 가치와 지속가능한 활용방안」, 『생태와 환경』 제47권, 2014, 202~213쪽.
김재은·홍선기, 「서남해 도서자연자원의 생태적 가치와 지속가능한 활용」, 『도서문화』 제38집, 2011, 331~358쪽.
김재은·홍선기·이경아, 「도서지역 생태계서비스의 경관계획과 관리」, 『도서문화』 제37권, 2011, 267~281쪽.
_____, 「대한민국 정부의 섬 정책과 관련한 국민인식 분석」, 『한국도서연구』 제25권, 2013, 41~59쪽.
_____, 「영토로서 지속가능한 섬과 해양관련 정책」, 『도서문화』 제41권, 2013, 305~327쪽.
_____, 「전남 신안군의 토지이용에 따른 생태계서비스 가치와 지속가능한 활용방안」, 『생태와 환경』 제47권, 2014, 202~213쪽.
목진용·장원근·최희정·김경신·한기원·이윤정·최석문, 「해양환경 관리체계 개선연구」, 『한국해양수산개발원 연구보고서』, 2015, 113쪽.
박민호·곽성남, 「GIS를 활용한 도서정보시스템 구축방안에 관한 연구」, 『한국지적정보학회지』 제2권, 2000, 65~77쪽.
박성현·김병섭, 「도서지역 문화재의 분포 특성과 관광적 활용방안 모색 – 전라남도 개발대상도서를 중심으로」, 『한국지적정보학회지』 제20권, 2018, 117~132쪽.
오강호·정철환·고영구·홍선기·김재은·이경아, 「무인도서 관리를 위한 평가방법의 개선방안」, 『한국도서(섬)학회지』 제23권, 2011, 151~162쪽.
정지호 「무인도서 실태조사 성과와 한계」, 한국해양환경·에너지학회 정기총회 및 추계학술대회 11, 2016, 131~131쪽.
최규명·최윤수·권재현, 「해안토지의 지적공부등록실태 연구」, 『한국지형공간정보학회지』 제14권, 4호, 2006, 45~51쪽.
최윤수·신상철·임영태·박병문·한두현, 「무인도서 정밀 위치조사 방안에 관한 연구」, 『한국지적학회지』 제12권, 2006, 81~90쪽.
최재선·최지연, 「섬 정책수요 증가에 대응하기 위한 섬 전담 연구기관 설립 필요」, 『KMI동향분석』 제87호, 2018, 1~12쪽.
홍선기·김재은, 「지리정보시스템과 경관지수를 활용한 해안마을의 경관생태분석-충남 태안군 어촌체험마을을 대상으로」, 『도서문화』 제31권, 2008, 281~299쪽.
국가 법령센터, http://www.law.go.kr/
국립해양조사원, www.khoa.go.kr/

국토교통부 바른땅, http://www.newjijuk.go.kr/

파이낸셜뉴스, 2019.02.19 일자, 사회면, http://www.fnnews.com/news/201902181431582304

해양수산부 무인도서 종합정보제공, http://www.uii.mof.go.kr/

6장 연안도시 녹지경관관리 - 인도네시아 자카르타의 사례

Adriaensen F, Chardon JP, De Blust G, Swinnen E, Villalba S, Gulinck H, Matthysen E., "The application of 'least-cost' modeling as a functional landscape model", *Landsc Urban Plann* 64, 2003, pp.233~247.

Bagli S, Geneletti D, Orsi F., "Routing of power lines through least-cost path analysis and multicriteria evaluation to minimize environmental impacts", *Environmental Impact Assessment Review* 31, 2011, pp.234~239.

Bantayan NC, Biship ID., "Linking objective and subjective modeling for landuse decision-making", *Landsc Urban Plann* 43, 1998, pp.35~48.

Ban YU, Jeong JH, Woo HM, Baek JI, "Strategies to build ecological networks in consideration of life -zones in Cheongju City using GIS", *J Korean Env Res Tech* 12, 2009, pp.1~10.

Basnet BB, Apan AA, Raine SR., "Selecting suitable sites for animal waste application using a raster GIS", *Environ Management* 28, 2001, pp.519~531.

Beier P, Majka DR, Newell SL., "Uncertainty analysis of least-cost modeling for designing wildlife linkages", *Ecol Appl* 19, 2009, pp.2067~2077.

Douglas DH., "Least cost path in GIS using an accumulated cost surface and slope lines", *Cartographica* 31, 1994, pp.37~51.

Firman T., "The restructuring of Jakarta Metropolitan Area : A "global city" in Asia", *Cities* 14, 1998, pp.229~243.

_____, "The continuity and change in mega-urbanization in Indonesia : A survey of Jakarta-Bandung Region (JBR) development", *Habitat International* October 2009, pp.327~339.

Goldblum C, Wong TC., "Growth, crisis and spatial change : a study of haphazard urbanization in Jakarta, Indonesia", *Land Use Policy* 17, 2000, pp.29~37.

Han SS, Basuki A., "The spatial pattern of land values in Jakarta", *Urban Studies* 38, 2001, pp.1841~1857.

Kim JE, Watanabe S, Hakim L, Nakagoshi N., "Urban green spaces and soil microbial diversity in Jakarta, Indonesia", *Hikobia* 14, 2006, pp.459~468.

Kong F, Yin H, Nakagoshi N., "Spatial-temporal gradient analysis of urban green spaces in Jinan, China", *Lands Urban Plann* 78, 2006, pp.147~164.

Mardle, S, Pascoe S, Herrero I., "Management objective importance in fisheries : An evaluation using the analytic hierarchy process", *Environ Management* 33, 2004, pp.1~11.

Pinto N, Keitt TH, "Beyond the least-cost path : evaluating corridor redundancy using a graph-theoretic approach", *Lands Ecol* 24, 2009, pp.253~266.

Pullinger MG, Johnson CJ., "Maintaining or restoring connectivity of modified landscapes : evaluating the least-cost path model with multiple sources of ecological information", *Landsc Ecol* 25, 2010, pp.1547~1560.

Rayfield B, Fortin MJ, Fall A., "The sensitivity of least-cost habitat graphs to relative cost surface values", *Landsc Ecol* 25, 2010, pp.519~532.

Satty, T.L., "A scaling method for priorities in hierarchical structure", *J Math Psychol* 15, 1977, pp.234~281.

_____, *Multicriteria decision making-the analytical hierarchy process*, Pittsburgh, RWS Publications, 1992.

Svoray, T, Bar (Kutiel) P, Bannet T., "Urban land-use allocation in a Mediterranean ecotone : Habitat heterogeneity model incorporated in a GIS using a multi-criteria mechanism", *Landsc Urban Plann* 72, 2005, pp.337~351.

Theobald DM., "Exploring the functional connectivity of landscapes using landscape networks", In : *Connectivity Conservation*(Kevin R, Crooks R, Snjayan M. eds), Cambridge University Press, Cambridge, 2006, pp.416~443.

Yokohari M, Takeuchi K, Watanabe T, Yokota S., "Beyond greenbelts and zoning : A new planning concept for the environment of Asian mega-cities", *Landsc & Urban Plann* 47, 2000, pp.159~171.

제3부 섬경관의 가치와 활용

7장 생태계서비스 가치와 지속가능한 활용방안

고철환, 『한국의 갯벌』, 서울대학교출판부, 2009.
박용진·최수명·조은정, 「읍·면급 섬지역 서비스산업의 구조적 분화」, 『농촌계획』 19, 2013, 1~10쪽.
박종호·최수명·조은정·김영택·박수영, 「읍면소재지 섬지역 인구변화」, 『농촌계획』 19, 2013, 11~21쪽.
신안군, 『통계연보』, 1981, 1986, 1991, 1996, 2001, 2006, 2011, 2013.
오강호·정절환·홍선기·강봉룡·김재은, 「전남 신안군 섬갯벌의 지형, 쩔, 경관평가 및 활용방안」, 『한국도서연구』

25(1), 2013, 187~203쪽.

해양수산부, 『해양생태계 기초조사 2006~2013』, 2013.

홍선기·김재은, 「서남해 도서자연자원의 생태적 가치와 지속가능한 활용」, 『도서문화』 38, 2011, 331~358쪽

Ahn, S.E., "Definition and classification of ecosystem services for decision making", *Journal of Environmental Policy* 12, 2013, pp.3~16.

Chung, M.G. and H. Kang., "A review of ecosystem service studies : concept, approach, and future work in Korea", *Journal of Ecology and Environment* 36, 2013, pp.1~9.

Costanza, R., R. d'Arge., R. De Groot, S. Farber, M. Grasso, B. Hannon, K. Limburg, S. Naeem, R.V. O'Neill, J. Paruelo, R. Raskin, P. Sutton and M. van den Belt, "The value of the world's ecosystem services and natural capital", *Nature* 387, 1997, pp.253~260.

Daily, G.C. (Ed)., "Nature's services : societal dependence on natural ecosystems", Island Press, Washington D.C, 1997.

Daily, G.C., S. Polasky, J. Goldstein, P.M. Kareiva, H.A. Mooney, L. Pejchar, T.H. Ricketts, J. Salzman and R. Shallenberger, "Ecosystem services in decision making : time to delive", *Front Ecological Environment* 7, 2009, pp.21~28.

de Groot, R.S., M.A. Wilson, and R.M.J. Boumans, "A typology for the classification, description and valuatyion of ecosystem functions, goods and services", *Ecological Economics* 41, 2002, pp.393~408.

de Groot, R.S., R. Alkemade, L. Braat, L. Hein and L. Willemen, "Challenges in integrating the concept of ecosystem services and values in landscape planning, management and decision making", *Ecological complexity* 7, 2010, pp.260~272.

Fisher, B. and R.K. Turner, "Ecosystem services : Classification for valuation", *Biological Conservation* 141, 2008, pp.1167~1169.

Hong, S.K., "Ecogeographical Island Homogeneity and Heterogeneity-Communication of Haui-myeon and Shinui-myeon in Shinan Dadohae", *South Korea Journal of the Island Culture* 40, 2012a, pp.375~395.

_____, "Tidal-flat islands in Korea : Exploring biocultural diversity", *Journal of Marine and Island Cultures* 1, 2012b, pp.11~20.

Hong, S.K.·C.-H. Koh, R. R. Harris, J.-E. Kim·J.-S. Lee·B.-S. Ihm, "Land use in Korean tidal wetlands : Impacts and management strategies", *Environmental Management* 45, 2010, pp.1014~1026.

Hong, S.K., J.E. Kim, K.H. Oh and H.S. Ihm., "Ecological value of tidal-flat island in Jeonnam Province and its validity for designating Provincial Park", *Korean Journal of Ecology and Environment* 46, 2013, pp.41~52.

Kim, G.O., "The Dike-Constrution and management through Chunjinunsugyegi (前津堰修契記) of

Anjwado in 19th and 20th Century", *Jangseogak*(藏書閣) 30, 2013, pp.10~42.

Kim, J.E. and S.K. Hong and N. Nakagoshi, "Changes in patch mosaics and vegetation structure of rural forested landscapes under shifting human impacts in South Korea", *Landscape and Ecological Engineering* 2, 2006, pp.177~195.

Kim, J.E., "Ecosystem services and environmental policies on islands", *Journal of the Island Culture* 37, 2011, pp.267~281.

_____, "Land use management and cultural value of ecosystem services in Southwestern Korean islands", *Journal of Marine and Island Cultures* 2, 2013a, pp.49~55.

_____, "The analysis of public perception associated with island policies in Korean Government", *The Journal of Korean Island* 25, 2013b, pp.41~59.

Kim, J.S. and S.Y. Park, "A prediction and analysis for functional change of ecosystem in south Korea", *Journal of the Korean Association of Geographic Information Studies* 16, 2013, pp.114~128.

Korea Marine Environment Management Corporation, https://www.koem.or.kr/

Lee, H.-J., K.-M. Cho, S.-K. Hong, J.-E. Kim, K.-W. Kim, K.-A. Lee and K.-O. Moon, "Management plan for UNESCO Shinan Dadohae Biosphere Reserve(SDBR), Republic of Korea : intergrative perspective on ecosystem and human resources", *Journal of Ecology and Field Biology* 32, 2010, pp.95~103.

MA., "Millennium Ecosystem Assessment : ecosystems and human well-being : synthesis", Island Press, Washington D.C, 2005.

Metzger, M.J., M.D.A. Rounsevell, L. Acosta-Michlik, R. Leemans and D. Schröter, "The vulnerability of ecosystem services to land use change", *Agriculture Ecosystem & Environment* 114, 2005, pp.69~85.

Millenium Assessment (MA), "Ecosystems and Human Well-Being : Current State and Trends", Island Press, Washington DC, 2005.

Moon, B.C., "A study on the formation and change of dwelling conditions in Jeung-Do(Islands) using GIS", J*ournal of the Island Culture* 28, 2006, pp.51~73.

Moon, B.C. and H.W. Park., "A study on impact and landscape change by the land reclamation using GIS in the islands-Focusd on Sinan Gun (Bigum Island)", *The Geographical Journal of Korea* 37, 2003, pp.307~323.

Troy, A. and M. A. Wilson, "Mapping ecosystem services : Practical challenges and opportunities in linking GIS and value transfer", *Ecological Economics* 60, 2006, pp.435~449.

Willemen, L., L. Hein and P.H. Verburg, "Evaluating the impact of regional development policies on future landscape services", *Ecological Economics* 69, 2010, pp.2244~2254.

Zhao, B., U. Kreuter, B. Li, Z. Ma, J. Chen and N. Nakagoshi, "An ecosystem services value assessment of land-use change on Chongming Island", China, *Land Use Policy* 21, 2004, pp.139~148.

8장 섬의 전통생태지식과 생태계서비스 지속가능성

김재은, 「전남 신안군의 토지이용에 따른 생태계서비스 가치와 지속가능한 활용방안」, 『생태와 환경』 47(3), 한국하천호수학회지, 2014, 202~213쪽.

Costanza, R., d'Arge, R., de Groot, R., Farber, S., Grasso, M.,Hannon, B., Limburg, K., Naeem, S., O'Neill, R.V., Paruelo, J.,Raskin, R.G., Sutton, P., van dan Belt, M., "The Value of the World's Ecosystem Services and Natural Capital", *Nature* 387, 1997.

Costanza, Robert, Rudolf de Groot, Leon Braat, Ida Kubiszewski, Lorenzo Fioramonti, Paul Sutton, Steven Farber, and Monica Grasso, "Twenty years of ecosystem services: How far have we come and how far do we still need to go?", *Ecosystem Services* 28, 2017, pp.1~16.

Daily, Gretchen & Postel, Sandra & Bawa, "Kamaljit & Kaufman, Les, Nature's Services: Societal Dependence on Natural Ecosystems", *Bibliovault OAI Repository*, the University of Chicago Press, 1997.

Drew, Joshua A., "Use of traditional ecological knowledge in marine conservation", *Conservation Biology* 19(4), 2005, pp.1286~1293.

Huntington, H.P., "Using traditional ecological knowledge in science: methods and applications", *Ecological Applications* 10(5), 2000, pp.1270~1274.

Kim, Do Kyun, "The social capital of the fishing village and fishing village cooperativies(Eochongye) – a comparative study of three fishing villages", *The Journal of Rural Society* 20(1), 2010, pp.195~232(in Korean with English abstract).

Kim, J.-E., "The Value of Ecosystem Services based on Land Use in Shinangun, Jeonnam, Korea", *Korean Journal of Ecology and Environment* 47(3), 2014, pp.202~213.

_____, "Rural landscape and biocultural diversity in Shinan-gun, Jeollanam-do, Korea", *Journal of Ecology and Environment* 38(2), 2015, pp.249~256.

_____, "Land use patterns and landscape structures on the islands in Jeonnam Province's Shinan County occasioned by the construction of mainland bridges", *Journal of Marine and Island Cultures* 5, 2016, pp.53~59.

Kubiszewski, I., Costanza, R., Dorji, P., Thoennes, P., Tshering, K., "An initial estimate of the value of ecosystem services in Bhutan", *Ecosystem Services* 3, 2013, pp.e11~e21.

Lee, S. H., "Prediction of the Korean Local Population on 2018", *Employment Trend Brief* 2018. July, 2018, pp.2~21.

Mario V. Balzan, Julio Caruana, Annrica Zammit, "Assessing the capacity and flow of ecosystem services in multifunctional landscapes: Evidence of a rural-urban gradient in a Mediteranean small island state", *Land Use Policy* 75, 2018, pp.711-725.

Mario V Balzan, Marion Potschin, Roy Haines-Young, "Place-based assessment of small islands' ecosystem services", In: Haines-Young, R., Potschin, M., Fish, R., Turner, R.K.(eds.), *Routledge Handbook of Ecosystem Services*, Routledge Handbook Series, Routledge, London and New York, 2016, pp.140~143.

National Institute of Biological Resources, *Organism story on South Western Islanders life*, 2018(남도인의 삶에 깃든 생물이야기. With Korean language).

Park, Jeung Seuk, "Common property and eochongye (Fishing Village Society) in a fishing village, Korea", *The Journal of Rural Society* 11(2), 2001, pp.159~191(in Korean with English abstract).

Park, Meejeong, Jeon, J. B., Choi, J. A., Kim, E. J. and Im, C. S., "Analysis of ecosystem service value change using a land cover map", *Korean J. Community Living Sci* 27, 2016, pp.681~688.

Song, Ki-Tae, *The expansion of village fisheries and the adaptation of fishing business communities*, 2018(in Korean with English abstract).

9장 연륙교 건설과 경관변화

신안군, 『통계연보』, 2013.

Corry, R.C., "Characterizing fine-scale patterns of alternative agricultural landscapes with landscape pattern indices", *Landscape Ecology* 20, 2005, pp.591~608.

Erin Ryan, "Palazzolo, the public trust, and the property owner's reasonable expectations: takings and the South Carolina marsh island bridge debate", *Southern Environmental Law Journal* 15, 2010, pp.122~146.

Forman, R.T.T., *Land Mosaics*, Cambridge University Press, Cambridge New York, 1995.

Godfrey Baldacchino, "The impact of bridges and other fixed links on island communities: When small islans are connected to mainlands", ISLANDS of the WORLD VIII International Conference, 2004, pp.132~145.

_____, "Fixed links and the engagement of islandness: reviewing the impact of the Confederation Bridge", *The Canadian Geographer* 51(3), 2007a, pp.323~336.

_____, "The bridge effect: a tentative score sheet for Prince Edward island in Bridging Islands", In *Brides & Islands: A Strained Relationship*, Ed G. Baldacchino, Charlottetown, PEI

: Acorn Press, 2007b, pp.49~68.

Hietala-Koivu, R., "Agricultural landscape changes : a case study in Yläne, southwest Finland", *Landscape Urban Planning* 46, 1999, pp.103~108.

James F. Weiner, "Culture in a sealed envelope : the concealment of Australian aboriginal heritage and tradition in the Hindmarsh Island Bridge affair", *The Journal of the Royal Anthropological Institute* 5(2), 1999, pp.193~210.

James R. Karr, "Population variability and extinction in the avifauna of a tropical land bridge island", *Ecology* 63(6), 1982, pp.1975~1978.

Jae-Eun Kim, "Land use management and cultural value of ecosystem services in Southwestern Korean islands", *Journal of Marine and Island Cultures* 2, 2013, pp.49~55.

_____, "The value of ecosystem services on land use in Shinangun, Jeonnam, Korea", *Korean Journal of Ecology and Environment* 47(3), 2014, pp.202~213.

_____, "Rural landscape and biocultural diversity in Shinan-gun Jeollanam-do, Korea", *Journal of Ecology and Environment* 38(2), 2015, pp.249~256.

MacArthur, R.H. and E.O. Wilson, *The Theory of Island Biogeography*, Princeton University Press, 1967(reprinted 2001).

McGarigal, K, Marks BJ, "FRAGSTATS : Spatial pattern analysis program for quantifying landscape structure", *Gen. Tech. Rep. PNW-GTR-351 : U.S. Department of Agriculture, Forest Service*, Pacific Northwest Research Station, Portland, Oregon, 1995.

Moser, D., Zechmeister, H.G., Plutzar, C., Sauberer, N., Wrbka, T. and Grabherr, G., "Landscape patch shape complexity as an effective measure for plant species richness in rural landscapes", *Landscape Ecology* 17, 2002, pp.657~669.

Sklenička, P. and Lhota, T., "Landscape heterogeneity-a quantitative criterion for landscape reconstruction", *Landscape and Urban Planning* 58, 2002, pp.147~156.

Szilárd Szabó, Péter Csorba, Katalin Varga, "Landscape indices and landuse − Tools for landscape management", *Methods of Landscape Research* 8, 2008, pp.7~20

Robert Tonkinson, "Anthropology and aboriginal tradition : The Hindmarsh Island bridge affair and the politics of interpretation", *Oceania* 68(1), 1997, pp.1~26.

Turner, M.G., Gardner, R.H., O'Neill, R.V., *Landscape Ecology : Theory and Practice*, Springer-Verlag, New York, 2001.

10장 천일염과 생태문화자원 활용에 대한 논의

기상청, 2017, http://www.kma.go.kr(2017년 2월 검색).

김재은, 「전남신안군의 토지이용에 따른 생태계서비스 가치와 지속가능한 활용방안」, 『생태와 환경』 47(3), 한국생태학회, 2014, 202~213쪽.

김재은·홍선기·이경아, 「대한민국 정부의 섬 정책과 관련한 국민인식 분석」, 『한국도서연구』 25(1), 한국도서(섬)학회, 2013, 41~59쪽.

김 준, 「시장개방과 서남해안 천일염전 생산구조의 변화」, 『농촌사회』 11(2), 한국농촌사회학회, 2001, 7~134쪽.

문창현, 「생태관광개발이 지역사회에 미치는 영향－경제적·사회문화적·환경적 측면의 지역주민 의식수준을 중심으로」, 『지역사회연구』 15(1), 한국지역사회학회, 2007, 71~94쪽.

박경호, 「IPA기법을 이용한 생태관광 매력성 평가에 관한 연구」, 『관광연구』 24(2), 대한관광경영학회, 2009, 1~20쪽.

서울대 인액터스, 2017, http://enactuskorea.org/5567(2017년 2월 검색).

순천시, 2017, http://www.suncheon.go.kr(2017년 2월 검색).

신안군, 『비금도 천일염전 형성과정 연구조사 보고서』, 2012, 112쪽.

_____, 2017, http://www.shinan.go.kr/(2017년 2월 검색).

이동신, 「섬 연구의 특수성과 향후 발전방향－한국도서연구지의 발행과정과 관련하여」, 『한국도서연구』 22(3), 한국도서(섬)학회, 2010, 1~24쪽.

이동신·김정숙, 「남도관광의 중요요소 결정요인」, 『한국도서연구』 20(1), 한국도서(섬)학회, 2008, 45~61쪽.

이웅규·이동신, 「우리나라의 해양관광개발 정책평가를 통한 해양관광정책의 방향연구」, 『한국도서연구』 26(1), 한국도서(섬)학회, 2014, 69~97쪽.

이재환·이진형·황두현, 「섬 관광 성공요인－증도와 청산도의 비교 연구－」, 『관광학연구』 40(2), 한국관광학회, 2016, 159~179쪽.

이진형·강신겸, 「전남 서남해안의 섬관광 : 성찰과 제안」, 『한국도서연구』 26(4), 한국도서(섬)학회, 2014, 47~70쪽.

이헌동, 「세계의 소금시장, 어떻게 움직이고 있나?」, 『수산정책연구』 4, 한국해양수산개발원, 2009, 74~93쪽.

전라남도, 『갯벌국립공원 지정을 위한 타당성 조사 용역 보고서』, 2016, 385쪽.

전라남도(전남의 섬), 2017, http://islands.jeonnam.go.kr/(2017년 2월 검색).

최성환, 「비금도 천일염전 개발과정과 사회적 확산」, 『도서문화』 40, 도서문화연구원, 2012, 159~201쪽.

_____, 「천일염전 개발과정을 통해 본 섬사람들의 이주 현상과 공동체적 특징」, 『서강인문논총』 41, 서강대학교 인문과학연수고, 2014, 231~265쪽.

최정훈·고두갑, 「천일염산업의 경제적 파급효과 비교분석－2005년에 대한 2010년의 비교－」, 『한국도서연구』 28(2), 한국도서(섬)학회, 2016, 117~138쪽.

해양수산부, http://www.mof.go.kr(2017년 2월 검색), 2017.

홍선기·김재은·오강호·임현식, 「전남 섬갯벌의 생태적 가치와 도립공원 지정 타당성」, 『생태와 환경』 46(1), 한국생태학회, 2013, 49~55쪽.

Costanza, R., d'Arge, R., de Groot, R., Farber, S., Grasso, M., Hannon, B., Limburg, K., Naeem, S., O'Neill, R.V., Paruelo, J., Raskin, R.G., Sutton, P., van dan Belt, M., "The Value of the

World's Ecosystem Services and Natural Capital", *Nature* 387, 1997, pp.253~260.

Foley, J. A., DeFries, R., Asner, G. P., Barford, C., Bonan, G., Carpenter, S. R., Chapin, F. S., Coe, M. T., Daily, G. C., Gibbs, H. K., Helkowski, J. H., Holloway, T., Howard, E. A., Kucharik, C. J., Monfreda, C., Patz, J. A., Prentice, I. C., Ramankutty, N., Snyder, P.K., "Global Consequences of Land Use", *Science* 309(5734), 2005, pp.570~574.

Kim, J. E., "Land Use Management and Culture Value of Ecosystem Services in Southwestern Korean Islands", *Journal of Marine and Island Cultures* 2, 2013, pp.49~55.

Kim, J. E., "Land Use Pattern and Landscape Structures on the Islands in Jeonnam Province's Shinan County Occasioned by the Construction of Mainland Bridges", *Journal of Marine and Island Cultures* 5, 2016, pp.53~59.

4부 섬경관과 정책적 접근

11장 우리나라의 섬 정책과 국민인식

강신겸, 「커뮤니티 중심의 섬관광개발」, 『경남발전』 121(7), 경남발전연구원, 2012, 24~34쪽.

고창훈·강영훈, 「실용적 섬생태주의 패러다임과 실천논리에 관한 연구-섬지역(제주도)의 정책목표, 환경지표, 실천명제의 통합논리-」, 『한국행정학보』 32(1), 한국행정학회, 1998, 211~230쪽.

국토연구원, 『국토품격과 삶의 질 제고를 위한 섬자원 활용방안 연구』, 2013, 49~86쪽.

김영준, 「섬관광의 현재와 미래 발전 전략」, 『경남발전』 121(7), 경남발전연구원, 2012, 6~13쪽.

김재은, 「도서지역 생태계서비스의 경관계획과 관리」, 『도서문화』 37, 목포대학교 도서문화연구원, 2011, 267~281쪽.

김재은·홍선기, 「서남해 도서자연자원의 생태적 가치와 지속가능한 활용」, 『도서문화』 38, 목포대학교 도서문화연구원, 2011, 331~358쪽.

김 준, 「우리나라 도서개발정책의 성찰과 지속가능한 섬만들기 전략」, 『도서문화』 40, 목포대학교 도서문화연구원, 2012, 427~456쪽.

김태영, 「경남의 섬관광 활성화를 위한 정책제언」, 『경남발전』 121(7), 경남발전연구원, 2012, 35~47쪽.

박상우, 「우리나라 도서개발 정책 방향 모색-한·일 도서개발정책 비교의 관점에서-」, 『수산정책연구』 6, 한국해양수산개발원, 2009, 67~92쪽.

박흥식·장은경, 「지역관광개발에 대한 도서지역주민의 사회표상-증도 사례를 중심으로-」, 『도서문화』 40, 목포대학교 도서문화연구원, 2012, 397~426쪽.

손대현·장희정·김민철, 「우리나라의 해양관광 활성화를 위한 도서관광개발정책 개선방안-백령도와 사량도의 개발

사례를 중심으로」, 『관광연구논총』 16, 한양대학교 관광연구소, 2004, 3~23쪽.
신순호·박성현, 「도서지역의 산업 활성화를 위한 지방자치단체의 역할 - 일본 시마네현 오키군 아마쵸(해사촌)의 사례를 중심으로」, 『도서문화』 39, 목포대학교 도서문화연구원, 2011, 267~300쪽.
오강호·정철환·고영구·홍선기·김재은·이경아, 「무인도서 관리를 위한 평가방법의 개선방안」, 『한국도서연구』 23(4), 한국도서(섬)학회, 2011, 137~150쪽.
육근형, 「우리나라 무인도서 관리 문제점과 정책방향」, 『해양수산동향』 1173, 한국해양수산개발원, 2005, 1~10쪽.
전라남도, 『제5차 전남권 관광개발계획보고서(2012~2016)』, 2012, 6~24쪽.
행정안전부, 지역발전정책국, 2008, http://www.mopas.go.kr
홍선기, 「섬의 생태지리적 동질성과 이질성 - 신안 다도해 하의면과 신의면의 소통 -」, 『도서문화』 40, 목포대학교 도서문화연구원, 2012, 375~395쪽.
Hong, S.K., G. Pungetti, "Marine and island Cultures : a unique journey of discovery", *Journal of Marine and Island Cultures* 1(1), 2012, pp.1~2.
Kim, J.E,. S.K. Hong, "Human impact on coastal sand dune ecosystems", in Hong, S.K., Wu, J., Kim, J.E., Nakagoshi, N. (eds.), *Landscape Ecology in Asian Cultures*, Springer, 2011, pp.111~127.
Pungetti, G., "Islands, culture, landscape and seascape", *Journal of Marine and Island Cultures* 1(2), 2012, pp.51~54.

12장 영토로서 지속가능한 섬과 정책

강봉룡 외, 『목포권 다도해와 류큐열도의 도서해양문화』, 민속원, 2012.
건설교통부, 『지역개발업무편람』, 2006.
국가기록원, http://contents.archives.go.kr
국토연구원, 『주요국의 국토해양 정책동향 분석 보고서』, 2009.
김경신, 「중국의 해양조직 개편으로 동북아 해양경쟁 가속화 우려」, 『해양수산동향』 제1279호, 한국해양수산개발원, 2008.
_____, 「일본의 제2차 해양기본계획」, http://seapower.or.kr/xe/index.php?document_srl=19707. 2013.
김경신·이주하, 「일본의 도서관리 정책과 우리나라에 미치는 영향」, 『해양수산』 288, 2008, 5~18쪽.
김성진, 「해양, 21세기의 새로운 영토」, 『Dokdo Research Journal』 10, 2010, 6~11쪽.
김재은, 「도서지역 생태계서비스의 경관계획과 관리」, 『도서문화』 37, 2011, 265~279쪽.
김재은·홍선기, 「서남해 도서자연자원의 생태적 가치와 지속가능한 활용」, 『도서문화』 37, 2011.
김재은·홍선기·이경아, 「대한민국 정부의 섬 정책과 관련한 국민인식 분석」, 『한국도서학회지』 25, 2013, 41~59쪽.
남정호·최지연·육근형·최의정, 「연안·해양보호구역 통합관리체제 구축방안 연구」, 한국해양수산개발원 보고서,

2004.

도서문화연구원, 『섬관련 정책, 계획 및 사업의 추진현황 분석과 설문조사 보고서』, 2012.

신순호·박성현, 「도서지역의 산업 활성화를 위한 지방자치단체의 역할 – 일본 시마네현 오키군 아마쵸(海士町)의 사례를 중심으로」, 『도서문화』 39, 2012, 267~300쪽.

오강호·정철환·고영구·홍선기·김재은·이경아, 「무인도서 관리를 위한 평가방법의 개선방안」, 『한국도서연구』 23, 2011, 137~150쪽.

정명생·임경희, 「일본의 이도어업 지원정책 및 시사점」, 『해양수산 현안분석』, 한국해양수산개발원, 2006.

최재천·최용상, 『기후변화 교과서』, 도요새, 2011.

한국해양수산개발원, 『해양수산백서』, 2010.

한중해양과학공동연구센터, 2013, http://www.ckjorc.org/ka/admin/news/edit/uploadfile/kuaixun/20133181657322.pdf.

해양수산부, http://www.mof.go.kr/

_____, 『갯벌 생태계조사 및 지속 가능한 이용방안 연구 보고서』, 2005.

행정안전부, http://www.mospa.go.kr/

홍선기·김경완·김재은·이경아, 「강진만 해역복원사업에 대한 지역주민 인식분석」, 『한국습지학회지』, 2010.

홍선기·김재은·오강호·임현식, 「전남 섬갯벌의 생태적 가치와 도립공원 지정의 타당성」, 『생태와 환경』 46, 2013, 41~52쪽.

홍선기 외, 『환경생태학』, 라이프사이언스, 2012.

Costanza R, d'Arge R., De Groot R, Farber S, Grasso M, Hannon B, Limburg K, Naeem S, O'Neill RV, Paruelo J, Raskin R, Sutton P, van den Belt M., "The value of the world's ecosystem services and natural capital", *Nature* 387, 1997, pp.253~260.

Sueo Kuwahara, "The development of small islands in Japan; An historical perspective", *Journal of Marine and Island Cultures* 1, 2012, pp.38~45.

Sun-Kee Hong·Chul-Hwan Koh·Richard R. Harris, Jae-Eun Kim·Jeom-Sook Lee·Byung-Sun Ihm, "Land use in Korean tidal wetlands: Impacts and management strategies", *Environmental Management* 45, 2010, pp.1014~1026.

田中建治, 「해양기본계획과 낙도진흥(海洋基本計畵と離島振興)」, 2008.

全國離島振興協議會, 「離島振興法改正檢討會議報告」, 『しま』 226, 2011, 52~71頁.

國土交通省離島振興課, 「離島振興計劃フォローアップ(最終報告)の 槪要」, 『しま』 226, 2011, 72~97頁.

ㅁ 가

가장자리분석지수 66
가중선형 결합(weighted linear combination, WLC) 94
간조노출지 81
간척 23, 50, 74, 117, 121, 144, 148, 150~152, 155, 159, 163, 166, 167, 170, 171, 191
간척사업 26
갯벌 23, 42, 44, 49, 50, 53, 54, 102, 103, 105, 108, 109, 114, 117~122, 129, 132~134, 137, 144, 148, 150~152, 155, 159, 161, 166, 168, 170, 191, 198, 200, 216, 219
경관景觀(Landscape) 12~26, 32, 35, 36, 45, 47, 49, 60, 62, 65~67, 72, 74, 75, 79, 122, 134, 136, 138~140, 143, 148, 150, 161, 165, 166, 168, 170, 171, 181, 182, 188
경관계획 13, 24, 27~29, 34, 37, 40, 41, 99, 119, 121
경관관리 12, 20, 23, 27, 34, 37
경관구조 24, 26, 63, 66, 67, 72, 93, 99, 134, 136, 138, 140~144, 146
경관규모 35, 59, 62, 63, 72, 75
경관법 15
경관변화 13~15, 23, 24, 26, 36, 146, 151, 170
경관생태학Landscape Ecology 17, 18, 28, 30, 36, 60, 62, 63, 65, 66, 72, 73, 75, 98, 138, 140
경관요소 16, 65, 72, 75, 138, 139
경관의 정체성 23, 25
경관이질성 66, 140
경관지도 36, 65
경관지수 24, 65, 66, 75, 134, 138, 139, 141~144
경관특성 13, 27, 136, 141
경관패턴 73, 98, 139
공간정보 36
공급Provisioning 31, 33~35
관리방법 35
교란 16, 23, 55, 60, 63, 73, 75, 144
국가해양계획 210
기후변화 54, 55, 89, 90, 125, 198, 207, 208, 211, 213, 215, 220

ㅁ 나

「낙도진흥법離島振興法(Remote Islands Development Act)」 201~203, 205~207
네트워크 24, 92, 99, 100, 212
녹지공간 89, 90, 97~99
농경지 42, 60, 74, 93, 95, 117, 119, 150, 155, 159, 163, 166, 170

□ 다 라

다리 14, 15, 24, 25, 27, 127, 132, 133, 135, 142, 144~146
다중 기준 평가 93
단편화fragmentation 62, 66, 74, 89, 134, 138, 140, 141, 144
도서 관리체계 86
도서개발 78, 192, 193
도서개발촉진법 154, 176, 215
도서관리 84, 86, 193
『도서백서島嶼白書』 195
도서정책 176, 192~194, 196, 216
도서종합개발계획 176, 215
도서해양관광 194, 195, 217
드론 86

라이더LIDAR 86

□ 마

마을경관 42, 44, 47, 48, 50, 55
마을숲 44~47, 167
매립 117, 119, 121, 134, 144, 148, 150, 151, 159, 167, 171, 191, 219
면적분석지수 66, 67, 72
면적비율 72, 74, 112, 133, 155
멸종위기종 48
모니터링 62, 118, 208
무인도법 79
무인도서 77~82, 84~87, 175, 193, 200, 208, 209, 214
무인도서 실태조사 77~80, 87, 193
무인도서의 보전 및 관리에 관한 법률 79, 214
문화Culture 12, 14, 20~22, 24~27, 32, 34, 37, 38, 41, 43, 44, 53, 55, 79, 107, 117, 127, 134~136, 145, 156, 159, 160, 179, 180, 195, 203, 220
문화경관 22, 161
문화다양성 54
문화현상 21

□ 바

반농반어半農半漁 150
방조제 154, 155, 159, 163, 217
방풍림 42, 46, 52
배타적경제수역排他的經濟水域(Exclusive Economic Zone, EEZ) 77, 198, 204, 206, 207
배후경관 72, 74
벡타자료Vector data 65
보호수 52
복합체 31

□ 사

사구 59, 60, 62, 63, 65, 67, 69, 70, 72, 74
사구생태계 59, 60, 62~64, 67, 72, 74, 75
사회적 규약 39
삶의 질 향상 31, 33, 34, 39, 90, 104, 136, 183, 186, 198, 200
상호작용 12~14, 18, 23, 29, 30, 39, 42, 44~46, 54, 55, 60, 62, 75, 219
생물군계 102, 107, 108, 120, 125, 128
생물문화다양성 42, 53~55
생물서식환경 60
생물종다양성 45, 54, 66, 103
생태계ecosystem 103, 104, 107, 108, 115, 119, 121, 123, 125, 126, 130, 160, 166, 193
생태계관리 119
생태계기능ecosystem function 30, 107
생태계서비스ecosystem service 104, 107~109,

114~117, 119~133, 151, 161, 166, 219
생태관광 148, 159, 161, 167, 220
생태문화자원 148, 151, 155, 161, 165, 167, 168, 170, 171, 217
생태적 전이대ecotone 59
생태적과정ecological process 30, 31, 37, 40, 104, 138
서식지 파편화 90
서식처 29, 30, 32, 44, 45, 49, 59, 60, 62, 63, 66, 72, 75, 120, 139, 140
섬 경관Island Landscape 12, 14, 15, 20~27, 50
섬생물지리학 37, 43
섬생태계 28, 30, 38, 41, 117, 126, 132
수용능력 39, 191
수치지형도 65

□ 아
연도교 24, 135
연륙교 105, 134~137, 146, 150
연안습지 114
염생식물원 161, 167, 170
영해기점도서 209
우실 42, 52, 55
위성영상 86
유네스코생물권보전지역UNESCO Biosphere Reserve 48, 53, 120, 145, 148, 159, 161, 169, 170, 195
유인도 85, 87, 176, 193~196, 201, 220
융합연구 19
인구감소 24, 54, 110, 124, 127, 131, 151
인구구성 124, 127, 133
인구변화 116
일관성 지수Consistency Index, CI 96

□ 자
자연자원 22, 38, 42, 43, 54, 55, 117, 119, 121, 126, 135, 195, 199, 200, 220
장기생태연구 63
재해방지 46, 120, 204, 219
저조선 77
적응방식 43
전통문화 54, 127
전통생태지식TEK, Traditional Ecological Knowledge 42, 43, 53~55, 117, 124, 130, 219
정책결정 14, 28~30, 35, 102, 192, 211
정책결정자 28, 29, 31, 36, 37, 40, 89, 121, 123
정체성 12, 14, 20, 21, 23, 25~27, 55, 134, 146, 195
조망점 분석 18
조절Regulating 32, 34
종다양성 31, 43, 59, 60
지구온난화 42, 63, 118, 220
지리정보시스템Geographic Information System, GIS 29, 64, 65
지속가능성 25, 32, 124, 127, 130~133, 165, 201
지원Supporting 32, 33, 38
지적공부 84, 109, 119
지적도 109, 112, 119
지적면적 78, 80, 82, 84~87
지적재조사 85
지형 19, 51, 59, 60, 63, 79, 91, 92, 96, 99

□ 차 타
천이과정 45
천일염전 148, 150~152, 154, 158, 159, 161, 162, 165, 168, 170
최소비용경로분석Least-cost Path, LCP 90, 92, 97, 99

토지 면적 83
토지이용 24, 34~37, 60, 62~64, 67, 74, 92, 104,
    107, 114, 116, 119, 121, 127, 134, 136, 138,
    142~144, 146, 150, 155, 159, 170
토지이용계획 29, 36
토지이용관리 63
토지이용도land-use map 65, 67, 92, 97, 107, 109,
    114, 122, 138, 163
토지이용패턴 136, 138, 141, 144
토지피복 32, 34~36, 129
토지현황 78, 109, 112, 119
토착지식 195
『통계연보』 106, 109, 119, 159, 163

□ 파 하
패치 66, 67, 72, 73, 93, 97, 139~141, 144
패치분석지수 66

항공사진 86
해상교통 206, 207
해수면 상승 23, 42, 53, 55, 89, 90, 200, 211
해안 침식 방지 84
해안사구coastal sand dune 59, 62, 63, 65, 74
해안생태계 60
해안선 49, 60, 78, 82~87, 97, 216
해안선 기본도 81
해양 및 연안접근법Marine and Coastal Access Bill 212
해양경관seascape 12, 21, 22, 23, 85
해양관광 182
해양산성화Ocean Acidification 212, 220
해양생태계 59, 211, 212
해양수산부 77, 84~86, 119, 120, 122, 193, 198,
    213~215, 218
해양영토 79, 80, 181, 182, 188, 198~200, 205

~207, 212
해양자원 77, 198, 200, 205~208, 210, 211, 220
해양정책 198, 201, 205~207, 211, 212, 219
해양환경 22, 80, 118, 175, 195, 196, 213, 214
해양환경보호 208, 210
해역관리 77, 87, 209
해역이용 80
해조류 53, 113, 118, 122, 126
행정기관 175, 193, 214, 218
행정안전부 84~86, 176, 177, 193, 195, 213, 217
형태분석지수 66, 67, 72
환경변화 13, 14, 45, 104, 126, 194, 196, 200
환경부 177, 193, 195, 213

□ A E F I
AWMPFD(Area-Weighted Mean Patch Fractal Dimension)
    66, 69, 70, 72, 73, 139~142
AWMSI(Area-Weighted Mean Shape Index) 66, 69, 70,
    72, 73, 139~142

ED(Edge Density) 66, 69, 70, 73, 139, 142

FRAGSTATS 65

IUCN 42, 54

□ M
MA 31, 33
MA(Millennium Ecosystem Assessment) 107
MPFD(Mean Patch Fractal Dimension) 66, 69, 70, 73,
    139, 140, 142
MPS(Mean Patch Size) 66, 69, 70, 72, 73, 138,
    140~142, 144

MSI(Mean Shape Index)　66, 67, 69, 70, 73, 74, 139, 140, 142

□ **N P**

NP(Number of Patch)　66, 69, 70, 73, 138

Pair-wise 분석　94, 95, 97, 99
PSCV(Patch Size Coefficient of Variation)　66, 69, 70, 72, 73, 138
PSSD(Patch Size Standard Deviation)　66, 69, 70, 72, 73, 138, 142

□ **S T U**

SHDI(Shannons Diversity Index)　66, 139
SHEI(Shannons Evenness Index)　66, 139

TE(Total Edge)　66, 69, 70, 73, 139, 141, 142
The Millennium Assessment　31

USGS(United States Geological Survey, 미국지질조사소)　63

도서해양학술총서 44
섬 경관론
도서·연안의 경관과 생태계서비스

초판1쇄 발행 2019년 6월 25일

지은이 김재은
펴낸이 홍종화

편집·디자인 오경희·조정화·오성현·신나래
　　　　　　　김윤희·박선주·조윤주·최지혜
관리 박정대·최현수

펴낸곳 민속원
창업 홍기원
출판등록 제1990-000045호
주소 서울 마포구 토정로 25길 41(대흥동 337-25)
전화 02) 804-3320, 805-3320, 806-3320(代)
팩스 02) 802-3346
이메일 minsok1@chollian.net, minsokwon@naver.com
홈페이지 www.minsokwon.com

ISBN　978-89-285-1328-4
SET　978-89-285-0184-7　94380

ⓒ 김재은, 2019
ⓒ 민속원, 2019, Printed in Seoul, Korea

저작권법에 의해 한국 내에서 보호를 받는 저작물이므로 무단전재와 복제를 금합니다.
이 책 내용의 전부 또는 일부를 이용하려면 반드시 저작권자와 민속원의 서면동의를 받아야 합니다.

책 값은 뒤표지에 있습니다.
잘못된 책은 바꾸어 드립니다.